전시 A to Z

A to Z of the Exhibition

전시 A to Z

A to Z of the Exhibition

강희수, 김진희, 김혜련, 양유정,
윤선영, 기현정, 이현숙, 김용주 지음

서문

박물관 활동의 궁극적 목적은 바로 전시와 교육이다.

교육에 앞서 전시는 박물관을 방문하는 대중이나 공동체와 호흡하고 소통하는 작업이다. 그래서 전시는 박물관의 활동에서 가장 복합적인 기능이 필요하며, 총체적이고도 융합적인 작업이고, 박물관이 대중에게 다가가는 데 있어 가장 인상적인 활동이다. 그래서 전시는 박물관의 작업 중에서 가장 보편적이고도 핵심적이지만, 아직도 한국에서는 체계적인 접근이 이루어지지 않고 있다.

한편으로는 박물관의 기능 확대 및 매체로서 디지털기술의 발달에 따르는 전시의 개념과 방법론의 확장 역시 현대 박물관들이 마주치는 중대한 화두로 대두되고 있다. 이러한 점에서 전시에 대한 개설적이고 지침적인 성격의 정리가 필요해진 것이다. 이 책이 지향하는 바는 각 박물관의 장르별 전시의 특성을 고려하여 현실적인 지침들을 정리하는 것이다. 이는 대단히 중요한 작업이며, 앞으로 박물관 전문가들을 위한 지침을 만든다는 큰 의미가 있다.

현대 박물관에서 시각적이고도 다차원적인 감각을 활용한 전시개념의 설정과 이에 따르는 섬세하고도 효율적인 전시기법의 발전은, 콘텐츠의 인지와 몰입을 위한 가장 핵심적 방편이자 공통적 과제라고 할 수 있다. 특히 이제는 콘텐츠에 대한 감성적인 몰입이 창의성 개발의 전제 조건의 하나라면, 전시의 중요성은 현대 박물관에서 그 비중이 더욱더 크다고 할 수 있다.

이러한 전시의 기본개념은 결국 박물관의 종류에 따라서 그 방법과 기법을 다르게 활용하여야 하는데, 이 책에서는 각 분야의 전시전문가들이 이론을 토대로 현장경험을 하면서 마주치는 다양한 문제점을 해결하는 방법을 제시하고 있는 바, 이는 이 책이 가진 가장 중요한 의미인 것이다.

오랜 실무경험을 바탕으로 현장에서 학교에서 현재도 근무하며 전시에 대한 열정으로 기술하고 정리한 이 책은, 전시에 관한 입문서의 역할을 해줄 것이다. 아울러 박물관에서 이루어지는 전시, 즉 박물관이나 미술관은 물론 과학관, 어린이박물관, 테마관 등과 다양한 상업적 공간, 즉 무역전시관이나 백화점 등에서 이루어지는 전시를 포함하여 현재 그리고 앞으로도 다양하게 펼쳐질 각종 전시를 포괄적으로 다룸으로써 입문자를 포함한 모든 전시 관련 종사자들에게 길라잡이가 될 것으로 기대한다.

이 책이 전시에 대한 종합적인 지침·개설서로서 시의적절하다고 생각되는 바, 앞으로도 더욱 심화된 전시 이론이 개발되는 데 기반이 될 것이라 본다. 이러한 점에서 필자들의 전문성, 의지와 노력을 높이 평가하는 바이다.

배기동(국제박물관협의회 아태지역위원장)

들어가는 말

1909년, 순종이 창경궁에 설립한 제실박물관을 시작으로 대한민국 박물관의 역사가 시작되었습니다. 박물관의 역사와 함께 대한민국의 전시의 역사도 함께 시작되었다고 할 수 있습니다. '백성들과 더불어 즐거움을 나누고자' 하는 것이 제실박물관의 설립 목적이었는데, 그것이 바로 '전시'가 수행해야 하는 역할이기 때문입니다.

이후 대한민국 전시는 대한민국 역사와 함께 발전해왔습니다. 역사와 전통을 담는 문화공간이자 창조적인 작품을 담아내는 예술공간에서, 크고 작은 국가 행사를 치르는 교류의 장에서, 기업의 발전 현장과 브랜드를 홍보하는 공간에서, 어린이와 청소년을 위한 교육의 터전에서, 대중과 함께 즐겁게 놀고 체험하는 오락의 장소에서, 외국 관광객들을 맞이하는 관광명소에서 '전시'는 다양하게 변화하고 진화하며 사람들과 의미 있는 공유와 교류를 이끌어왔습니다.

박물관에서, 미술관에서, 과학관에서, 어린이박물관에서, 테마공간에서, 무역 전시장에서, 상업 공간에서 수십 년 동안 전시 업무를 해온 사람으로서 각자의 영역에서 축적한 이론과 실무 기술 또는 요령을 체계화한다는 의미도 있지만, 지난 100여 년의 전시가 바쁘게 쉼 없이 달려왔다면 앞으로 펼쳐질 또 다른 100년 동안 전시의 발전을 위해 한번쯤 반드시 정리가 필요하다는 데 뜻을 모았습니다.

함께 모여 각자의 특화된 전문 영역에 따라 '전시'를 분류하고 이론과 실무의 자료들을 모아보니, 모여진 자료들은 그저 개인들의 것이 아닌 대한민국 전시의 과거와 현재, 기술과 노하우를 담고 있는 우리 모두의 것이란 생각이 들었습니다.

이렇게 모여진 값진 보물을 책을 통해 전시(展示)하고자 합니다.

이 책은 전시의 기본 지식에서부터 이론과 실무, 사례와 현황을 집대성한 전시 전문서로서 전시 및 관련 분야의 전문가가 되고자 하는 사람들에게 기본적인 입문서의 역할은 물론 전시전문가를 양성하기 위한 강의 교재 및 전시교과서가 될 것입니다. 또한 전시업계에서 수십 년 동안 한 우물을 파면서 말단에서부터 현재의 위치에 이르기까지 축적한 노하우와 정보, 전략을 공유함으로써 같은 길을 걷고자 하는 후배들에게 꿈과 희망, 길라잡이가 될 것입니다.

전시 관련 전문서적이 절대적으로 부족한 대한민국의 전시환경에 단비가 되어줄 전시전문서를 발간함으로써 학문과 지식, 산업과 기술을 총망라하여 관련 역사와 문화를 체계적으로 정리하고 전시업계의 저변을 확대하는 데 이바지하고자 합니다.

마지막으로, 전시 및 관련 분야에 입문하고자 하는 미래의 꿈나무들, 전시 관련 강의를 위해 교재가 필요한 교수 및 강사, 박물관 학예, 교육, 수집, 수장, 운영 등 동종 업계의 전문가 및 종사자, 전시분야에 대한 인문적 소양을 얻고자 하는 일반인들에게 도움이 되고 영감을 주는 뮤즈(muse)가 되기를 바랍니다.

강희수, 김진희, 김혜련, 양유정,
윤선영, 기현정, 이현숙, 김용주 드림

차 례

제2장 미술관전시

제3장 과학전시

제4장 어린이박물관에서의 전시

제5장 테마전시

제6장 산업전시

제7장 리테일전시

제0장 전시란 무엇인가

전시는 종합디자인이다. 스토리와 콘텐츠가 있고 건축과 조경, 제품디자인, 시각디자인, 조명, 영상 등의 다양한 분야가 집약되어있기 때문이다. 뿐만 아니라 남녀노소를 아우르는 관람객에 맞추어 기능적 목적을 달성해야 하기 때문이다.

전시의 목적은 다양하며, 목적에 따라 관람객도 달라지고 스토리 역시 달라진다. 전시는 그 자체로 관람객과 직접 소통하는 '매체'이기 때문에, 시대에 따라 빠르게 진화하는 분야 중 하나다. 특히 최근에는 전시의 형식과 전시물의 범위가 넓어지면서 전시기획자와 전시디자이너의 역할도 커지고 있다. 그러나 한국의 전시 분야는 학문적으로나 실제적으로나 아직은 발전 과정에 머무르고 있는 것이 사실이다.

01. 전시

G. 앳슨과 D. 딘(1996)은 "전시란 관람객과 전시대상물 사이에 의미의 공유를 유발시키는 중재적 행위이며, 전시회란 인간의 역사 및 주변 환경과 연관된 정보·사고·감정을 주로 3차원의 시각 매체를 통해 대중에게 전달하는 소통 방법이다"라고 하였다.[1]

조지 엘리스 버코(2001)는 "진열이란 전시물(오브제)에 대해 갖고 있는 사람들의 관심의 정도에 따라 전시물을 배치하여 보여주는 것이며, 전시란 관람객을 교육하고자 하는 의도를 가지고 특정 개념이나 메시지를 제시하는 것으로, 진열보다 의미가 있고, 전문성이 있는 행위다"라고 하였다. 즉, 전시를 전시물의 의미와 중요성에 대한 전시기획자의 '해석'이 개입된 진열[2]로 보았다.

교수이자 박물관 디자인 컨설턴트인 마이클 벨처(2006)는 '특정 목적'을 가지고 보여주는 행위로 관람객에게 의도된 영향을 미치는 것이 전시이며 상상력, 기술, 물리적 한계와 예산 같은 현실적 제약이 있기는 하나, 커뮤니케이션 매체로서 전시의 가능성은 무한하다[3]고 하였다.

전시디자이너인 얀 로렌스, 리 H. 스콜닉 그리고 크레이그 버거(2009)는 박물관에서부터 소매상점, 무역박람회, 테마형 엔터테인먼트, 안내 부스, 관광안내소, 국제박람회까지 장소와 스토리 그리고 정보를 이용하여 다층적인 커뮤니케이션이 가능한 공간으로 창출하는 활동[4]이라고 전시디자인을 정의했다.

전시와 관련된 여러 가지 정의에서 공통적으로 말하는 바는 '커뮤니케이션', 즉 소통이다. 전시란 전시물과 관람객이 소통하는 수단이며, 관람객은 전시를 통해 전시물을 감상하고, 이해하고, 질문을 던지고, 영감을 받는 등 다양하게 반응한다.

02. 전시의 목적 및 효과

전시의 기본적인 목적은 교육, 소통, 감상, 엔터테인먼트, 수익 창출, 홍보·마케팅 등이다. 그런데 실제로는 교육이나 감상을 통해 즐거움을 느끼기도 하며, 홍보와 동시에 교육이 이루어지기도 하므로 목적을 하나로 규정하기는 어렵다.

전시는 관람객들에게 어떠한 목적을 달성하기에 유용한 방법이다. 전시가 성공적이라는 것은 메시지를 잘 전달했다거나 또는 주최 측의 의도에 맞게 관람이 이루어졌다는 뜻이다.

주최 측의 의도나 목적과 달리 관람객이 전시회에 가는 이유는 교육도, 감상도, 구매도 아닐 수 있다. 지나는 길에 단순한 호기심으로 들르거나 시간을 보내고 데이트를 하는 장소로 전시장을 이용하는 사람도 있다. 그러므로 전시를 준비할 때에는 이 모든 사람들을 포용할 수 있는 여러 장치들을 마련해야 한다.

목적은 다를지라도 전시의 효과는 주최 측과 관람객 측 모두에게서 나타난다. 가시적이거나 즉각적이지는 않지만 주최 측은 목표한 교육 혹은 홍보 등에 대한 결과를 달성할 수 있고, 관람객은 전시장 방문 이후 지적·심리적으로 고양되며 자신이 경험한 전시와 관련하여 무한대로 관심을 확장할 수 있다.

03. 전시의 구성 요소

전시기획자와 디자이너는 정보와 메시지를 보내는 발신자이고, 전시공간은 정보발신자와 수신자가 만나는 매개이며, 관람객은 정보수신자라고 할 수 있다.

전시기획자와 전시디자이너는 전시공간에서의 소통 문제를 깊이 고민한다. 전시물에 대한 정보를 전달하고 전시목적을 달성해야 하기 때문이다. 전시의 주제에 따라 어떤 것을 전시할지 선택하고, 그 전시물이 어떤 환경에서 가장 적절하게 주제를 잘 드러내는지 등을 고민하여 전시환경을 조성한다.

전시물의 양이 많은 경우 전시물들을 하나의 주제 또는 몇 가지 주제로 엮어 진행하는 전시가 많으며, 전시물에 대한 정보의 양이 많아질수록 교육적 전시의 성격을 띠게 된다.[5] 예를 들어 미술관처럼 전시물 중심으로 진행되는 전시는 감상이나 유희적 성격이 큰 반면, 과학관처럼 정보를 중심으로 이루어지는 전시는 이해와 교육적 성격이 짙다.

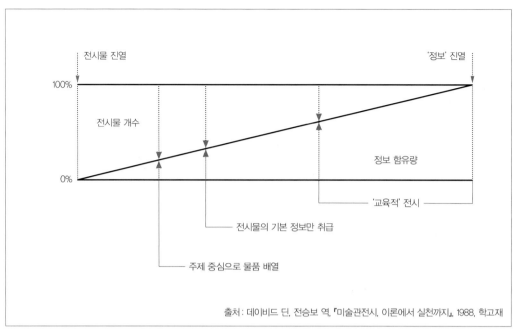

전시물 진열

100%

전시물 개수

0%

'정보' 진열

정보 함유량

'교육적' 전시

전시물의 기본 정보만 취급

주제 중심으로 물품 배열

출처 : 데이비드 딘, 전승보 역, 『미술관전시, 이론에서 실천까지』, 1988, 학고재

〈그림0-1〉 베르하르와 메터의 전시프로젝트 모델

    일반적으로 전시의 양축을 전시물과 관람객이라고 하는데, 관람객의 중요성은 날로 커지고 있다. 한 자리에서 움직이지 않고 끝까지 봐야 하는 음악이나 무용, 연극 공연 등 정적 관람과는 대조적으로 관람객이 움직이거나 여기저기 다니면서 보고 듣고 만지는 등 오감 체험을 하면서 전시물과 상호작용하는 동적 관람이 늘고 있다. 동적 관람을 유도하는 전시가 증가함으로써 관람객은 능동적이고 적극적인 자세로 전시를 더 많이, 더 깊게 경험하게 된다. 이는 전시물에 대한 이해와 감상의 질을 높여준다.

04. 전시의 분류

    전시기간, 형식, 내용, 주제, 연출방법, 목적 등에 따라 전시의 종류를 구분할 수 있다. 가령 존재 방식에 따라 구분해보면, 유형적인 것에서부터 무형적인 것까지 무엇이든지 전시가 가능하다. 역사적 가치를 띤 유물, 예술적 가치를 가진 작품, 특정한 주제에 맞거나 의미가 있는 작품이

〈그림0-2〉 전시의 분류

나 물건 등 대개 실물이나, 생물을 포함하는 자연물과 눈에 보이지 않는 소리 및 행위부터 데이터 등도 전시의 대상이 될 수 있다는 뜻이다. 그러므로 전시물이 될 수 있는 것들은 무한하다.

　본 책에서는 크게 비영리 목적의 전시와 영리 목적의 전시로 분류하여 이를 좀 더 살펴보고자 한다. 비영리 목적의 전시가 이루어지는 곳으로는 박물관, 엑스포, 미술관, 과학관, 어린이박물관 등을 들 수 있다. 영리 목적의 전시로는 무역전시와 리테일전시(VMD)가 대표적이다. 테마전시는 비영리와 영리 목적 모두 가능하다. 그런데 융복합과 유기적인 네트워크가 화두인 오늘날에는 영리와 비영리, 미술과 과학, 어른 관람객과 어린이 관람객 등 다양한 측면에서 성격이 혼합되어있다.

주석

1) Edson. G. & Dean. D. (1996) 『The handbook for museums : Routledge』. 이보아, 『박물관학 개론』, 김영사, 2001에서 재인용

2) 조지 엘리스 버코, 양지연 역, 『큐레이터를 위한 박물관학』, 2001, 김영사

3) 마이클 벨처, 신지은·박윤옥 역, 『박물관전시의 기획과 디자인』, 2006, 예경

4) 얀 로렌스, 리 H. 스콜닉, 크레이그 버거, 오윤성 역, 『전시디자인의 모든 것』, 2009, 고려닷컴,

5) 데이비드 딘, 전승보 역, 『미술관전시 이론에서 실천까지』, 1998, 학고재

제1장 박물관전시

1. 박물관전시란

01. 박물관전시의 개요

박물관에 대한 정의를 살펴보자. 국제박물관협회(ICOM, International Council of Museum)는 박물관을 대중의 발전을 위한 비영리적인 항구기관으로, 교육·연구·향유를 목적으로 인류와 인류 환경의 유형적·무형적 유산을 수집·보존·연구·교류·전시하는 곳이라고 정의한다.[1] 한국의 '박물관 및 미술관 진흥법'에는 문화·예술·학문의 발전과 대중의 문화 향유 증진에 이바지하기 위하여 역사·고고(考古)·인류·민속·예술·동물·식물·광물·과학·기술·산업 등에 관한 자료를 수집·관리·보존·조사·연구·전시·교육하는 시설로 정의하고 있다.[2]

미국의 필라델피아와 덴버 등 여러 곳에서 박물관관장을 역임한 박물관학자 조지 엘리스 버코(2001)는 박물관을 '미술관'과 '미술관 이외의 박물관'으로 성격에 따라 구분하고, 미술은 비일상적인 창조물, 즉 예술 전시물로 보아 쓰임에 상관없이 그 자체로서 의미 있는 것으로 정의했다. 그리고 미술품을 보유하고 전시하는 미술관과 인류의 유물을 수집하는 곳, 자연물들을 다루는 곳 등 크게 미술박물관, 역사박물관, 그리고 과학박물관이 있다고 했다.

28페이지 〈그림 1-1〉은 박물관학에 관련된 분야들과 분야 간 관계성에 대해 보여준다.

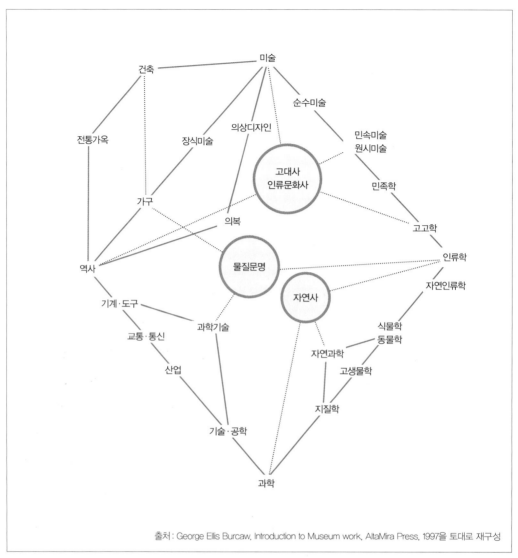

출처 : George Ellis Burcaw, Introduction to Museum work, AltaMira Press, 1997을 토대로 재구성

〈그림1-1〉 박물관의 분야

　　고대 및 중세의 박물관은 종교적 물품, 예술품, 문화재, 다른 지역에서 가져온 특이한 물품, 진귀한 것 등을 수집하고 소장하며 전시하는 곳이었다. 당시 전시는 과시가 목적이었다. 특정 주제로 선별한 물품을 보여주는 게 아니라 소유자의 소장품을 최대한 많이 전시하기 위한 것이 목적이었으므로 방 안 가득 전시품으로 꽉 채운 경우가 대부분이었다. 수장품이 많을수록 좋았다.

　　18세기 말 프랑스혁명 이후 등장한 민주주의의 영향으로 박물관은 처음으로 대중에게 공개되었고, 19세기에 박물관이 공공을 위한 기관으로 변화하면서 박물관은 대중을 교육하거나 대중의 예술적 감성을 만족시키는 장소가 되었다. 교육과 연구기관으로서의 역할을 하던 박물관은 이후 대중을 위한 문화 프로그램과 전시를 위한 공간으로 진화했고, 현재는 전 세계의 많은 박물관이 전시 프로그램과 매체 다양화를 통해 대중과 소통하고 있다.[3]

그러나 예나 지금이나 변치 않은 박물관의 가장 큰 역할은 가치가 있는 물건들을 수집하고 연구하며 전시하는 것이다. 전시는 박물관의 안목과 성격, 권위 등을 결정지으며, 관람객은 박물관을 전시로 평가한다.

박물관의 성격을 특징짓는 핵심 요소는 수집품, 즉 소장품이다. 그것은 문화유산의 범위가 비물질적인 것으로 확장된 오늘날에도 마찬가지다. 다만 눈에 띄는 변화가 있다면 신박물관학(New museology) 등장 이후 박물관의 관심이 사물(소장품)에서 사람(관람객)으로 옮겨가고 있다는 점이다. '보관하는 박물관'에서 '보여주는 박물관'으로 변화하고 있는 것이다.

박물관의 목적은 연구, 수집·보존, 전시, 교육 등의 활동을 통하여 문화 발전 및 공공 문화 향유에 이바지하는 것이며, 박물관전시의 목적은 전시물을 통하여 교육과 감상의 기회를 제공하는 것이다. 전시의 주제와 내용은 박물관 설립 취지와 관련이 깊은데, 전시기획자들은 이를 보다 효과적으로 전달하기 위하여 전시디자인 개념을 활용한다. 박물관전시는 박물관에서 하는 여러 활동을 관람객에게 알리고

〈표1-1〉 관람객 구분 요약

구분	성격	박물관 종류	특징
감상	미적	미술관	특정 전시물에 대한 개별적 인식
이해	맥락적 또는 주제적	역사박물관, 고고학·인류학박물관	유물 또는 주제의 맥락에 관한 관계적 인식
발견	탐구적 –개방형 수장고	자연사박물관	범주로 분류된 표본의 탐구
상호작용	재연, 멀티미디어	과학센터	자극에 따른 운동감각적 반응
참여	커뮤니티 또는 방문객, 이용자와의 협의	문화박물관 및 민족학적 수집품이 있는 기타 공간	의미 생성 과정에서 지적·감성적 몰입

출처 : 『Manual of museum exhibition』, Barry Lord and Maria Piacente, Rowman & Littlefield, 2014

〈표1-2〉 연령에 따른 관람객 특성

연령	행동성향
초기 아동기 (3~5세)	차별화가 어렵고, 세상을 보이는 그대로 받아들인다. 매우 자기중심적이다. 박물관 견학 시간은 짧아야 하고, 박물관 방문 자체에 의미를 두어야 한다.
아동기 (6~7세)	가족과 이웃, 학교에 강하게 관심을 갖는 시기이다. 사회적으로 세상에 참여하기 시작한다. 상상력이 풍부하고 오감을 통해 능동적으로 배우며, 운동 능력도 더욱 정교해진다. 다른 사람이나 문화의 존재를 인식하기 시작한다.
어린이 (8~11세)	직접 경험하지 않은 세계에 대해 인지하기 시작한다. 원인과 결과에 대한 인식이 가능하며, 고도의 새로운 정보도 흡수 가능하다. 박물관전시물에 대해 궁금증이 생기는 시기이다.
초기 사춘기 (12~14세)	추상적인 것을 다루는 능력이 생긴다. 신체적인 변화가 나타나며 개인차가 크다. 새로운 아이디어를 떠올리며 다른 사람들이 어떻게 일하는지 보는 것을 좋아한다.
청춘기 (14~18세)	학습과 인생의 경험 사이에 어떤 관련이 있는지까지는 잘 연결하지 못하나 추상적으로 생각하고 개념과 개념을 연관 짓는 능력은 성인과 유사한 수준이다.
청년기 (18~30세)	정규 학교교육을 마친 나이다. 시간 여유가 없어 박물관을 찾을 가능성이 가장 적다.
성인기 (30~65세)	경험이 풍부하고 학습에 대한 동기와 개인적인 목표가 있다. 자발적으로 박물관을 방문하며, 여가 선용과 문화적 체험을 원한다.
노인기 (65세 이상)	신체적 한계가 있을 수 있지만, 박물관이 제공하는 다양한 경험들을 즐긴다.

출처 : McKie,L. 박물관 전문직 입문 : 경기도박물관, 1998. 내용을 토대로 재구성

보여주는, 유일하면서도 가장 좋은 방법이다. 전시는 박물관의 설립 목적에 맞는 수집과 연구 성과 등을 보여줄 수 있는 내용들로 구성되며, 박물관이 지향하는 방향에 따라 만들어진다.

전시를 보러 오는 관람객은 목적이나 성과에 따라 감상, 이해, 발견, 상호작용 그리고 참여로 분류할 수 있다. 각각의 내용과 특성은 29페이지 〈표1-1〉과 같다. 연령에 따른 특성도 다르므로 어떤 연령대의 관람객을 대상으로 하는가에 따라 기획의 방향도 달라져야 한다.

02. 박물관전시의 추세

박물관전시는 수동적으로 보기만 하던 전시에서 능동적으로 참여하여 체험하는 전시로, 감성을 자극하는 전시에서 소통하는 전시로 변화하고 있다. 18세기 말에 박물관이 공공에 개방되고 대중화되면서 박물관의 전시는 감상보다 교육적인 목적이 강조되었다. 19세기

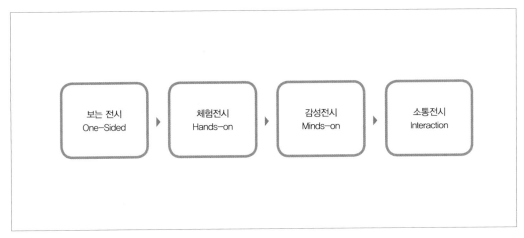

| 보는 전시 One-Sided | → | 체험전시 Hands-on | → | 감성전시 Minds-on | → | 소통전시 Interaction |

〈그림1-2〉 박물관전시의 변화

에 들어서면서부터는 관람객이 직접 전시품을 만질 수 있도록 '핸즈온(Hands-on) 전시'를 통해 교육적 목적을 달성하고자 했으며, 이는 관람객의 마음을 움직이고 감성을 자극하는 '마인즈온(Minds-on) 전시'로 변화했다. 최근에는 관람객과 소통하며 전시를 만들고 완성하는 소통전시(Interaction)가 늘어나고 있다.

박물관전시의 기조는 시대마다 조금씩 다르지만 변하지 않는 것은 콘텐츠 중심적이라는 점이다. 콘텐츠는 정보성·교육성·유희성 등 여러 성격을 두루 갖추고 있다. 시대가 변해도 콘텐츠 자체는 변화하지 않으므로 박물관전시의 내러티브(narrative)[4]는 전시가 끝날 때까지 그 성격을 일관성 있게 유지해야 한다. 특히 박물관전시 내러티브는 박물관을 찾는 다양한 관람객들 모두가 이해할 수 있어야 한다.[5]

박물관전시는 연령, 성별, 학력, 직업, 국적, 종교, 문화 등에 차이가 있는 불특정 다수를 대상으로 하는 만큼 다양한 방문 목적 및 관람태도를 예상하고 기획해야 한다. 대다수 박물관은 전 계층을 대상으로 하지만, 전시기획자는 기획 초기에 어떤 사람들을 특히 염두에 둘 것인지, 그들이 전시를 어떻게 해석할지, 그들에게서 어떤 효과를 기대할지 등을 신중하게 고려하여야 한다.[6] 그러므로 콘텐츠를 제작할 때 고증, 검증, 검수의 절차를 받아 내용의 적합성을 결정하고, 관람 대상에 맞는 콘텐츠를 기획하여야 한다.

박물관에서의 상설전시는 대개 3년 이상 지속되며, 부분 교체나 개선 작업이 이루어진다고 해도 박물관의 전체적인 내러티브나 콘셉트, 정체성은 달라지지 않는다. 최근 전시에는 스토리텔링의 서사구조가 도입되고 있다. 이는 관람객들로 하여금 하나의 이야기처럼 전시를 경험하게 하여 전시목적을 달성하고자 하는 것이다.[7]

박물관전시의 변하지 않는 특성 중 하나는 관람객이 3차원적인 물건을 실제로 접한다는 점[8]이다. 가상전시에 대한 관심이 높지만 여전히 박물관전시를 찾는 관람객들이 더 많고, 그 수는 오히려 늘어나는 추세다. 박람회, 쇼룸, 테마파크 등 다양한 형태의 전시가 있지만, 과거의 유물을 내 눈으로 직접 보고 느낄 수 있다는 점은 박물관전시에서만 얻을 수 있는 장점이다. 물론 박물관에서도 복제품이나 모형, 그래픽, 영상 등 다양한 매체를 활용하기도 하지만, 가상전시와는 매우 다른 경험을 제공한다.

테마박물관처럼 오래된 유물이 없는 경우도 있다. 그러나 박물관전시는 기본적으로 실물(또는 유물) 중심이기 때문에 이런 매체들은 보조적인 역할을 하게 된다. 조사를 해보면 관람객들도 더 많은 실물(또는 유물)을 원하는 것으로 파악되는데,[9] 이는 관람객들에게 실물(또는 유물)이 더 익숙하고 받아들이기가 쉬우며, 실물을 통해 더 큰 감동과 재미를 느끼기 때문으로 해석할 수 있다.

박물관전시디자이너인 카멜(1962)은 "좋은 전시란 많은 관람객을 끌어들이는 전시가 아니다. 관람객들에게 자극과 즐거움, 지식을 나누어 주는 전시다"라고 하였다.[10] 오늘날 전시는 전시의 주제만큼이나 관람객을 중요시한다. 관람객 참여와 쌍방 소통에 무게를 두는 것도 그런 이유인데, 특히 주목할 것은 '관람객의 참여'다. 어떤 전시는 관람객의 참여가 전시의 '완성'에 영향을 미치기도 한다.

양방향 소통과 주제 전달의 효율성을 위해 가상전시 또는 사이버전시에 대한 관심과 활용도 늘어나고 있다. 2011년부터 구글은 '구글 아트 & 컬처'라는 온라인박물관을 운영하고 있다. 이 온라인박물관에는 세계의 유명한 박물관과 미술관이 협력하여 전시물을 제공하고 있으며, 한국에서도 국립중앙박물관 등 여러 기관이 파트너로 협력하고 있다. 인터넷을 사용하는 사람이면 누구나 온라인박물관을 방문해 훌륭한 전시물들을 둘러보고 감상할 수 있다. 집에서도 쉽고 편하게 고해상도의 전시물들을 접할 수 있는 것이다.

또 다른 온라인전시들도 활발하게 이루어지는데, 그 분야와 내용이 매우 방대하다. 예술과 역사는 물론이고, 박물관 및 아카이브(Archive)[11] 같은 역할도 수행한다. 인터넷을 할 줄만 알면 누구나 박물관의 효용을 누릴 수 있는 것이다. 19세기 박물관의 대중화에 이은 혁명이 아닐 수 없다.

박물관 역사에서 인터넷이 또 하나의 분기점이라면, 모바일은 박물관의 새로운 가능성으로 꼽힌다. 세계의 많은 박물관들은 모바일 앱을 홍보 매체 및 박물관의 구조와 이동경로 전시물들에 대한 정보를 제공하는 가이드로 활용하고 있다. 또한 대중과의 소통 창구로도 이용하고 있는데 미국의 뉴욕 메트로폴리탄박물관에서는 어린이를 위한 퍼즐에서부터 성인들을 위한 해석적인 내용까지 다양한 콘텐츠를 제공한다. 많은 사람들이 늘 소지하고 다니는 스마트폰을 이용한다는 점에서 그 어떤 것보다 접근성이 높고, 개개인에 맞춰 맞춤형 콘텐츠를 제공할 수 있어 현재 국내외의 많은 박물관에서도 큰 관심을 보이고 있다.

이처럼 박물관과 전시기획자는 기본에 충실하면서도 변화에 능동적이어야 한다. 관람객이 이해하기 어렵거나 전시기획자가 일방적으로 메시지를 주입하는 전시는 관람객의 외면을 받는다. 박물관과 관람객의 입장을 모두 고려해 서로 소통하고, 또 관람객 스스로 전시를 해석할 수 있도록 기획해야 한다. 이를 위해서는 새로운 문화와 환경에 대하여 지속적으로 관심을 가져야 한다.

03. 박물관전시 업무

　박물관전시에는 기획, 연구, 수집관리, 교육, 디자인, 보안, 홍보·마케팅, 재정, 평가 등을 담당할 수 있는 다양한 분야의 사람들이 관여한다. 전시 업무를 할 때는 크게 기획, 디자인, 제작 부문으로 나뉘어 협력한다.

　협의와 협력 없이는 전시를 완성할 수 없다. 박물관전시에서 가장 핵심적인 분야는 기획과 디자인이므로 기획자와 디자이너의 협업이 특히 중요하다. 박물관전시기획은 일반적으로 박물관 내부 학예사가 맡지만, 디자인은 박물관에 근무하는 디자이너가 없을 경우 외부 디자이너가 진행하기도 한다. 분야별 역할과 책임은 〈그림1-3〉과 같으며, 보존처리 분야에도 직간접적으로 관여한다.

　일반적으로 전시디자이너는 전시의 주제와 목적, 전시물에 대해 정확하게 이해하여 관람객과 효과적으로 소통할 방법을 찾고, 전시물을 안전하게 보호할 수 있는 환경을 설계하는 일을 한다. 전시 초기 단계부터 학예연구사와 협의하여 전시디자인 방향을 정하고, 전반적인 가이드라인을 세운다. 관람객 동선, 전시물의 종류와 색채 등을 전체적으로 고려해 전시공간을 구성하고 전시성격에 맞게 전시장의 마감 재료부터 레이블(설명카드)의 텍스트 길이 및 글자 크기 같은 그래픽 작업에 이르기까지 모든 분야를 조정한다. 그러기 위해서는 공간 활용, 배치의 미학, 조명의 효과, 색채의 차이, 재료의 성질, 도면, 모형, 그래픽, 영상, 제품, 미디어 등 다양한 방면에 대한 지식뿐만 아니라 전시물 및 콘텐츠에 대한 이해가 필수다. 전시의 방향 및 의도에 대하여 숙지하고 있어야만 전시의 목적을 달성할 수 있기 때문에 디자이너는 작업에 대해 지속적으로 기획자와 협의를 해야 한다.[12]

　해방 이후, 박물관 조직을 갖추어가던 시기의 직제를 보면 총무과, 학예과, 진열과 등 3과로 구성되어있다. 이는 당시 사람들이 박물관을 전시(Exhibition)보다 진열(Display)로 이해하고 있었음을 보여준다.[13]

　국립민속박물관은 2004년에 한국 최초로 전시디자이너를 채용하

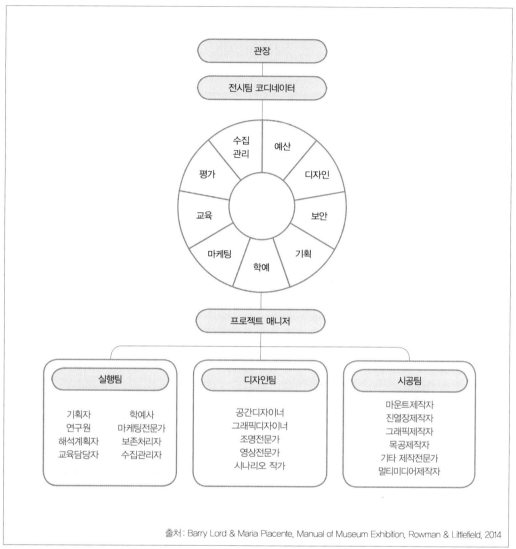

〈그림1-3〉 박물관전시 관련 인력의 역할과 책임

였고, 국립중앙박물관도 2005년에 전시디자이너를 채용하였다. 국립
민속박물관의 전시디자이너는 학예연구사 직급이고, 국립중앙박물관
은 5급 및 6급 상당의 별정직(현재 전문경력관)이다.[14] 전시디자이너를
정규직으로 채용한 박물관은 국립중앙박물관, 국립민속박물관, 국립
현대미술관, 국립생물자원관 등 주로 국립으로 운영되는 곳이며, 직위
는 학예연구사 또는 학예연구관, 전문경력관, 사무관 등 다양하다. 현
재는 지자체 및 공사립박물관 등도 전시디자이너의 필요성을 인지하
여 채용을 늘리는 추세다.

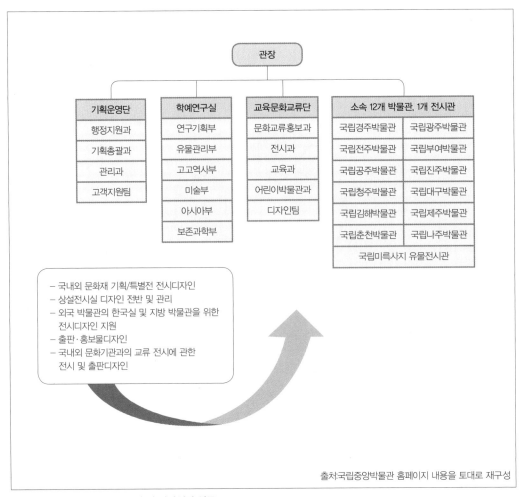

〈그림1-4〉 국립중앙박물관 조직 및 디자인팀 업무

국립중앙박물관은 한국에서 유일하게 디자인팀을 두고 있는데, 조
직 구성 및 업무 내용은 〈그림 1-4〉와 같다.

2. 박물관전시의 종류

01. 형식에 따른 분류

박물관전시는 크게 상설전시와 비상설전시로 구분하며, 비상설전시는 기획전시(또는 특별전시)와 순회전시로 분류한다.

① 상설전시

박물관의 설립 목적·주제·메시지를 전달하는 반영구적인 전시이다. 그래서 안정적이고 공공적인 성격이 강하다. 예를 들어 국립중앙박물관의 조선실은 조선의 역사와 문화를 다룬 전시실로, 박물관 개관 때부터 지금까지 대중에게 열려있다.

② 기획전시(특별전시)

특정한 주제로 일정한 기간에 걸쳐서 하는 전시다. 주로 평소에는 보기 어려운 전시물을 선보이며, 좀 더 흥미로운 연출이 가능하다. 예를 들어 '이집트 전시'의 경우 한국 내 소장품이 없으므로, 외국 박물관에서 대여한다. 또한 '신안 해저선에서 발견한 것들' 전시처럼 신안 해저 유물을 상설전시실에서 항상 전시하면서, 발굴 40년간의 연구 성과 및 전시실 내 발굴 유물 중 대부분을 수집·전시하는 등 특별하게 개최하는 전시도 있다.

③ 순회전시

일종의 비상설전시다. 특정 주제로 기획한 내용을 여러 지역을 돌면서 전시한다. 예를 들어 '백제'를 주제로 한 특별전시를 국립중앙박물관에서 전시했다가 전시기간이 끝나면 국립경주박물관에서 다시 전시하는 경우이며, 해외 사례로는 아프가니스탄의 보물들 같은 특정 국가의 유물을 세계 여러 도시에서 전시하는 경우 등이다.

02. 목적에 따른 분류

감상, 교육, 엔터테인먼트(향유) 등으로 구분하나, 대개의 전시는 이러한 목적들이 혼합되어있다. 이는 관람객의 태도 및 연출방법과도 연관이 깊다.

① 감상

전시물을 감상하는 데 집중하도록 전시환경을 조성한다.

② 교육

역사적·고고학적·과학적인 내용을 전시하는 경우, 관람객들에게 정보와 지식을 주고 이해를 돕도록 한다.

③ 엔터테인먼트(향유)

관람객의 흥미를 유도하고 그들이 즐거워할 수 있는 특정 주제와 연출을 강조한다.

03. 연출방법에 따른 분류

콘텐츠 및 목적에 따라 심미형, 맥락형, 해석형, 수장형 등으로 구분하나, 대개의 전시는 이런 연출방법들이 혼합되어있다.

① 심미형

심미적 요소에 초점을 맞추기 위해 전시물 자체에 집중하고, 이외의 요소는 최소화한다. 미술품 같은 예술 전시물의 경우 전시물과 전시물 사이의 간격을 넓게 하고 레이블은 간결하게 배치하며 벽면은 단색으로 하고 조명만 설치하여 전시물을 강조한다.

② 맥락형

전시물과 연관된 환경과 상황을 설명하여 관람객의 이해를 돕는다. 개별 전시물은 전시장에 진열되는 순간 맥락을 잃게 되므로 개별 전시물들의 '관계성'에 집중하여 연출한다. 원래 어떠한 상황에서 어떻게 사용된 물건인지, 어떤 배경에서 나온 작품인지 등을 설명하기 위하여 전시물 이외에 다양한 요소를 사용한다.

④ 해석형

기획자의 해석과 메시지가 잘 전달될 수 있도록 스토리텔링이나 보조적 연출을 추가한다. 해석은 기획자의 의도에 따라 역사적 관점, 사회적 관점, 예술적 관점 중에서 선택적으로 조명되며, 이에 따라 스토리와 연출의 주안점이 달라진다.

⑤ 수장형(Open storage)

박물관의 수장고(收藏庫)를 공개하는 개념으로, 소장품들을 대량으로 보여주는 연출방식이다. 수장고를 통째로 보여주거나 혹은 전시장 한쪽에 수장형 진열장을 둔다.

3. 박물관전시의 과정

박물관전시는 기획 → 디자인 → 실행의 단계를 거친다. 기획단계에서 전시의 목적과 주제 및 방향성을 설정하여 전시물 선정 및 전시스토리를 만들고, 디자인단계에서 전시디자인 방향을 설정하며, 세부 공간 설계(평면, 동선, 입면) 및 디자인을 위한 준비(마감재 선정, 조명연출 등)를 한다. 실행단계에서는 연출 계획에 따라 실시 도면을 작성하고, 전시장 내·외부에서 제작 및 설치를 통해 전시를 개막하는 것까지를 말한다.

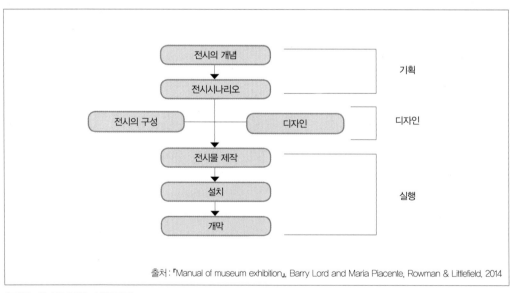

출처 : 『Manual of museum exhibition』, Barry Lord and Maria Piacente, Rowman & Littlefield, 2014

〈그림1-5〉 전시준비·실행 과정

01. 기획단계

　전시목적과 의도, 주제를 분명히 하고, 어떤 내용으로 전시할 것인지를 정하는 단계이다. 전시기획자(학예사)는 전시디자이너, 홍보 담당자, 교육 담당자 등 관련 담당자와 전체적인 그림을 그린다. 전시물을 선정하고 콘텐츠를 구성하는 등 관람객에게 전달해야 할 주제 및 메시지를 구체화해야 전시디자인의 방향도 결정할 수 있다.

　상설전시는 길게는 몇 년 동안 준비하기도 한다. 특별전시는 대개 개막 1~2년 전 전시개최를 결정하고, 국내외 소장 기관과 대여 협의를 끝낸 뒤 5~6개월에 걸쳐 주제 구성과 전시물을 결정한다. 요약하면, 기획단계에서 하는 업무는 크게 세 가지다.

　첫째, 전시목적과 의의를 잘 보여줄 수 있는 주제를 선정한다.

　둘째, 주제와 관련 있는 논문 및 보고서 등 자료를 검토하고 전시할 물품의 목록을 작성하는 등 전시물 실사를 준비한다.

　셋째, 전시물에 대한 기초 조사 및 전시품 대여기관 정보(설치·대여기간) 등을 확인한다.

　기획단계에서 전시기획자와 디자이너가 해야 할 일들은 다음과 같다.

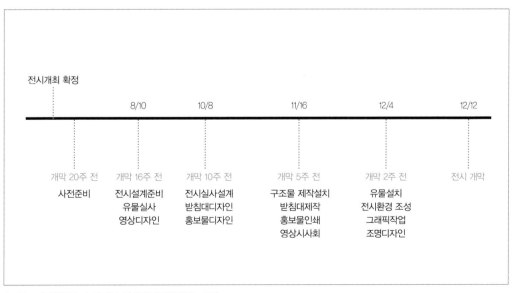

〈그림1-6〉 박물관의 전시일정(국립중앙박물관 예시)

① 전시기획자

− 전시방향 설정(주제 선정, 시나리오[시노그래피], 전시물 그룹핑 등)

− 유물정보 수집(명칭, 크기, 무게, 전시물 설치방법, 보존환경, 참고자료, 소장처 등)

− 전시일정 수립(단기, 상설)

− 소요예산 책정

② 전시디자이너

− 전시 콘셉트 논의

− 전시공간 파악(관람객 동선, 전시의 구성, 전시물 반입 경로, 진열장 유무 등)

− 공간에 맞는 적정 전시물 개수 검토

− 관련 전시 사례 조사

〈표1-3〉 전시기획서 개요(국립중앙박물관 특별전 바로크·로코코 시대의 궁정문화 예시)

전시기획서	전시명 : (국문) 권력에 살고 아름다움에 살며,
전시명 (국문, 영문) 전시기간 (개막일, 종료일) 전시장소 주최/주관/후원 출품 전시물(총 수량, 성격, 대표 전시물) 대여기관 전시목적/전시의의 순회전시 여부 도록 및 홍보물(브로슈어, 포스터) 계획 행사계획(오프닝 리셉션, 강연, 세미나, 워크숍 등) 관람객 대상층 전시예산(제작, 간행물, 대여비, 운송비, 보험비, 기타)	17-18세기 유럽 왕실의 장식미술(가칭) (영문) Princely Treasures, European Masterpices 1600-1800 from the Victoria and Albert Museum 전시기간 : 2011. 5. 3(화) ~ 8. 28.(일) (118일간) 장소 : 기획전시실 1, 2실(1,654m²) 주최 : 국립중앙박물관, KBS, 빅토리아 알버트 박물관 주관 : KBS미디어 후원 : 문화체육관광부, 주한영국대사관, 서울특별시 등 출품유물 : 프랑소아 부셰 〈마담 다 퐁파두르〉 등 영국 빅토리아 알버트 박물관 소장 17-18세기 미술품 101건 160여 점

〈표1-4〉 유물 목록(국립중앙박물관 예시)

유물 목록
유물의 그룹핑 점검/유물 번호/유물 성격/유물명/크기(유물 크기, 설치 크기) 보존환경(온습도, 조도)/마운트에 대한 정보/기타 사항(대여기간, 참고자료 유무)

연번	소주제	전시물명	작가	시기연대	사진	수량(점)	소장처	유물번호	재질	전시물사이즈	전시물 사이즈	보존환경	기타사항
1	도시	수선전도	미상	18세기	−	1	국립중앙박물관	−	목판족자	100.5×74.5 (그림 사이즈)	전시물 사이즈와 다르므로 확인 필요/ 중량물일 경우 무게 확인 필요	서지류	아크릴 마운트 필요

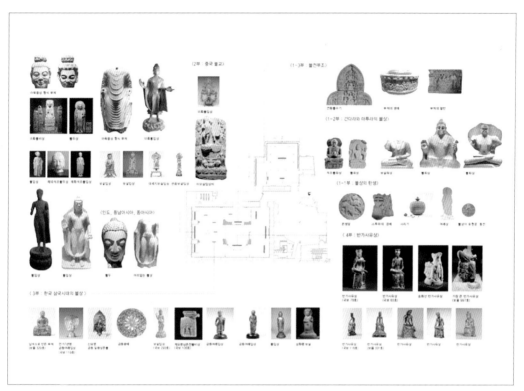

〈그림1-7〉 유물 구성도(국립중앙박물관 특별전 '고대불교조각대전' 예시)

02. 디자인단계

본격적으로 작업을 진행하는 단계로서, 전시에 관한 계획을 주로 시각적 언어로 구체화한다. 공간디자인, 시각디자인, 제품디자인, 영상디자인, 조명디자인 등 여러 분야가 함께 참여하여 주제를 효과적으로 보여줄 수 있는 시노그래피(Scenography)를 만들어간다.

기본계획, 기본설계, 실시설계 등으로 세분화되며, 기본계획 단계에서는 아이디어 위주로 스케치를 하고, 기본설계 단계에서는 전시공간에 대한 구성을 결정하며, 실시설계 단계에서는 전시에 필요한 물품의 제작을 위한 구체적인 도면을 그린다. 전시공간의 이미지나 분위기를 효과적으로 연출하기 위해 홍보·출판·교육전문가들이 협력하여 통합적인 정체성을 만들어낸다.

① 전시 콘셉트디자인(Concept design)

- 전시공간 현황 파악

- 관련 전시 조사

- 아이디어스케치

② 전시 기본설계(Preliminary design)

- 평면도, 천정도

- 입면도 또는 단면도

- 매체 계획(진열장, 모형, 환경, 디오라마, 체험물 등)

③ 전시 실시설계(Detailed design for tendering purposes)

- 평면도, 천정도

- 입면도 또는 단면도

- 매체 계획(진열장, 모형, 환경, 디오라마, 체험물 등)

- 전기·설비 도면

- 미디어 하드웨어 디자인 및 컨트롤러/소프트웨어

- 패널·설명카드 원고

- 영상 시나리오

- 연계 교육프로그램

④ 전시 제작(Production and installation)

- 구조물(바닥, 벽, 천정 등)

- 신규 진열장

- 일반·특수 유물 받침대

- 그래픽(패널, 라벨, 홍보물)

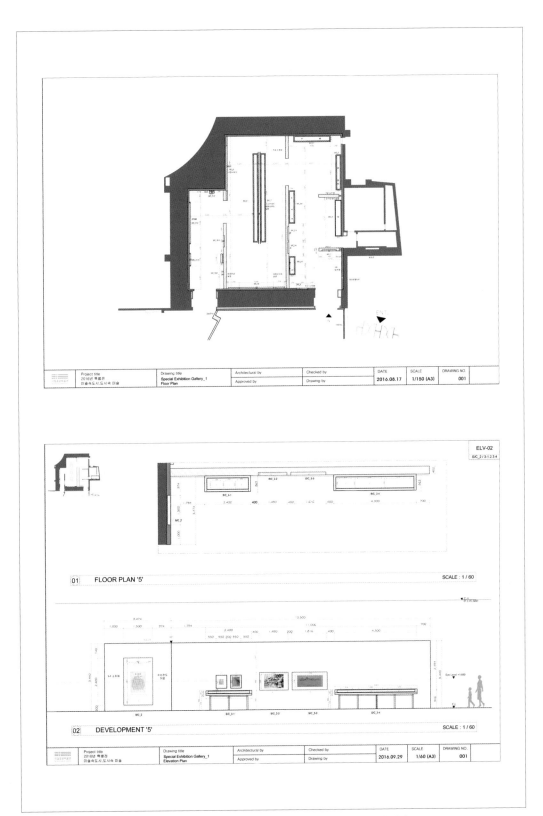

〈그림1-8〉 국립중앙박물관 2016년 특별전 '미술 속 도시, 도시 속 미술'의 전시평면도 및 입면도

03. 설치단계

전시공간, 교육프로그램, 출판, 배포 등 모든 계획들을 완성하는 단계다. 특히 전시공간이 완성되면 전시물들을 설치하고, 영상 및 그래픽과 같은 보조 자료들도 모두 시운전을 완료해야 한다. 전시 개막 준비는 조명연출을 마지막으로 종료된다.

1) 전시환경 조성

전시에서 환경친화적 디자인은 낯설 수 있다. 하지만 전시품 보존을 위해 유해한 화학물질(페인트, 코팅된 자재) 사용을 최소화해야 한다. 포름알데히드 같은 화학물질 때문에 전시물의 상태가 변질될 수 있기 때문이다. 영국은 박물관에서 사용되는 모든 재료들에 대해 명확한 기준을 두고 있다. 내구성 있는 소재와 전시물에 친환경적인 소재를 사용하도록 명시하고 있는 것이다. 관람객 및 전시물의 안전을 위해 방범, 소방, 공조, 조도 같은 전시환경에 대한 고려도 필요하다. 또한 특별전은 일정 기간 후 철거하므로 에너지 소비를 줄이고 유해한 화학물질 사용도 최소화해야 한다.

출처 : www.greenexhibits.org

〈그림1-9〉 환경친화적인 전시디자인 방법을 제시하는 '그린전시'의 홈페이지

① **방범**

－전시실 방범(CCTV)

－진열장 내 방범 센서

－노출전시(진열장을 사용하지 않는 전시물) 알람 센서

② **소방**

－소방 센서(소화전, 시각 경보기)

－하론가스 방출 등

③ **공조**

－온도 센서

－연기 감지등 센서

④ **조명제어**

－중앙 감시실 조도 제어(전반 조명)

－진열장 내 조명

2) 전시장 디스플레이

－전시품 디스플레이

－패널, 설명카드 등 전시 보조 자료 설치

－조명 설치 및 조정 작업

－영상 설치 및 조정 작업

－전시체험물 설치

04. 평가단계

박물관전시의 마지막 단계다. 관람객에게 기획의도가 잘 전달되었는지, 관람객 동선과 관람환경은 적합했는지, 전시물은 안전하게 전시되었는지 등을 점검한다. 이런 과정을 통해 관람객의 반응을 분석하고 전시의 문제점 등을 발견함으로써 다음 전시는 좀 더 알차게 구성할 수 있다.[15] 사전 평가, 중간 평가, 사후 평가 등 시기에 따라 평가할 수 있으나 일반적으로는 사후 평가가 많이 활용된다.

박물관전시 평가 도구로는 정량적인 방법에 의한 설문조사와 관찰조사 등이 있고, 정성적인 방법에 의한 추적 조사와 인터뷰 등도 있다. 평가를 할 때 가장 신경 써야 할 점은 무엇을 어떻게 해석하고 반영할 것인가 하는 문제다. 관람객 수, 관람시간, 관람 태도 같은 것들을 통해 전시의 목적이 제대로 달성되었는지 유추할 수 있고, 적절한 질문을 통해 전시에 대한 관람객들의 이해도, 흥미, 관심사를 측정할 수 있다. 또한 꼭 평가해야 할 것이 있으니, 최근 그 중요성이 강조되고 있는 양방 소통과 교육적 효과, 매체의 적절성에 대한 내용이다.[16]

박물관에서는 전시에 대한 만족도를 파악해 전시의 목적이 얼마나 달성되었는지를 측정한다. 상설전시실 리뉴얼, 신규 박물관 건립, 박물관 이전 프로젝트 같은 경우에는 이러한 평가 내용이 자주 활용된다. 이러한 경우에는 사전 조사로 현재 전시 현황을 평가하여 반영한다. 아울러 평가 내용을 정확하게 해석하여 무엇을 반영할 것인지, 어떻게 진행할 것인지 등을 결정해야 한다.

〈표 1-5〉 설문조사지(국립민속박물관 상설전시관 예시)

국립민속박물관 상설전시관 개선 설문조사

본 설문지는 올해 진행될 국립민속박물관 상설전시관 개선에 앞서 전문가의 의견을 수렴하고, 그 결과를 개선계획에 반영함으로써 보다 나은 국립민속박물관을 만들기 위한 것입니다. 바쁘시더라도 본 설문에 참여하시어 새로운 박물관으로 거듭날 수 있도록 도와주시기 바랍니다.

[기본 정보에 관한 질문]

1. 나이 _____

2. 성별 ☐ 남 ☐ 여

3. 직업 _____

4. 국립민속박물관의 관람 빈도는?

☐ 1개월에 1회 이상 ☐ 6개월에 1회 ☐ 1년에 1회 ☐ 1년에 1회 미만

5. 국립민속박물관을 방문하는 주 동기는 무엇입니까?

_____ (예 : 연구, 전시관람, 행사 참여 등)

6. 관람시간은 평균 어느 정도입니까?

☐ 30분 미만 ☐ 30분~1시간 ☐ 1시간~1시간 30분 ☐ 1시간 30분 이상

7. 국립민속박물관에서 관심 있는 부분은 무엇입니까?

☐ 상설전시 ☐ 기획전시 ☐ 교육 ☐ 행사 ☐ 기타 (_____)

[전시관람에 관한 질문]

8. 최근에 우리관 로비를 리노베이션하였습니다. 개선 후 로비의 느낌은 어떻습니까?

☐ 좋다 ☐ 좋지 않다 ☐ 보지 못했다 ☐ 기타 (_____)

9. 전시관 조명은 어떻습니까?

☐ 적당하다 ☐ 밝다 ☐ 어둡다 ☐ 기타 (_____)

10. 전시안내 동선 및 사인은 어떻습니까?

☐ 알기 쉽다 ☐ 알기 어렵다 ☐ 기타 (_____)

11. 전시안내 가이드가 필요하십니까?

☐ 필요하다 ☐ 필요 없다

―뒷장에 계속―

4. 박물관전시기술의 다양성

관람객 입장에서 박물관전시는 전시물과 관련된 자료들을 볼 수 있는 기회이지만, 박물관 입장에서는 박물관 소장품을 내놓아야 하는 것이 위험한 일이기도 하다. 전시물이 손상되거나 도난당할 가능성 때문이다. 그러므로 박물관은 관람객에게 최적의 관람환경을 제공하는 동시에 전시물을 안전하게 보관하는 데 신경을 써야 한다.[17]

박물관전시가 추구하는 미적인 가치에 대한 감상, 교육적 정보 전달 등의 목적을 달성하기 위해서는 진열시스템, 모형, 그래픽, 영상, 컴퓨터 같은 다양한 매체들을 전시의 주제에 따라 선택적으로 이용하여 효과적이고 효율적으로 관람객들을 만족시켜야 한다.

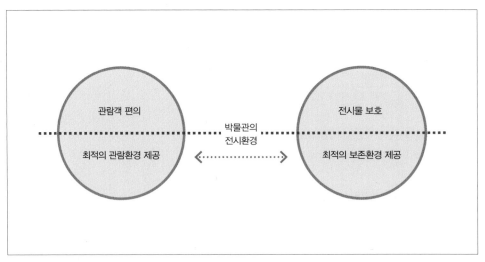

〈그림 1-10〉 박물관전시환경의 조건

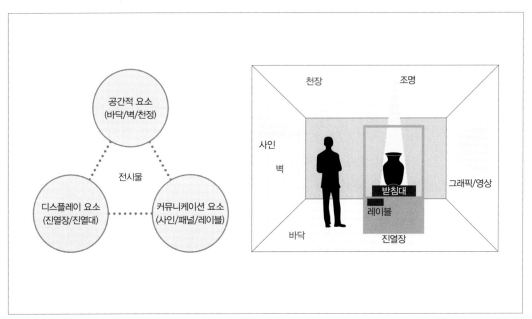

〈그림1-11〉 전시물을 위한 구성 요소

매체는 빠르게 변화하고 관람객들의 매체 적응 속도는 박물관의 전시물 교체·설치보다 훨씬 앞선다. 그러므로 박물관전시에서는 관람객의 특징과 선호 매체를 파악하여 전시에 반영할 필요가 있다.

전시기획자는 관람객이 전시물에 관심을 가지고 시간을 투자하며 집중할 수 있도록 전시의 주제를 구성해야 한다. 그래야만 관람객이 스스로 무언가를 느끼면서 배우게 되고, 전시목적도 성공적으로 달성된다.

전시물을 중심으로 볼 때 박물관전시는 공간적 요소, 디스플레이(연출적) 요소, 커뮤니케이션 요소로 나눌 수 있다. 공간적 요소는 바닥, 벽, 천정처럼 공간을 구성하는 가장 기본적인 것들이고, 커뮤니케이션 요소는 그래픽, 모형, 미디어 등 전시물에 대한 이해를 돕는 매체들이며, 디스플레이 요소는 진열장, 받침대 등 직접적으로 전시연출에 관여하는 것들을 말한다.

01. 건축 및 인테리어 요소

1) 공간

박물관의 전시공간은 일반적인 공간과 마찬가지로 벽체·천정·바닥으로 되어있다. 관람자가 편안하게 관람하도록 하기 위해서는 인체공학적 요소와 전시물의 수치적 관계를 이해하여야 한다. 많은 공간들을 보면 신체에 이상이 없는 어른 위주로 구성한 경우가 많은데, 박물관은 남녀노소가 드나드는 곳이므로 어린이나 휠체어 이용자 등에 대한 배려가 반드시 필요하다. 이들의 눈높이와 행동반경을 고려해야만 '모든' 관람객이 편하게 전시를 관람할 수 있다. 그러므로 평균 수치가 아닌 모두에게 가능한 치수를 기준으로 설계하여야 한다. 전시공간을 설계 시 고려할 요소는 다음과 같다.

- 공간의 면적 배분과 콘텐츠의 양(전시물의 크기 및 개수, 매체의 크기 등)
- 각 매체에 맞는 관람 공간 확보(관람 폭은 최소 1,200mm 이상)
- 장애인 관람객을 위한 치수 고려[18]
- 다양한 관람객을 위한 보편적인 기준 적용

2) 동선

박물관전시에서 동선은 매우 중요한 요소다. 관람객이 박물관 피로(Museum fatigue)를 느끼지 않으면서 전시공간이 끝나는 지점까지 쉽게 길을 찾을 수 있도록(Way finding) 동선을 만들어주어야 한다.

박물관의 전시동선에 관해서는 많은 연구가 있는데, 전시공간은 막다른 곳처럼 보여야 한다는 주장이 있다. 즉, 전시장을 다 둘러보지 않은 상태에서 출구가 눈에 띄어 관람객이 그냥 나가버리는 일이 있어서는 안 된다는 의견이 있다.

동선을 계획할 때 주의할 점은 다음과 같다.

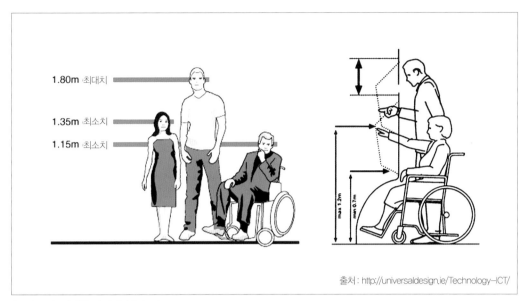

〈그림1-12〉 다양한 관람객의 눈높이

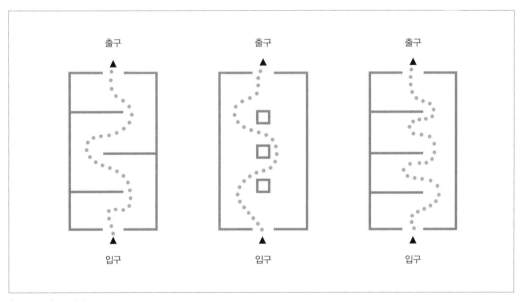

〈그림1-13〉 동선의 종류

- 가급적 다른 동선과 교차하지 않아야 한다.

- 동선상의 전시물과 관람객 수를 고려하여 폭과 거리를 정한다.

- 화재 등의 사고를 고려해 비상 동선을 확보한다.

- 일반 동선, VIP 동선, 장애인 동선, 그리고 건축 유지 관리 동선 등을 설정한다.

- 도움이 필요한 관람객(장애인, 노약자, 임산부, 유모차 등)을 위하여 반드

시 슬로프나 엘리베이터를 설치한다. 기본 동선과 동떨어져있어서
는 안 되며, 계단 옆이 좋다.

3) 관람속도[19]

관람속도는 "전시를 관람하는 동안 관람객이 마주치는 다양한 비
율과 강도의 자극"과 깊은 관련이 있다. 반복은 단조로움을 초래하여
관람객을 지루하고 피곤하게 만들기 때문에 관람시간, 즉 관람속도
를 조금씩 다르게 조정하고 통제할 필요가 있다. 전시관람은 말하
자면 멋진 모험에 비유할 수 있는데, 미지의 뭔가를 찾아 탐험을 할
때 때로는 박차를 가하고 때로는 호흡을 고르는 것처럼 전시도 그렇
게 관람하는 것이 좋다. 전시디자이너가 활용할 수 있는 요소는 다음
과 같다.

- 빛: 밝음과 어두움
  전시공간 내에서 관람객이 느끼는 심리적 밝기의 차이(색, 조명)

- 색: 가벼운 색조와 어두운 색조, 중성색과 선명한 색
  전시벽체 내·외부 색채의 강약

- 질감: 매끄러움과 거침, 딱딱함과 부드러움
  전시 마감재의 재질과 색채의 대조

- 공간: 열리고 자유로운 공간과 닫히고 친밀한 공간의 대조
  시선 축이 열려있는 확장 공간과 독립적인 공간

- 모양: 각지고 딱딱한 공간과 둥글고 부드러운 공간
  벽체 형태와 구성으로 동선 유도

- 강도: 집중과 확산, 단독과 무리
  전시물의 밀도(수량, 진열 방식) 차이

- 움직임: 동적과 정적
  영상 연출 공간과 사색 및 감상의 공간 분리

디자이너는 이런 요소들을 고려해 디자인에 응용한다. 다양한 것도 단조로운 것도 지나치면 좋지 않다. 관람객이 지치지 않고 지루해하지 않으면서도 다음 전시물에 대한 기대를 갖고 이동할 수 있도록 균형 잡힌 자극을 주어야 관람속도도 적정하게 맞춰진다.

4) 재료

박물관전시의 재료는 전시물에 해를 주지 않는 것이어야 한다. 전시장 내 마감재는 반드시 방염처리한 내구성 좋은 재료를 써야 한다. 바닥은 미끄럽지 않으면서 소리가 나지 않는 재질을 선택해야 한다. 특히 전시물과 직접 닿는 받침대, 마운트의 재료와 접착제 등은 화학약품을 최대한 배제하고 천연재료(나무, 종이, 순면)를 사용하는 것이 좋다.

02. 빛, 조명 그리고 색

1) 빛과 조명

전시실에서 조명의 역할은 매우 중요하다. 하지만 그 중요성에 비해 소홀하게 다루어지는 경우가 많다. 조명은 공간 분위기를 특정한 느낌으로 조성하며, 관람객이 전시물을 감상하고 정보를 받아들이는 방식에 큰 영향을 미친다.[20]

박물관 전체 분위기는 자연광과 인공광을 적절하게 배분하여 조절된다. 자연광이 좋기는 하지만 전시물을 보호하고 쾌적한 환경을 조성하기 위해서는 인공광이 필요하다. 인공광은 전시물을 돋보이게 하여 전시효과를 높이기도 한다. 오래된 유물의 경우 특히 조명에 유의해야 하는데, 조명의 밝기와 열에 일부 전시물이 손상될 수 있기 때문이다.

전시조명에는 관람을 위한 전반 조명, 전시연출을 위한 국부 조명이 있다. 국부 조명은 다양한 조명 기구를 활용하는데, 기구에 따라 연출방법도 달라진다.

2) 조명의 이해와 활용

'빛'은 모양, 색, 형태, 공간, 질감과 함께 기본적인 디자인 요소다. 전시는 본질적으로 '시각적' 경험이기 때문에 전시에 있어서 빛은 핵심 요소일 수밖에 없다. 기본적으로는 전시물을 잘 드러나게 하여 관람하는 데 불편함이 없도록 하는 것이 조명의 역할이지만, 다양한 '분위기'를 조성하여 관람객에게 여러 느낌의 미적 체험을 가능하게 하는 것도 조명의 핵심적인 기능이라 할 수 있다.

조도는 전시물에 따라 필수적인 보존환경 요소 중 하나로, 특히 전시물의 성질과 특성에 따라 달라진다. 예를 들어 조선시대의 병풍이나 족자가 현대 예술품이나 도자기보다 어둡게 느껴진다. 그 이유는 병풍 및 족자 같은 서지류는 빛을 받으면 종이의 색이 바래므로 조도가 50lux(룩스)이하여야 하지만, 도자기는 색이 바래지 않으므로 300lux까지 밝게 연출해도 상관없다. 현대미술관과 역사박물관의 분위기가 다른 이유도 여기에 있다.

박물관에서 사용하는 조명은 다양하며, 각각의 특징은 다음과 같다.

- 할로겐: 밝은 빛을 띤다. 발열이 커서 사용이 감소하는 추세다.
- 형광등: 차가운 흰 빛을 내며, 공간 구석구석에 골고루 균일하게 분배되는 빛을 보낸다.
- 광섬유: 발열이 적다. 유물의 색을 바래게 하거나 재질을 약화시키는 등 손상을 주는 적외선과 자외선을 분출하지 않아 많이 사용한다.
- 엘이디(LED): 색온도(조명의 온도)에 따라 다양한 빛으로 연출할 수 있으며, 자외선과 적외선을 분출하지 않는 데다 열효율이 좋아 사용이 증가하는 추세다.
- 텅스텐: 많은 빛을 내므로 야외 또는 대형 전시물에 주로 사용한다.

① 색온도(Color Temperature)

색온도란 조명의 온도를 말한다. 단위는 캘빈Kelvin이며, K로 표기한다. 색온도는 온도가 높아지면 형광등 같은 푸른빛을 띠는 주광색, 낮아지면 붉은 할로겐의 주광색을 띤다. 색온도에 따라 전시의 분위기, 전시물의 색감이 달라질 수 있으므로 색온도는 매우 중요하다.

예를 들어 서지류 전시의 조명 색온도는 3,000K, 청자 및 백자 같은 도자기 전시의 조명 색온도는 4,000K 정도다. 청자와 백자에 색온도를 3,000K 정도로 사용하면 도자기가 누래 보인다.

② 연색성(CRI, Color Rendering Index)

연색성이란 조명이 대상의 색감에 영향을 미치는 현상으로, 연색성이 높을수록 대상의 색감을 실제와 흡사하게 인식할 수 있다. 그러나 전시실에서는 연색성이 좋은 조명이 반드시 좋은 조명은 아니다. 전시실에서는 전시물을 손상되지 않게 보존·전시하는 것이 가장 우선이기 때문이다. 전시물이 어떤 온도의 빛을 어느 정도로 지속적으로 받았을 때 손상될 수 있는지, 자외선·적외선에 손상될 염려는 없는지 등을 고려하여 조명을 선택해야 한다. 연색성이 가장 높은 조명기구는 백열등과 할로겐이며, 연색성 수치는 100이다.

③ 조도

조도는 빛의 밝기를 뜻한다. 단위는 룩스^{Lux}이며, 전시물이 빛에 얼마나 민감한가를 따져 조정한다.

전시물의 종류에 따라 적용되는 규정 및 연간 노출 기준이 다르다. 조도를 결정할 때에는 적산조도[21]도 고려하여야 하는데, 낮은 조도로 오랜 시간 노출하는 경우와 높은 조도로 짧은 시간 노출하는 경우의 적산조도는 비슷하다. 전시물 성격에 따라 적산조도를 잘 파악하여 조도가 낮은 조명을 여러 방향에서 여러 개 사용할 수도 있고, 높은 조도의 조명을 특정 방향에서 몇 개만 사용할 수도 있다.

3) 조명연출

전시물이 손상된 염려가 없도록 조명의 종류와 양을 결정했다면, 그 다음으로는 전시물의 형태, 색상, 재질 등이 가장 잘 표현되도록 조명을 연출해야 한다.

조명을 설치할 때 주의할 점이 몇 가지 있는데, 가장 먼저 고려할 것이 조명에 따른 전시물의 '과열'이다. 과열은 변색이나 탈색뿐 아니라 균열을 일으킬 수 있으므로 열을 식힐 통풍구를 두어야 한다.[22] 자외선(UV)이 없는 조명이라고 하더라도 혹시 자외선이 조금이라도 나올 가능성에 대비해 자외선 필터를 설치한다.

조명을 효과적으로 활용하려면 집중렌즈와 확산렌즈를 적절하게 잘 사용해야 한다. 렌즈에 다라 빛이 퍼지는 각도가 다르기 때문이다. 조명의 위치는 대개 전시물을 설치하는 벽과 전시물 감상을 고려하여 대략 25~30도 사이가 좋다. 전시의 주제를 소개하는 패널의 경우에는 가

〈표1-6〉 국립중앙박물관전시 조도 기준 (2016년 현재)

재질	권장 조도(lux) (연간허용적산조도(lux·h)
금속, 도자기, 석재, 유리, 옥	450 이하
목칠기, 골각기	220 이하(550,000 이하)
서화, 직물	서화, 직물 80 이하, 전적 100 이하 (54,000 이하)

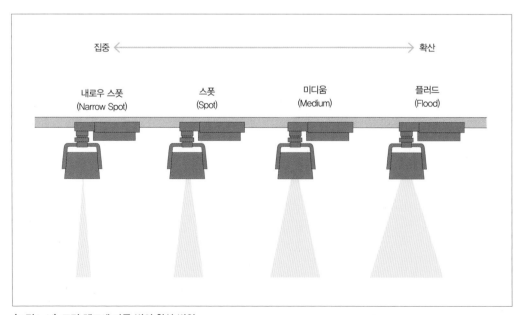

〈그림1-14〉 조명 렌즈에 따른 빛의 확산 범위

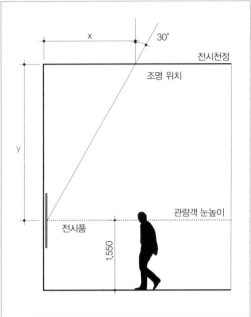

〈그림1-15〉 국립중앙박물관 반가사유상실
유물은 집중 조명, 벽은 확산 조명

〈그림1-16〉 전시품과 조명 위치

독성이 좋도록 조명 반사(눈부심)에 대한 사전 테스트를 해야 한다.

또한 조명의 위치는 관람객의 눈높이를 고려한 높이에서 천정까지의 높이 y를 계산한 후 y×tan 30° = x 방식으로 설정한다.

4) 색

다른 건축물이나 상업 공간의 색과는 달리 박물관전시에서 색은 교육과 감상이라는 목적과 기능에 충실하여야 한다. 전시공간에 사용할 색은 튀지 않아 다른 색들과 잘 어우러지면서도 어떤 색의 전시물과 대비했을 때도 방해가 되지 않는 흰색, 회색, 베이지색 계통이 많이 활용된다. 이런 색들은 가장 중립적인 색채인데, 벽면의 질감이나 색상의 미묘한 차이에 따라 다른 분위기를 내기도 한다. 대개 차가운 톤보다는 따뜻한 톤을 사용하는데, 자연광이나 인공광 모두의 활용이 용이하고, 공간이 넓어 보이게 하며, 다양한 전시물의 색상을 포괄할 수 있는 데다, 관람객도 난색 계열의 공간을 선호하기 때문이다.

박물관전시에서 '색'은 조명과 더불어 전체적인 분위기를 조성하

〈그림 1-17〉 국립중앙박물관 '고대불교조각대전'
불상의 배경색으로는 불교(바로 이 전시의 주제)와 관련된 붉은색을 사용한다.

는 주요 요소다. 전시의 주제와 전시물의 성격을 고려하여 주제를 효과적으로 전달하고 전시물이 눈에 잘 들어오도록 해주는 색을 찾아야 한다.

전시물에 있어서의 색은 두 가지로 제시한다. 첫째는 전시물 자체를 위한 색으로, 디자이너는 전시물의 원래 색을 구현하기 위한 배경색을 제시한다. 두 번째는 연상과 상징을 통해서 제시하는 색이다. 예를 들어 〈그림 1-17〉에서 보듯이 불교에서 붉은색은 '자비' 또는 '열정적인 정진'을 상징한다. 또한 색은 문화적·민족적·종교적 의미가 다르므로 선택에 주의하여야 한다.[23]

03. 진열시스템

진열장의 가장 큰 목적은 전시물의 보존이며, 보존이란 관람객들이 파손할 가능성 및 온도·습도·먼지 등으로부터의 보호를 뜻한다. 진열장은 특히 유물 전시 등에 필수 요소이므로 전시기획자 및 디자이너는 진열장의 기능과 역할, 효과에 대해 잘 이해하고 있어야 한다. 전시물, 소품 및 라벨과 마찬가지로 전시공간의 모든 요소들과 잘 어우러지도록 설계한다.

　박물관 진열장도 영화나 광고의 한 장면처럼 어떻게 보여줄지 고민해야 한다. 의도적인 연출이 필요하다는 뜻이다. 어떤 위치에 어떤 순서로, 어떤 조명과 함께 놓이는가도 중요하지만 무엇보다 진열장은 전시물이 안전하고, 관람객들이 전시물의 배경과 맥락을 이해할 수 있도록 설치되어야 한다.

　① **진열장의 설계 조건**[24]
　　- 평평하여 완벽하게 안정되고 흔들리지 않을 것
　　- 전시물 출입이 안전하게 이루어질 수 있을 것.
　　- 잠금 장치나 경보 장치 등을 설치할 것
　　- 필요할 때 접근이 가능할 것
　　- 전시물에 직간접적으로 유해한 영향을 미칠 수 있는 재질은 배제할 것
　　- 전시물에 적합한 조명을 설치할 것
　　- 전시물의 성격과 관람객의 특성을 고려할 것
　　- 튼튼하면서 전시물에 유해하지 않은 재질로 제작할 것
　　- 모서리나 날카로운 부분이 없고 파손되지 않을 것
　　- 전시물이 손상되지 않으면서 관리가 가능(청소 및 조명 교체)할 것

　② **진열장의 구조와 재료**

　밀폐형 진열장은 주로 유리, 아크릴, 금속, 목재 등으로 제작한다. 금속과 목재로는 프레임을 만들며, 아크릴과 유리는 진열장 면에 사용된다. 아크릴은 반사 및 내구성 측면에서는 좋지만 스크래치가 날 수 있어서 유리를 더 많이 사용한다. 유리는 투명해서 전시물을 원형 그대로 가장 깨끗하게 보여준다는 장점이 있지만, 깨질 가능성과 빛 반사에 대비해야 한다. 그래서 박물관에서는 대부분 접합유리나 무반사 또는 저반사 유리를 사용한다.

③ 진열장 내 디자인

효과적인 진열을 위해서는 전체 구성이 매력적이어야 한다. 관람객 입장에서 전체 구성이 흥미롭다고 느낄 수 있게 해야 하는 것이다.

전시물에서 몇 미터 떨어져있는 관람객의 관심을 끌 만한 전시물이나 모티프를 설정하여 관람객을 전시물로 유도한다. 일단 관람객의 관심을 끌고 난 뒤에는 시선이 전시물에서 제목으로, 제목에서 전시물로 이동하게 한다.

디자이너는 관람객이 전시의 주제를 쉽게 파악할 수 있도록 제목, 소개글, 전시물, 각 라벨 순서에 맞는 위계의 디자인을 제안하여야 한다. 각 요소들이 분명하게 보이도록 배열하고, 제목과 해석문 등은 진열장 가까이 가야 볼 수 있도록 배치한다.

일단 관람객의 시선을 끌어들이고 난 뒤에는 진열장 안의 전시물과 관련된 요소들에 눈길을 돌리도록 구성한다.[25]

④ 진열장 내 전시물 배치

전시는 전시물을 단순히 어떤 자리에 '두는' 것이 아니다. 진열장 내

〈그림1-18〉 전시품의 위치와 관계(V&A)

에 전시물을 배치하는 것도 강약 조절이 필요하다. 또한 전시물을 둘러싸는 공간의 형태와 크기도 전시물 감상에 영향을 미친다. 이를 고려하여 전시물을 배치하여야 관람객들이 쾌적하게 관람할 수 있다.

⑤ **진열장 환경**

- 온도와 습도 : 온도는 일반적으로 중앙제어식으로 제어하며, 습도는 실리카겔 같은 화학건조제로 제어한다.
- 조명 : 자외선을 최대한 방지하고, 전시물에 비추는 조명의 밝기를 조절할 수 있어야 한다. 진열장 내에 조명을 설치할 경우, 눈부심와 거울현상(관람자의 얼굴이 진열장에 보이는 현상)이 없도록 한다.
- 밀폐 : 공기와 유해물질로부터 전시물을 보호하기 위해 진열장의 밀폐도는 높을수록 좋다.
- 면진 : 지진에 대비해 진동을 흡수할 수 있는 장치를 두는 것이다. 중요한 전시물일 경우 필요하다.

〈그림1-19〉 전시품과 진열 공간의 관계성(영국박물관 중국 도자실)

<표1-7> 진열장의 종류

벽부형	조감형	독립형	서랍형

⑥ **진열장의 종류와 디자인**

크게 벽부형, 조감형, 독립형(아일랜드형), 서랍형으로 분류하며, 유리면의 개수에 따라 1면에서부터 5면(오면장) 등으로 다시 구분한다. 진열장 내부의 조명 및 조습 조절 장치의 유무나 진열장의 개폐 방식에 따라 수동, 반자동, 전자동으로도 구분할 수 있다.

- 벽부형 : 벽에 고정된 진열장. 공간이 충분하지 않거나 공간을 절약할 필요가 있을 때 사용한다. 앞쪽에서만 관람 가능하다.
- 조감형 : 아래로 내려다보는 진열장. 주로 서적 전시 등에 활용한다.
- 독립형 : 이동이 가능한 진열장. 모듈에 따라 크기가 정해지며, 사방에서 관람이 가능하다.
- 서랍형 : 유물을 선택적으로 관람하기 위한 방법이다. 관람객이 직접 서랍을 열어 서랍 속 전시물을 관람할 수 있다.

⑦ **받침대(Base)와 마운트(Mount)**

받침대란 전시물을 놓는 단이고, 마운트란 전시물을 고정시키는 보조 장치다. 세계의 여러 박물관에는 전문적으로 마운트를 제작하는 인력도 있다. 단순해 보일 수 있지만 쉬운 작업은 아니며, 마운트를 설치할 때에는 다음과 같은 점들을 고려해야 한다.

〈그림1-20〉 박물관 마운트 기술의 사례

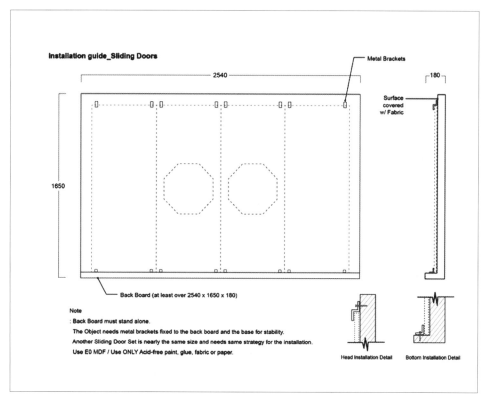

〈그림1-21〉 국립중앙박물관 특별전을 위한 마운트 제작 지침도

- 전시물의 세세한 정보가 있는 목록과 사진
- 각 부분의 정확한 크기와 무게 정보
- 전시물과 관련된 맥락을 이해할 수 있는 정보(어떻게 보여주어야 할지, 온·습도 같은 전시물 환경을 위한 지침 포함)

마운트는 작품 보존과 밀접한 관계가 있으므로 사용할 재질 및 작업 과정을 해당 전문가(보존처리사나 핸들러 등)와 함께 검토해야 한다.

04. 그래픽

그래픽은 박물관에서 가장 직접적으로 관람객과 커뮤니케이션하는 주된 매체다. 그래픽은 눈에 잘 띄어 보기가 쉽지만, 관람객의 연령 등에 따라 커뮤니케이션이 원활하지 않을 수 있으며 교체가 쉽지 않다. 이러한 한계 때문에 사인류의 그래픽은 픽토그램을 많이 활용하고 있으며, 설명문의 내용은 스마트폰을 사용한 NFC나 비콘 등으로 대체되고 있다.

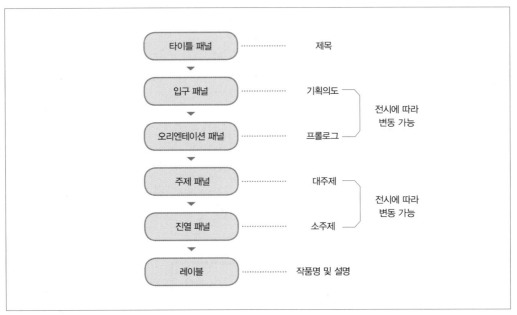

〈그림1-22〉 그래픽패널의 위계

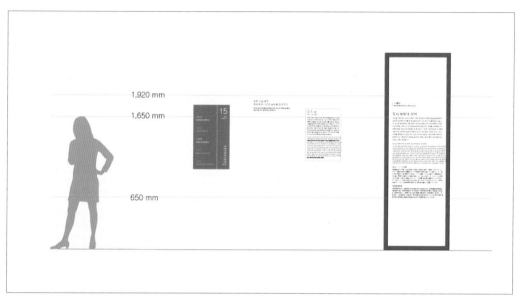

〈그림 1-23〉 그래픽패널(국립중앙박물관 조선실 예시)

① 그래픽패널의 구성

그래픽은 전시장에만 해당되지 않는다. 박물관에 들어서는 순간부터 나가는 순간까지 필요하며, 단계별로 다른 수준의 정보와 디자인이 요구된다. 그래픽 단계는 타이틀 패널→입구 패널→오리엔테이션 패널→주제 패널→진열 패널→레이블→출구로 이어지며 패널의 단계에 따라 그래픽의 위치, 크기, 가독성의 수준 등이 결정된다.

② 레이블(Label)과 가독성

레이블은 라벨이라고도 하며, 물건에 대한 정보를 담고 있다. 관람객들이 전시물에 호기심을 가지도록 전시물에 대한 최소한의 설명, 전시물의 핵심적인 내용과 의미를 알려준다. 일반적으로 전시 레이블에는 작가명, 전시물명, 매체, 전시물의 크기, 제작년도, 전시물에 대한 설명이 수록된다.

레이블에서는 가독성이 중요하며 서체, 크기, 행간, 색상 등과 함께 단어 수, 부착 위치와 관람객과의 거리 등을 고려하여 제작하여야 한다.

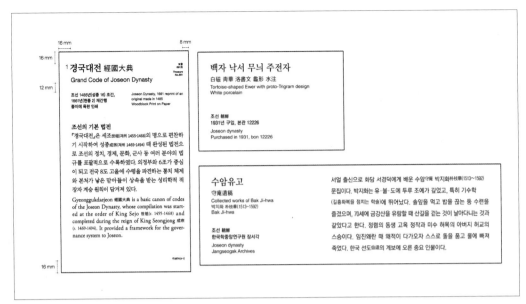

〈그림1-24〉 국립중앙박물관의 레이블

05. 매체

1) 모형

모형이란 실물과 동일하게 만든 입체물을 말한다. 실물을 대신하여 정보를 전달하거나 설명을 돕는 데 활용된다. 전시하고 싶은 오브제(object, 물건이나 그림 등)의 크기가 너무 작거나 너무 큰 전시물, 자연 상태에서는 보기 어려운 전시물 등을 보여줄 때 유용하다. 그러나 실물과 똑같을 수는 없으므로 실물을 왜곡할 우려가 있고, 상대적으로 면적을 많이 차지하기 때문에 신중하게 활용하여야 한다. 모형의 종류에는 디오라마, 복제, 확대모형, 축소모형 등이 있다.

2) 미디어

음향 및 영상 등의 미디어 매체는 사람들에게 친숙한 매체라 전시에 많이 사용된다. 또한 관람객에게 전달할 정보의 양과 수준을 조절하기가 용이하다는 면에서 전시기획자들이 가장 선호하는 매체 중 하나이기도 하다. 게다가 관람객 자신이 직접 그 정보의 양과 수준을 조

〈그림1-25〉 국립중앙박물관 특별전인 '미술 속 도시, 도시 속 미술'의 대형 영상 연출

절할 수도 있어 관람객의 만족도도 높다. 또한 공간의 제약에서도 비교적 자유로운 편이다.

과학기술이 발달하면서 미디어의 형식은 끊임없이 변화·발전하고 있으며, 관람객과의 상호작용성도 증가하고 있다. 미디어를 활용할 때에는 전시물 및 주제에 적합한 하드웨어를 잘 선택하는 것도 중요하지만 소프트웨어 및 콘텐츠 구성에 더욱 주의를 기울여야 한다. 그리고 설치한 뒤에는 운영·유지·관리를 잘해주어야 한다. 전시에 미디어를 도입할 때는 전시의 주제 및 전시환경과 미디어의 조화를 고려하며, 관리가 용이한 장치를 선택하는 것이 좋다. 이에 관해서는 다음을 참조한다.

첫째, 주제와 디자인 콘셉트를 명확하게 확인한다. 매체는 달라도 목적은 같고, 접근하는 방법도 동일하다.

둘째, 전시환경과 미디어가 조화를 이루어야 한다. 전시공간의 균형을 유지하기 위해 미디어와 종류와 수량을 조절한다.

셋째, 소프트웨어와 하드웨어의 지속적인 관리도 중요하다. 전시공간에서 가장 첨단적인 요소이자, 같은 이유로 가장 낡기 쉬운 요소가 바로 미디어이므로 예상 수명과 콘텐츠 교체 시기도 고려해야 한다.

5. 박물관전시의 관리

01. 전시의 운영 및 관리

박물관전시의 운영은 전시장 내에만 국한되는 게 아니라 홍보·마케팅 및 대외 협력까지 아우르는 폭넓은 개념이다. 전 세계의 유명 박물관에서는 수익을 목적으로 결혼식, 캠핑, 파티 등을 위해 박물관을 통째로 대관해주기도 한다. 대관자들이 박물관에서 특별한 경험을 하게 된다는 점도 고려한 정책이다(본책에서는 박물관의 재정 및 예산에 관해서는 다루지 않을 것이다).

박물관전시의 운영은 전시해설, 교육 및 이벤트 같은 프로그램과 전시시설을 비롯한 전시환경, 조직 운영 그리고 홍보·마케팅의 영역으로 나누어 생각해볼 수 있다.

1) 프로그램

박물관은 도슨트, 모바일 앱, 비콘, 리플렛 등 다양한 방법으로 전시의 전반과 전시품에 대해 관람객들에게 설명해준다. 관람객들은 자신의 기호와 편의에 맞게 전시해설 프로그램을 선택할 수 있다. 특히 과학기술을 활용한 전시해설은 개개인에게 맞춤형으로 정보를 제공할 수 있다는 장점이 있으며, 관람객의 태도에 따라 효과가 달라진다. 도슨트는 관람객과 직접적으로 소통하므로 상황에 맞추어 융통성 있게 대응할 수 있지만, 관람객이 많아지면 효율이 떨어질 수밖에 없다.

교육프로그램은 교육전문가와 협의하여 전시의 주제 및 내용에 맞게 초기 단계부터 계획한다. 교육은 박물관의 가장 원초적인 존재 이유라고 할 수 있을 정도로 중요하다. 박물관은 연령별, 요일별, 개인·단체별 등 다양한 유형의 프로그램을 개발하며, 전시와 연계하여 운영하기도 한다. 예컨대 어린이들을 위한 활동지를 만들어 아이들 스스로 박물관 여기저기를 돌아다니며 박물관을 경험하게 하고, 시연이나 체험활동을 통해 좀 더 인상적인 전시가 되도록 한다. 국립민속박물관의 '찾아가는 박물관'이나 국립현대미술관의 '아트셔틀버스'처럼 버스나 트럭을 활용하여 박물관에 쉽게 오지 못하는 사람들을 찾아가는 전시는 교육프로그램의 성격을 띠고 있다.

이 밖에도 강연, 큐레이터와의 대화, 주말 이벤트, 가족 단위 관람객들을 위한 전시 연계 체험 등도 가능하다. 전시장이 아닌 박물관의 다른 공간에서 교육프로그램을 운영하는 경우도 많다.

2) 전시환경

관람객에게 만족스러운 관람경험을 제공하려면 관람객들이 오가는 전시장 외에 박물관 전체가 잘 유지·관리되어야 한다. 그러기 위해서는 건축 설비를 포함한 전시환경, 즉 방범, 소방, 공조, 조명 같은 요소들까지 꼼꼼하게 점검하여 안전하고 쾌적한 공간이 되도록 매뉴얼을 마련해야 한다. 전시의 내용과 직접적으로 연계되는 영상, 음향, 진열장 등에 대해서도 매뉴얼을 작성하여 관리한다. 매뉴얼은 전시기간 중에 전시물 교체나 각종 기기의 수리 같은 돌발 상황이 벌어졌을 때 누구나 대처할 수 있게 해준다. 지진, 태풍, 화재 같은 자연 재해에 대비한 비상구 확보 및 비상대피에 관련된 매뉴얼도 필요하다.

3) 조직 운영

박물관에서의 전시는 준비부터 개막, 개막 이후 정리 작업까지 다양한 분야의 사람들이 협업하는 작업이다. 교육프로그램이나 이벤트를 포함한 전시 전체는 관람객이 등장하는 순간부터 바로 가동된다. 전시기획자 및 전시디자이너 외에도 전시장에 직접 관여하는 인력에는 전시장 보안을 위한 안전요원, 전시물 작동 등을 위한 운영요원, 시연가(demonstrator), 교육담당자, 전시안내를 위한 인원, 보조요원, 그리고 비정기적인 유지보수인력 등이 있다. 전시장 안팎에서 많은 인원들이 조용하게 적극적으로 꾸준히 신경을 써야 전시관이 문제없이 운영될 수 있다.

4) 홍보·마케팅

홍보·마케팅은 대개 사람들에게 전시물과 전시 자체에 대해 알리는 것 외에도 '박물관'에 대해 알려고 하거나 흥미를 가지도록 하는 광범위한 작업이다. 즉 박물관전시에 관심이 없는 사람들이 전시에 관심을 가지도록 흥미를 북돋우고, 새로운 관람객들을 유치하는 것이다.

박물관전시가 결정되면 개막일에서 한 달 전부터 길거리 배너, 뉴스, 인터넷 등에 전시를 알리는 홍보를 시작한다. 전시 개막 후에는 전시에 다녀간 관람객들의 글이나 사진 등이 자연스럽게 홍보의 일부가 된다.

전시의 주제와 관련 있는 상품이나 전시회의 도록 등을 제작하여 판매하거나 홍보용으로 나누어주는 것도 홍보·마케팅의 일환이다. 이는 전시를 상기시키거나 기억하는 데 도움을 주며, 새로운 관람객을 발굴하는 계기가 될 수 있다.

주석

1) http://archives.icom.museum/hist_def_eng.html

2) [시행 2010.12.11] [법률 제10367호, 2010.6.10. 일부개정] www.law.go.kr

3) 김형숙, 『미술, 전시, 미술관』, 2006, 예경

4) 내러티브(narrative)란 실화나 허구의 사건들을 묘사하고 표현하는 구조적 형식이다. 내러티브는 '말하다'라는 뜻의 라틴어 동사 'narrare'에서 유래한 단어로. 스토리텔링과 의미가 유사하다.

5) 얀 로렌스, 리 H 스콜닉, 크레이그 버거, 오윤성 역, 『전시디자인의 모든 것』, 2009, 고려닷컴

6) 윤선영, 「박물관전시디자이너의 역할에 관한 연구」, 2010, 한국문화공간건축학회논문집 통권 32호

7) 윤선영, 「박물관전시디자이너의 역할에 관한 연구」, 2010, 한국문화공간건축학회논문집 통권 32호

8) 마이클 벨처, 신자은 역, 『박물관전시의 기획과 디자인』, 2006, 예경

9) 국립민속박물관 상설전시실 개선을 위한 관람객 설문조사 보고서(2005. 1)에 따르면 42%가 가장 이해하기 쉬운 전시물은 실물(유물)이고, 36%가 가장 이해하기 어려운 전시물은 컴퓨터라고 답했다. 또한 더 필요한 전시 방법으로 실물(유물)이 38%, 영상이 23% 순으로 조사되었다.

10) 마이클 벨처, 신자은 역, 『박물관전시의 기획과 디자인』, 2006, 예경에서 재인용

11) '아카이브(Archive)'란 보존가치가 있는 기록이자, 이러한 기록을 보존하는 기관 또는 시설을 의미한다.

12) 윤선영, 「박물관전시디자이너의 역할에 관한 연구」, 2010, 한국문화공간건축학회논문집 통권 32호

13) 최석영, 해방 이후 한국박물관의 성격변화 「한국 박물관의 근대적 유산」, 2004

14) 윤선영, 「박물관전시디자이너의 역할에 관한 연구」, 2010, 한국문화공간건축학회논문집 통권 32호

15) 윤선영, 「박물관전시디자이너의 역할에 관한 연구」, 2010, 한국문화공간건축학회논문집 통권 32호

16) 윤선영, 「박물관전시디자이너의 역할에 관한 연구」, 2010, 한국문화공간건축학회논문집 통권 32호

17) 윤선영, 「박물관전시디자이너의 역할에 관한 연구」, 2010, 한국문화공간건축학회논문집 통권 32호

18) Barry Lord & Maria Piacente, 『Manual of Museum Exhibition』, Rowman & Littlefield, 2014

19) 마이클벨처, 신자은 역, 『박물관전시의 기획과 디자인』, 2006, 예경

20) 얀 로렌스, 리 H 스콜닉, 크레이그 버거, 오윤성 역, 『전시디자인의 모든 것』, 고려닷컴, 2009

21) '적산조도'란 누적된 조도의 양을 말한다.

22) HYPERLINK "http//www.all-about-light.org"www.all-about-light.org Good Lighting for Museums, Galleries and Exhibitions

23) 마이클벨처, 신자은 역, 『박물관전시의 기획과 디자인』, 2006, 예경
24) 마이클벨처, 신자은 역, 『박물관전시의 기획과 디자인』, 2006, 예경
25) 마이클벨처, 신자은 역, 『박물관전시의 기획과 디자인』, 2006, 예경

제2장 미술관전시

1. 미술관전시란

01. 미술관의 역할과 기대

세계는 지금 문화와 예술을 통해 동서양을 넘어 소통하고 장르의 경계를 넘나들며 감각과 정서를 교류하고 있다. 이러한 흐름 속에서 미술관은 다양한 활동을 통해 문화를 생산, 반응, 분배하는 등의 역할을 하며 동시대의 역동적 복합문화공간으로 자리매김하고 있다.

이런 동향과 취지 속에 최근 몇 년간 미술관, 박물관, 갤러리 등 문화예술기관의 수는 꾸준히 증가 추세에 있으며, 그만큼 다양한 장르의 전시도 증가하고 있다. 이제 더 이상 전시관람은 소수만이 누리는 문화가 아닌 공연·영화 산업과 같이 대중문화가 되어가고 있다. 이렇게 증가하고 있는 전시산업 분야의 양적 팽창은 우리에게 여러 담론이 생성될 수 있는 문화적 기회인 동시에 방황과 탐색의 시기를 제공한다.

특히 '관람자'라는 현대미술에서 부각된 새로운 아우라(aura)를 중심으로 다변하는 현대미술의 흐름을 어떻게 수용할 것인지, 그에 따라 전시디자인은 어떻게 변화되어야 하며, 그 속에서 이루어지는 작품과 관람 행위는 어떤 연관 관계가 있는지 살펴보자.

02. 미술관전시의 개요

1) 미술관 정의와 기능

국제박물관의회(ICOM)는 미술관을 문화적 가치가 있는 일련의 작업들을 수집·보존하고 연구하며 가치를 설정하는 일은 물론 이러한 작품들을 전시함으로써 많은 사람들에게 즐거움을 주고 그들의 지적 생활에 도움을 주는 항구적인 시설이라고 정의한다.

이 정의에 따르면 미술관의 주요 기능은 작품의 수집·보존과 연구, 전시, 교육 기능으로 함축된다. 즉 예술적 가치가 있는 작품들을 수집·보존하고, 이를 발판으로 미술에 관한 다양한 연구를 통해 가치를 평가하며, 많은 사람들이 예술문화를 공유하고 누릴 수 있게 하는, 공적 성격을 띤 기관이 미술관이라는 뜻이다.

시대에 따라 사회에서 요구하는 역할과 비중이 조금씩 달라지기는 하지만 대중이 문화예술을 공유하고 향유케 하는 미술관의 '전시' 기능은 나날이 중요해지고 있다.

〈표2-1〉 미술관 기능과 전문 인력 구성도

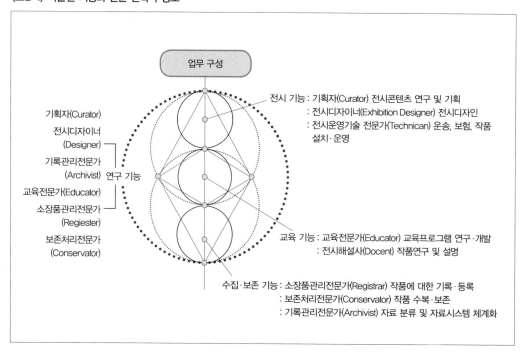

2) 미술전시디자인의 현주소

앞서 살펴본 미술관의 기능들 중에 나날이 기대와 역할이 커져가고 있는 '전시'에 대해 이야기함에 있어 '전시디자인'은 그 중요성에 비해 학문적 가치와 연구가 어느 때부터인지 소홀히 다뤄진 경향이 있다.

미술전시에 있어 전시디자인은 1920~1930년대 초 유럽을 중심으로 실험적 학문의 한 분야로 연구되고 다양한 전시를 통해 구현되며 비중 있게 다뤄졌다. 그러나 1950~1960년대 중반 미국을 중심으로 모더니즘적 전시스타일, 이른바 화이트큐브(white cube)[1] 방식이 유행하면서부터 하얀 공간 속에 중립적 성격을 띠며 표준화되어, 그 역할과 기능이 인식되지 않게 되었다. 또한 전시는 일정 기간 오픈했다 사라지기 때문에 이후 전시에 관한 기록은 사진과 글로만 흔적이 남게 된다. 남겨진 대부분의 전시 사진은 출품된 작품을 위주로, 텍스트의 기록은 기획자의 시선을 중심으로 쓰여지게 되면서 전시디자인에 관한 언급과 연구가 희미해졌다고 할 수 있다.

하지만 그렇다고 해서 미술사에서 전시디자인을 무시한 채 개별 작품의 역사를 다루는 것은 설득력이 없다. 사실 작품이란 언제나 역사적으로 해석되고, 의도된 기획과 연출된 공간에 맞춰 전시되며, 다양한 요소들과 관계를 맺으며 존재해왔기 때문이다.

예술작품은 전시공간 속에 작품이 놓인 관계, 전시장의 분위기, 작품과 또 다른 작품과의 관계, 작품을 감상하는 관람자들의 다양한 경험과 인식의 체계가 교차하면서 비로소 완성되는 복합적 관계의 산물이라 할 수 있다. 이러한 특성을 고려함으로써 알 수 있는 전시디자인의 표현 방식은 개별 작품의 이해를 돕는 동시에 관람자들에게 바라보는 관점을 새롭게 제시하는 역할을 한다.

최근 부각되는 전시디자인의 또 다른 역할은 관람자들을 전시 현장으로 불러 모으는 새로운 힘(attraction point)이라는 것이다. 날로 발전하는 과학기술은 손끝의 움직임만으로 예술작품을 온라인으로 접할 수 있는 시대를 만들었다. 그러나 온라인환경의 발전은 오히려 작품 진본의 아우라를 실제로 보고 싶어하는 욕구와 작품을 전시공간에서 어떻게 보여주는가(how to present) 하는 현장성의 가치를 더욱 부각시키고 있다. 이처럼 미술전시에서 전시디자인의 중요성을 살펴보는 것은 예술이 그 시대에 대중에게 어떻게 공유되고 대중과 관계를 맺었는지 이해하는 근간이 될 것이며, 미술사에 대한 입체적 이해와 접근을 가능하게 할 것이다.

3) 미술전시디자인의 변화와 흐름 : 예술과 디스플레이 사이

미술전시에 있어 전시디자인의 흐름을 시대별 특징을 보여주는 작품 설치방식의 제시와 변화를 중심으로 개괄하고자 한다. 그런 가운데 미술관전시디자인이 오늘날과 같은 '화이트큐브' 방식으로 표준화된 배경과 특성을 이해하고, 이를 통해 오늘날 현대미술전시디자인이 놓치고 있는 것은 무엇인지, 예술의 소통을 위해 어떠한 맥락에서 접근해야 하며 앞으로 나아갈 방향에 대해서도 생각해볼 것이다.

① 실험적 전시디자인 : 관객과 상호관계성을 통한 예술의 새로운 수용

1920년대에서 1960년대 초 전시디자인은 새로운 작품 설치방식과 실험적인 전시 이념을 토대로 발전했다. 특히 유럽에서는 혁신적 전

〈표2-2〉 실험적 전시디자인을 선보인 주요 전시

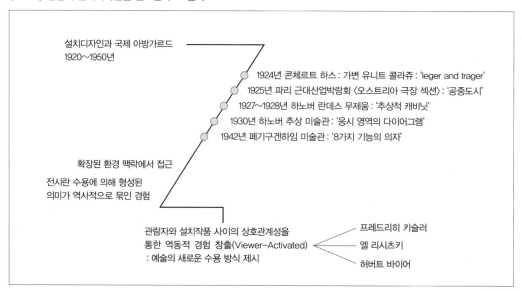

시디자인을 위한 변화의 요건들이 1920년대와 1930년대 마련되었고, 대중과 소통하는 새로운 무대 중 하나라는 관점에서 전시디자인을 보았다. 1950년대에는 전시디자인의 설치방식에 대한 실험이 최고조에 달했으며 전시디자인은 새로운 학제로서 모든 매체와 소통의 힘, 그리고 집단적인 노력과 영향의 정점으로 연구되었다. 다시 말해 기술혁신, 대중매체, 장소적 특성, 관람자와의 상호성이 이 시기에 전시디자인을 창출하는 이들의 특별 관심사였다.

• 실험적 설치디자인 사례 1 : L&T(leger and trager) 자립형 전시구조

프리드리히 키슬러는 'leger and trager' 즉 'L&T'라는 자립형 개념의 새로운 작품 설치방식을 개발해냈다. 키슬러가 제시한 이러한 자립형 전시구조는 작품들을 관람자의 공간에 진입시켰고, 이동식 시스템의 가변성을 잘 보여주었다. 이 방식은 구조물의 배열에 따라 서로 다른 작품들 사이에 밀접한 관계가 형성되게 만들었으며, 관람자들이 'L&T' 구조에 설치된 패널의 방향을 바꿀 수 있어 관람자의 참여와 행위에 따라 작품을 바라보는 각도를 새롭게 했다. 이것은 흔히 '살롱 스타일'이라고 하는, 벽면에 밀집되게 작품을 배열하는 고리타분한 관례적 전시방식에서 벗어나게 한 제시였고, 이러한 전시의 개

〈그림2-1〉 [왼쪽] 1924년 오스트리아 빈의 콘체르트하우스의 'L&T' 설치기법
　　　　　[오른쪽] 1925년 프랑스 파리 근대산업박람회의 '공중 도시'

넘은 문화의 수용과 전달에 대한 생각을 변화시켰다.

● 실험적 설치디자인 사례 2 : 응시 영역의 다이어그램

허버트 바이어는 관람자의 시점에 착안해 '응시 영역의 다이어그램'을 고안해냈다. 이 개념이 특별히 중요한 이유는 그동안 전시방식은 작품을 바라보는 대상에 대한 고려와 연구가 없던 것에 반해, 작품을 바라보는 주체인 관람자를 포함시키기 때문이다. 즉 전시 가능 영역을 벽면에만 국한하여 생각하던 과거와 달리, 천장 바닥 벽면을 훑어볼 수 있는 존재(관람자)의 특성을 고려해 다각도의 전시 가능 영역을 제시했다는 점이다. 이를 통해 보다 다양한 공간 영역을 활용하는 확장된 전시의 개념을 창출할 수 있게 되었다. 이는 작품과 작품을 바라보는 관람자와의 관계에 대한 이해라는 점에서 키슬러의 전시의 개념과도 상통한다.

이외에도 1927년 엘 리시츠키가 하노버 란데스 무제움에서 선보인 '추상적 캐비닛'의 전시방식은 키슬러가 제시한 'L&T' 구조와 마찬가지로 미술관의 건축 요소(벽)로부터 독립된 가변형 구조를 통해 역동적이고 관람자 참여적인 전시환경을 제시했다.

리시츠키의 '추상적 캐비닛'은 관람자의 존재와 반응을 필요로 하

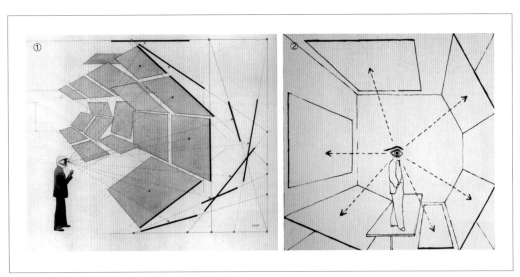

〈그림2-2〉 1930년 하노버 추상미술관에 전시된 '응시 영역의 다이어그램'

는 것이었고, 키슬러의 작업이 그러했듯이 이전의 전시방식과 달리 정적이기보다는 전시에 '경험'을 전달하는 접근 방식으로 의미를 만들어낸다는 개념이었다.

1929년 바르셀로나 국제박람회의 독일국가관의 기획전시회에서 미스 반 데어 로에는 '끊임없이 흐르는 공간'이라는 개념을 제시했다. 이 개념은 당시 전시디자인에서 새롭게 주목하던 공간과 시선의 관계 맺음, 이러한 관계 맺음을 통해 주체와 객체를 새롭게 바라볼 수 있는 환경 속에서 감상자가 스스로 개연 관계를 맺는, 자기 지시적인(self-referential) 전시디자인 개념의 근간을 제공했다는 평가를 받고 있다.

② 중립적 전시디자인
: 미적 자율성을 부각시키면서 작품의 개별 내러티브에 중점

무채색 벽에 작품을 눈높이 바로 아래로 배치하고 작품과 작품 사이에 상대적 간격을 넓혀서 배치하는 이른바 '화이트 큐브' 스타일의 현대미술 전시의 전형은 1930년대 뉴욕 모던아트 뮤지엄(MoMA) 관장 알프레드 바가 정립한 것이다. 작품과 작품 사이에 '비워진 시각 영역'을 만들어 관람자가 작품을 감상할 때 주변 요소로부터 방해받지 않는 상태로 바라볼 수 있게 함으로써 작품을 '자립'하게 하는 개념을 제시했다.

알프레드 바는 예술작품이 건축의 가치를 더해주는 장식적 요소도, 건축물의 위압에 눌린 보조적 요소도 아닌 전시의 중심 요소임을 강조하고, 작품의 미학적 가치가 가장 우선한다고 주장했다. 전시를 위한 부가 장치나 분위기를 조성하는 노력은 불필요한 것으로 여겼고, 작품들은 제작 시기로부터 독립되어 작품 그 자체가 독립적 가치를 지닌 개체로 간주해야 한다고도 했다. 그는 이것이 이상적 관람자들을 위한 미학적이고 자율적인, '시대를 초월한(timeless)' 전시방식이라 생각했다. 작품을 바라보는 대상자인 관람자를 서로 다른 성향을 가진 다양한 존재가 아닌 비역사적이고 누구나 동일한 자의식을 갖고 있는 존재, 즉 표준화된 존재라고 가정했기 때문이다.

〈표2-3〉 실험적 전시디자인과 중립적 전시디자인 특징

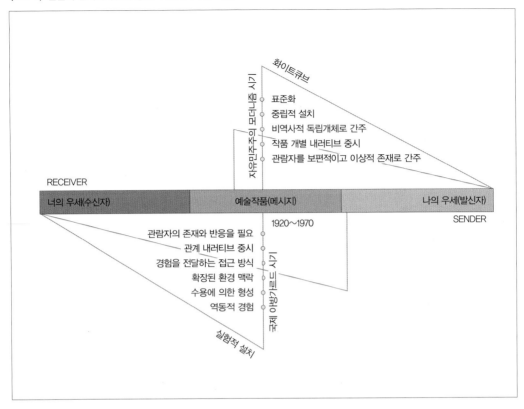

〈그림2-3〉 화이트큐브 전시실

알프레드 바의 설치방식, 즉 표준적인 눈높이에 그림을 걸고 흰색 또는 회색의 벽을 이용한 중립적 전시방식은 앞서 살펴본 리시츠키나 키슬러가 제시한 방식과는 판이하게 다른 관람경험을 제시했음은 분명하다.

③ 다시 생각해보는 중립적 전시디자인 '화이트큐브'

화이트큐브 전시방식의 가장 큰 의도는 예술작품을 감상하는 데 방해가 될지 모르는 모든 단서들을 제거해 오로지 작품에만 집중하게 하고자 하는 것이었다.

그러나 하얀 공간에 작품을 설치하는 전시방식이 작품 감상에 최적의 환경으로서 완벽히 중립적 장치라는 것은 하나의 가정일 뿐이다. 그러므로 예술가들도 어쩌면 당연하게 생각하고 있는, 하얀 공간에 작품을 설치하는 화이트큐브 전시방식이 실질적으로 자신들의 작품을 감상하는 데에 어떠한 영향을 미치는지 생각해봄직하다.

화이트큐브 전시방식은 일반적으로 예술이 사회로부터 낯설어지는 (격리되는) 것을 상징한다. 또는 예술이 미술관의 하얀 공간에 놓이지 않으면 생존할 수 없도록 만들고 있는지 모른다.

그렇다면 우리는 이 시점에서 "전시란 무엇이며, 누구를 위한 것인가?"라는 궁극적인 질문을 던져볼 필요가 있다.

2. 미술관전시의 구성 요소와 과정

01. '전시' 그리고 '전시디자인'

　'전시'를 한자로는 展示, 라틴어로는 '디스플레이(DISPLAY → dis-plicare)'라고 하는데, 둘 다 적극적으로 펼쳐서 전개한다는 의미를 담고 있다. 즉, 전시를 한다는 것은 콘텐츠 생산자가 대중과 함께 적극적으로 콘텐츠를 나누고 공유한다는 뜻이다. 이때 전시기획자 또는 전시디자이너가 고려해야 할 것은 작품을 함께 나눌 대상인 관람자다. 이는 관람자의 특성과 욕구를 이해해야 한다는 의미이기도 하다.

　그렇다면 우리는 "누구를 위하여 왜 전시를 하는가?"와 "관람자는 어떠한 특성이 있는가?"라는 기본적인 질문에 대해 생각해볼 필요가 있다. 전시는 컬렉터의 품격과 위상을 보여주기 위한 것도 아니고, 예술가의 위대함이나 단순히 작품의 미적 가치를 드러내기 위한 것도 아니다. 특히 현대사회에서 예술은 사회가 가고 있는 방향을 알려주는 지표다. 미술관에 들어온 동시대 작가들의 예술작품은 전시를 통해 사회적 이슈와 생각거리를 던지고 공유가치를 나누며 인간의 삶을 더욱 풍부하게 해주고 영감을 제공하는 기능을 해야 한다. 예술이 이러한 역할을 제대로 수행하게 하려면 전시디자인은 단순히 작품을 배열하는 기능에서 벗어나 관람자가 작품을 대하는 새로운 태도를 갖게 해야 한다.

02. 전시의 구성 요소와 관계

　이를 위해 전시디자이너는 작품들의 순서와 작품 간의 상호관계, 작품이 놓이는 공간을 어떤 식으로 해석할지까지 공감각적으로 맥락을 살피고 다루어야 한다. 같은 작품이라도 전시되는 환경·상황에 따라 다르게 보이기도 하고, 어떤 작품들과 함께 배치되는가에 따라 시각적·의미적으로 새로운 맥락과 이야기를 형성할 수도 있기 때문이다. 따라서 전시디자인은 계획된 공간구조 안에서 기획의도에 따른 스토리 라인을 바탕으로 관람자가 스스로 전시의 여러 장면을 자기 나름대로 포착해나아가도록 만들어야 한다. 이러한 전시경험은 작품과 관람자 간에 이루어지는 소통의 가능성을 보다 확장시킨다.

〈표2-4〉 전시의 구성 요소와 관계도

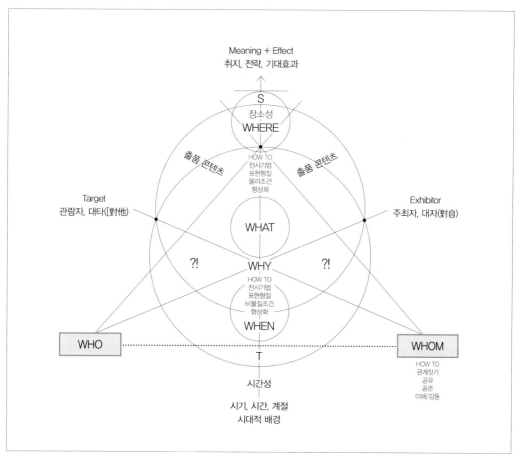

관람자의 역동적 전시경험 창출을 위해 고려해야 하는 요소를 말할 때 '6W', 즉 Who, Whom, Where, When, What, Why가 주로 거론된다. 6W 중 'Who'는 전시주최자 또는 기획자로, 디자이너 입장에서는 말하자면 '의뢰인'이다. 기획자는 전시할 작품과 작가, 전시의 기획의도를 설정한다. 6W 중 'What'은 출품작 또는 전시 내용(content, message)이다. 출품작은 회화, 조각, 사진, 미디어, 퍼포먼스 등 다양한 특성의 장르가 있으며, 전개방식에 따라 회고전이나 주제전 등으로 구분할 수 있다. 이러한 전시콘텐츠는 비물질 조건인 시간(When)과 물질 조건인 장소(Where)에 놓이게 되는데, 이 두 요소는 해결해야 하는 제약인 동시에 아이디어의 원천이 되기도 한다.

마지막으로 6W 중 'Whom'과 'Why'가 있다. 이 2개가 가장 중요하다. "누구를 위해 또는 누구에게, 어떤 메시지를 전달할 것인가?"는 전시의 핵심이기 때문이다. 대상과 목적은 늘 함께 고민해야 한다. 앞서 살펴본 전시디자인의 변화와 흐름에서 말했듯이 관람자(Whom)는 동일한 자의식을 가지고 있는 표준화된 존재가 아니며, 관람자의 특성과 역할을 어떻게 이해하고 해석하느냐에 따라 전시를 풀어가는 접근

〈표2-5〉 관람자 특성 분석도

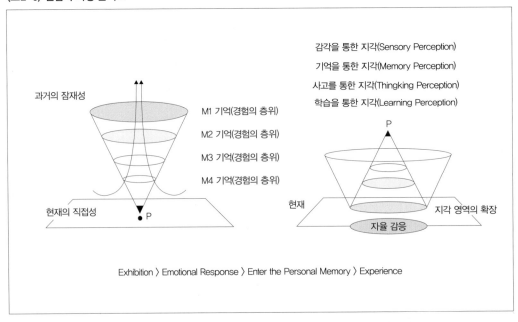

법도 달라질 수 있기 때문이다. 관람자는 성별, 취향, 경험, 지적 수준 등 서로 다른 경험 요소를 가지고 있어서 같은 작품도 다르게 받아들이게 된다.

예술작품을 감상하는 것에는 다층적 성향이 있다.
무수히 많은 의미의 레이어들이 끝없이 겹치고 뒤섞여,
보는 각도에 따라 보는 이의 특성에 따라 다르게 해석될 수 있다.

미술비평가 존 버거

창조적인 예술은 작가에 의해서 완성되는 것이 아니다.
감상자가 작품의 내적인 가치를 들여다보고
이를 통해 자신의 이야기를 풀어나갈 때 비로소
예술은 세상과 소통하며 완성된다. 예술가 마르셀 뒤샹

03. 미술전시디자인 과정

아래에 소개하는 미술전시디자인 과정은 '일반적인' 순서일 뿐이며, 상황에 따라 차이가 있을 수 있다.

1) 기획 논의

기획 논의 단계에서는 업무 관련 인력들과 함께 기획의도는 무엇인지, 전시를 통해 어떤 이야기를 하고자 하는지, 관람객들에게 어떤 이슈와 가치를 전할 것인지를 확인하고 공유한다.

① 조사 및 자료 수집

출품작이나 작가에 대한 가능한 모든 자료, 즉 문헌, 역사, 기타 유사 전시 사례, 작품 설치 요구 조건, 필요 기술 등 자료를 조사하고 수집하는 활동 단계다(출품작 목록, 기획 구성안, 작품의 상태 등 자료를 공유한다).

〈표 2-6〉 전시의 구성 요소와 디자인 과정(6W+5M)

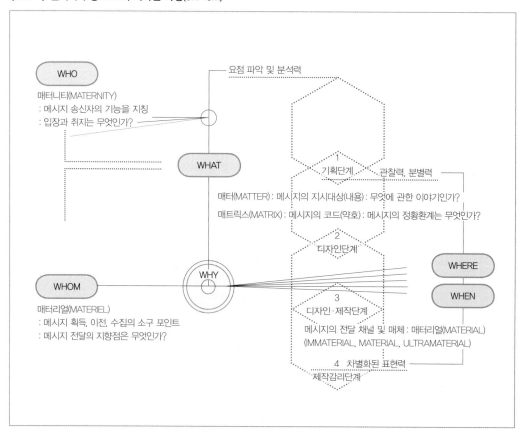

〈표 2-7〉 전시개최를 위한 구성항목

○○○ 전시개최계획(구성)	
1. 전시개요	6. 홍보물 및 안내사인 제작
1) 전시명	1) 홍보물 종류 및 매수
2) 전시기간	－도록 : 발간일, 제작부수, 언어, 예상 쪽수
3) 전시장소	－브로슈어
4) 작품부문/작품 수	－초청장
5) 소요예산	2) 전시그래픽
6) 관람료	－각종 사인물 : 현수막, 배너 등
2. 전시목적	－전시그래픽 : 전시장 내 각종 그래픽
3. 작가 약력	3) 도록 세부사항
4. 전시내용 및 구성	7. 전시홍보
1) 전시내용	8. 부대행사 및 전시 연계교육
2) 전시의 구성(안)	9. 기타 협조사항
5. 대여, 작품운송, 보험	10. 세부 추진일정

② 목표의 정의 및 진술

전시기획의도에 따라 시기별 작품의 비중, 배치의 우선순위, 목적, 한계와 제한요소들에 관한 진술의 단계로, 종종 명확한 정의의 필요성이 있는 질의항목의 기술이나 견적 작업을 포함하기도 한다. 전시 유형과 성격에 따라 다양하게 계획된다.

③ 개념 및 주제 발전

선행단계에서 수집한 정보를 기초로, 전시의 주제별 세부 콘텐츠에 관한 예비 기술을 진행한다.

④ 전시공간 확인

전시공간의 조건을 점검하는 단계다. 예를 들면 관람자의 동선과 주출입구, 조명 및 전기 설비 등 연결지점, 공간 내에 있는 기둥의 위치와 간격, 천장이 견딜 수 있는 하중 등 물리적 환경과 현장 실측을 통해 기본 치수를 정리한다. 또한 작품의 성격과 크기, 설치에 필요한 요구 조건에 따른 전시 방법과 매체 선정, 전시물의 공간 배분, 밀도 점검 및 동선 계획 등 전시 전개 이미지에 대한 개략적 스케치를 한다.

⑤ 의견 제시 및 협의

전시의 목표·주제에 따른 전시의 구성 이미지, 기획 흐름에 따른 공간 조닝 계획 등 기본적인 전시디자인 방향과 콘셉트를 기획자와 논의하고 대략적인 예산과 진행 일정을 세운다. 그리고 이러한 과정을 통해 취합된 의견을 디자인 계획에 반영하고 보완하여 실행단계로 이행한다.

2) 디자인 초기 작업

기획 스토리에 따른 전시공간의 면적 배분과 작품의 배치를 구상해 보고, 관람자가 전시공간에서 마주하게 될 시선과 동선의 관계를 고려하여 평면을 설계한다. 이를 컴퓨터 프로그램을 통해 시뮬레이션하거나 핸드 드로잉을 통해 구체화하며, 시각(그래픽)디자이너와 비주얼 커뮤니케이션에 관련된 콘셉트를 논의한다.

① 예비 디자인

공간 배분과 동선의 흐름 등을 시각화하여 표현해본다. 전시할 작품들의 유형에 관한 메모·약호 등을 포함한다.

② 세부 디자인

세부적인 부분까지 발전된 스케치 및 기초 모델링 등을 진행하며, 모든 콘셉트와 전시 각각의 항목을 구체적으로 그린다(그래픽 정보 체계와 공간 구획 구조 의 기본 자재 계획 및 치수 기준 등을 결정한다).

③ 최종 디자인

기획자에게 최종 확정된 설계안을 보여주기 위한 렌더링 및 세부 모델링, 평면도, 입면도, 주요 단면도, 전시가구 상세도, 투시/조감도 등 프레젠테이션을 위한 그래픽과 도면을 마련한다.

④ 기타 관련 서류 준비

기술적 장치, 필요한 시스템 제원(specifications) 양식과 작품의 상태 등에 관한 서술된 보고 서류는 디자인 안을 설명하는 데 필수적이며, 비용에 관한 견적서 등도 계약 업무와 도급 협의를 위해 필요하다.

④ 디자인 승인

디자인 프레젠테이션 등을 통해 기획자와 협의, 제작 실행을 위한 지침을 마련하며, 중점 및 특기 사항 등 세부 사항을 작성한다.

3) 디자인 구체화 제작

① 최종 디자인과 제작도면, 기술적 제원명세 등의 작성 과정이다.

② 기성품 생산업자, 공사 및 주문 제작업자 등을 선정하고 주문 의뢰 및 발주 계약서를 준비한다.

4) 현장 제작 및 설치 감리

① 전시공간 구획 구조 설치 관련 조성팀이 벽체 등을 시공하며, 다음 단계로 선반 및 진열장의 작품 좌대 등 전시 가구 제작 작업에 들어 간다. 시간과 업무의 효율성을 높일 수 있도록 현장 제작과 공장 제 작 항목으로 나누어 계획하며, 주문 전시물의 경우 생산, 제작, 설치, 관리, 감독 업무 및 전시에 필요한 제작물들의 조합(공종별 취부물의 협 조 사항 등)을 확인한다. 통상적으로 제작물의 샘플 테스트를 통한 조 정 작업이 수반된다.

② 공간 구획과 선반 등 디테일 요소의 제작이 끝나면 현장 정리 후 작품 설치에 들어간다. 작품 설치는 전문 기술자와 숙련된 운송 설 치팀이 맡는다. 미디어 설치 작품이 있을 경우 사운드 점검 및 소 리 간섭에 대한 조율이 필요하다.

③ 작품 설치가 완료되면 타이틀, 월 텍스트 및 작품 레이블 등 전시 그래픽 설치와 최종 조명 작업을 진행한다. 이 단계에서 전체적으 로 작품의 강·약과 공간의 분위기를 정리하게 되므로, 조명 작업 은 반드시 기획자와 공간디자이너가 함께 진행한다.

5) 사후 지속적인 컨설팅

주기적인 조사와 꾸준한 모니터링을 통해 전시 참여 현황의 변화, 학예 활동상 요구에 따른 전시 요소의 향상과 수정, 대체 및 확장 등 을 반영하도록 한다.

3. 전시의 해석과 실행

01. 프로젝트와 아이디어

"디자이너는 아이디어를 활용하여 제약을 기회로 바꾼다."

디자이너가 '전시'라는 프로젝트를 실행하는 것은 '아이디어를 합치는 창의적이고 자유로운 과정'이면서 동시에 '작품의 조건과 해결해야 하는 현실의 문제를 다루는' 지극히 현실적 과정이기도 하다. 장소의 한계를 고민하다가 좋은 아이디어가 도출되기도 하고, 작품 설치 조건 때문에 불가피한 선택을 하기도 한다.

디자이너는 아이디어를 구상하는 과정에서 끊임없이 실현 가능성과 완료된 상태를 그리며 결과를 예측해야 한다. '구상'과 '실행'이라는 상반된 일을, 균형 잡힌 눈으로 잘 조율하는 것이 중요하다.

02. 실행 – 조건의 해석 / 디자인 전개 / 공간구조 설계

　① 회화 전시 : 미술관전시실

　② 건축＋아카이브 전시 : 미술관전시실

　③ 건축＋아카이브 전시 : 대안 공간

　④ 미디어＋아카이브 전시 : 미술관전시실

　⑤ 조각 전시 : 미술관전시실

1) 회화 전시 : 한국의 단색화전(單色畵展)

① 조건의 해석

Q1. What – 무엇이 전시되는가?

'한국의 단색화(Dansaekhwa : Korean Monochrome Painting)' 전시는 '한국의 정신성'으로 부를 수 있는 가치를 담아낸 31명의 작가, 150여 점의 회화를 보여주는 전시다.

Q2. Who, Why – 기획자는 어떤 메시지와 지향점을 담고자 하는가?

대중에게 단색화 작가들과 작품을 소개하며 한국의 단색화와 서양의 미니멀리즘, 일본의 모노하가 어떤 관계가 있는지, 어떤 차이가 있는지 생각을 나누고자 한다. 나아가 다른 나라와 예술문화 교류를 위해 한국의 대표 장르 전시라고 할 만한 브랜드를 만들고자 한다.

Q3. Where – 어디서 전시하는가?

국립현대미술관 과천관 1.2 전시실 중앙홀

※ 변수 : 작가 31명의 독립된 작품 감상 영역을 위해 전시공간을 31개의 '실(room)'로 구획하기에는 전시실 면적이 부족하다. 반면에 단색화 작가들의 소장자료(소품, 도록, 리플릿, 그림 도구)들을 전시해야 하는 아트리움 공간은 층고가 14m가 넘는 큰 공간이기에 전시할 자료의 양이 공간 스케일 대비 상대적으로 적어 보일 수 있다.

② 디자인 전개

(키워드 : 관람자의 움직임, 관계, 한국 전통 공간, 창, 담)

작가별로 독립된 영역을 배당하기 위해 전시실에 벽체를 많이 세워도 답답하거나 시선이 차단되지 않게 한국 전통 건축의 담이라는 요소에서 아이디어를 얻었다. 한국의 담은 영역 간 배타적 경계를 짓고 차단하기보다는 내부와 외부가 새로운 관계를 맺는 도구의 역할을 한

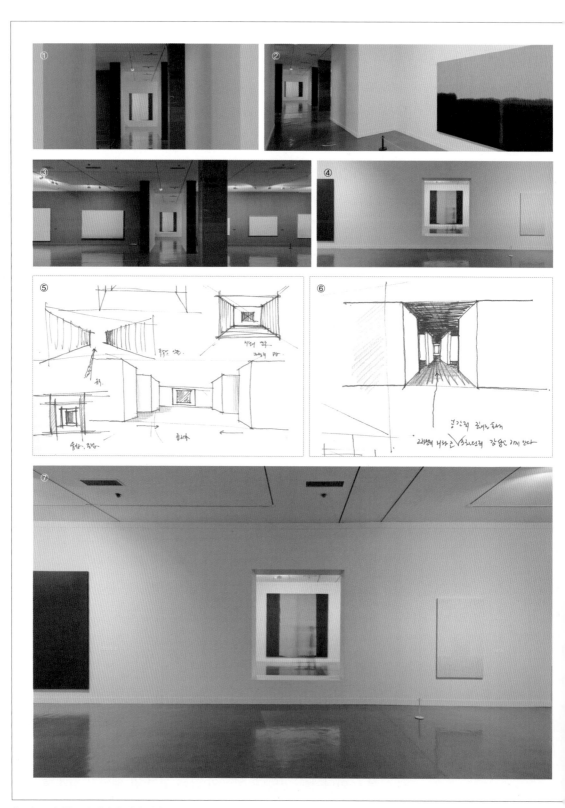

〈그림 2-4〉 한국의 단색화 전시 전경

다. 한국 전통 공간에서 발견한 또 다른 모티프는 턱이 낮은 '창'이다. 이러한 요소들을 전시실에 도입함으로써 작가별로 구획된 공간이 다른 공간과 구별되면서도 서로 연계성을 갖도록 했다.

③ 전시공간 설계와 제작 실행
: 볼륨 화이트큐브 전시디자인 개념 제시

〈그림2-4〉와 같이 관람자의 움직임과 위치에 따라 여러 작품들이 함께 보이면서 하나의 장면(scene)처럼 어우러지도록 설계했다. 이 전시공간에서 관람자는 걸음을 옮길 때마다 작품들 사이의 새로운 매칭과 의미 관계를 포착하게 된다. 즉, 관람자의 움직임은 작품들이 의미를 가지기 위한 필요조건이 되는 것이다.

전시공간에 뚫린 커다란 '창'은 구획된 영역을 관통하면서 '시선의 축'을 형성한다. 관람자들은 눈앞에 걸린 작품과 '창' 너머로 보이는 작품을 비교·감상하며 단색화의 다양한 표현 기법과 작가들의 작품 특징을 발견할 수 있다. 또한 2차원 회화 작품을 좀 더 다양한 거리와 각도에서 입체적으로 감상할 수 있게 된다.

〈그림2-5〉의 아카이브 전시 영역은 관람자가 전시실에서 나와 휴식하며 자료를 볼 수 있도록 도서관처럼 연출하고 공간의 높은 층고를 적극적으로 활용하기 위해서 자료를 수직적으로 배열하였다.

〈그림2-5〉 한국의 단색화 아카이브 전시 전경

2) 건축 + 아카이브 전시 : 정기용 건축 아카이브전(archive展)

① 조건의 해석

Q1. What, Who, Why

–무엇이 전시되며 어떤 메시지를 전달하고자 하는가?

국립현대미술관에서 개최한 '정기용 건축 아카이브전'은 한 건축
가가 남긴 2만여 점의 기록 중 2천 장의 스케치와 글을 보여주는 전
시다. 사람과 사람의 교류, 세대 간 소통에 천착한 건축가의 내면세
계를 이해하고, 관람자 스스로 자신의 삶의 가치를 되돌아보게 하
고자 한다.

Q2. Where – 어디서 전시하는가?

국립현대미술관 과천관 5전시실

※ 변수: 트레이싱 페이퍼에 그려진 다양한 건축 도면과 스케치는
건축 관련 일을 하거나 건축에 관심이 있는 사람들에게는 의미 있
고 흥미롭겠지만, 일반 관람객들에게는 '그림이 그려진 얇은 종
이'에 불과할 수도 있다. 전시장은 장방형으로 동선의 방향이 정
해져있고 일정한 간격으로 구획된 격실구조의 공간이기 때문에
변화를 주기가 어려워 나열식이 되기 쉽다.

② 디자인 전개

(키워드 : 관람자, 관계성, 연속성, 분위기 공간, 자료의 경험, 길)

"어떤 길목에서 할아버지가 바라보던 풍경을 똑같이 아버지가 바라보았
고, 나 또한 같은 풍경을 바라볼 수 있는 '길'은 곧 역사이며 '풍경'이다. 길
은 풍경을 기록하고 보존한다."

정기용 지음, 『감응의 건축』에서

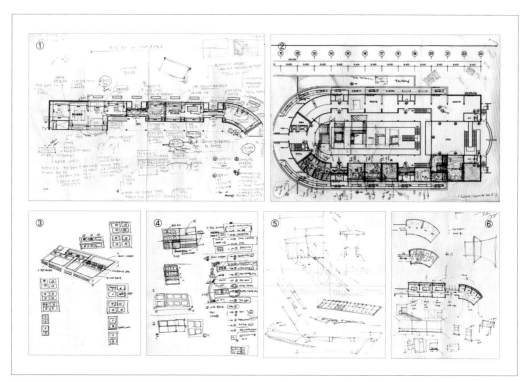

〈그림2-6〉 정기용 아카이브전 설치 아이디어 스케치

전시실의 장방형 구조의 느낌을 최대한 살려 전시공간은 '길'을 모티프로 연출한다. 전시실에 들어서면 관람자는 두 가지 길을 만나게 된다.

하나는 전시의 주요 동선이 되는 '길'로서 인간이 생(生)의 여정에서 만나게 되는 장소, 즉 주택, 도시, 교육시설, 추모공원 등 정기용이 진행한 건축 프로젝트를 주제에 따라 엮은 전시 전개 흐름을 의미한다.

또 다른 길은 공간과 공간을 관통하는 '시선의 '길'이다. 관람자들이 다른 주제 영역에 있어도 서로를 바라볼 수 있도록 '액자 속 액자'처럼 구성한다. 관람자들은 직접 대화를 하지는 않을지라도 시선을 교류하면서 타인과의 소통의 가치를 중시했던 건축가의 생각과 흔적을 공유한다.

③ 전시공간 설계와 제작 실행

〈그림2-7〉 정기용 아카이브전 전시장 전경

〈그림2-8〉 정기용 아카이브전 '시선의 길' 전시장 전경

3) 건축+아카이브 전시 : 어반 마니페스토 2024전(건축 아카이브전)

① 조건의 해석

Q1. Why - 왜 전시하고자 하는가?

젊은 건축가들의 독창적인 아이디어와 도시를 향한 비전을 통해 도시 정책 담론을 제시한다. 공공미술과 건축이 만나는 프로젝트가 많아지고 있는 오늘날, 한국의 현대건축의 역할을 모색함으로써 융합의 좋은 예를 마련하고 새로운 정신과 기술로 무장한 한국의 젊은 건축가들의 건축 문화를 대중에게 소개한다.

젊은 건축가들의 오픈 플랫폼으로서 젊은 건축가 포럼의 지난 3년 동안의 결과물과 비전을 공유하고 차세대 건축가들의 재도약의 장으로서 2014년에는 서울건축문화제, 2017년에는 서울 건축비엔날레 등 건축 및 도시 관련 이벤트의 경험의 장을 제공한다.

Q2. Where - 어디서 전시하는가?

온그라운드 갤러리(지상소), 커먼빌딩 4층, 통의동 보안여관

〈그림2-9〉 어반마니페스토 전시장 위치

Q3. What - 무엇을 전시하는가?

동시대 건축 이슈를 네 가지 주제로 나누고, 건축가 40명에게서 이에 해당하는 프로젝트 이미지를 20장씩 받아 전시한다. 또한 현재 이슈와 함께 도시와 건축이 앞으로 가야 하는 방향에 대해 건축가들에게 각각 하나의 문장과 하나의 이미지를 받아 영상과 함께 전시한다. 4주의 전시기간 동안 네 가지 주제를 가지고 건축가들이 공개 토론을 하면서 대중과 생각을 나누는 자리를 갖는다.

※ 변수: 전시공간이 세 곳으로 분리되어있어 관람자는 장소를 이동하며 전시를 봐야 하고, 전시장소마다 공간 조건도 다르다.

1. 온그라운드 갤러리는 적산가옥 구조다. 천장의 구조재 틈으로 빛이 들어와 채광의 결이 생기며 내부는 4개의 작은 실(室)로 구획되어있다.
2. 커먼빌딩은 온그라운드 갤러리와 인접한 4층 건물로, 전시는 창이 크고 광량이 풍부한 옥상층에서 열린다.
3. 보안여관은 낡은 옛 여관이다. 조도가 고르지 못하며 여관방을 구획했던 목재 골조만 남아있다.

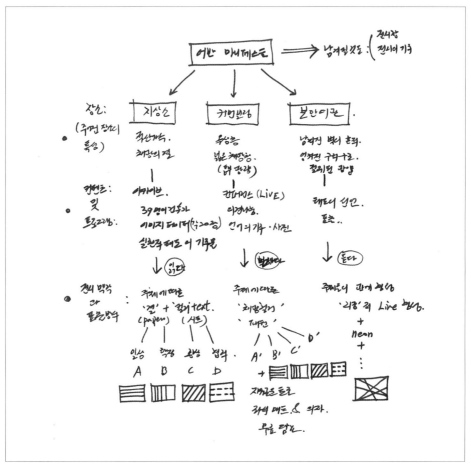

〈그림2-10〉 어반마니페스토 2024전 전시디자인 아이디어 전개도

② 디자인 전개

(키워드 : 관계, 장소 특정적, 환경 조건, 기록, 컬러, 패턴, 빛, 연계성)

"전시를 통해 무엇을 남길 것인가?" 하는, 전시의 목적과 효과를 생각하면서 남겨질 기록에 대해 전시디자인 구상 단계부터 계획한다. 각기 다른 세 장소의 환경 조건을 분석하고 해결해야 하는 부분과 장점이 될 조건 등을 고려해 작품을 배치·계획한다.

앞서 살펴본 주어진 장소 조건 속에 104페이지 〈그림2-11〉의 온그라운드 갤러리에서는 4개의 실마다 각 주제에 해당하는 200장의 건축 프로젝트 이미지를 세로, 가로, 사선, 그리고 엇갈린 배열 형식으로 전시하여 주제마다 공간에서 인식되는 패턴이 다르도록 했다. 이러한 주제별 이미지 배열 패턴은 〈그림2-11〉의 커먼빌딩에서 진행되었던

① 일상건축(온그라운드 갤러리 1)

② 확장건축(온그라운드 갤러리 2)

③ 유희건축(온그라운드 갤러리 3)

④ 협력건축(온그라운드 갤러리 4)

⑤ 1주차 토크주제 : 일상건축(커먼빌딩)

⑥ 2주차 토크주제 : 확장건축(커먼빌딩)

⑦ 3주차 토크주제 : 유희건축(커먼빌딩) A

⑧ 4주차 토크주제 : 협력건축(커먼빌딩)

〈그림2-11〉 어반마니페스토 2024전 : 온그라운드갤러리, 커먼빌딩 전시 전경

네 번의 주제 토론 때마다 온그라운드 갤러리의 전시주제와 시각적 연계를 맺기 위해 1주차 세로, 2주차 가로, 3주차 사선, 4주차 엇갈린 배열 패턴을 윈도우 그래픽 요소로 활용했다.

빛이 많이 들어오는 장소이므로 햇빛이 좋은 날에는 그래픽을 붙인 창을 통해 토론 장소에 패턴 그림자가 드리워진다. 또한 주제가 달라지는 주마다 창문의 색을 바꿔 공간에서 인식되는 전체 컬러를 바꿨다. 현장에 참석한 사람들의 '컬러 인식'은 아카이브의 현장성과 동시적 특성을 인지하게 만드는 장치로 활용됐다. 건물 외부에서도 창문의 색깔이 바뀌는 걸 보고 내부에서 일어나는 이벤트의 변화를 자연스럽게 알 수 있게 했다. 〈그림2-12〉의 보안여관의 여관방을 구획했던, 바로 그 남겨진 벽 구조 사이사이를 관람자들이 다니며 건축의 미래와 비전을 마주할 수 있도록 개별 조명과 함께 공간에 '달아매는(hanging)' 방식으로 이미지를 배치했다.

③ 전시공간의 설계와 제작 실행
　: '장소 특정적' 전시디자인 제시와 적용

〈그림2-12〉 어반마니페스토 2024전 : 보안여관 전시 전경

4) 미디어＋아카이브 전시 : 박현기 만다라전(미디어 아카이브전)

① 조건의 해석

Q1. Who, Why, Whom – 누가, 왜, 누구를 위해 전시하는가

박현기는 백남준을 잇는 차세대 비디오아티스트이자 한국을 기반으로 활동한 첫 번째 본격적인 비디오아티스트다. 2012년, 박현기 아카이브 2만 점이 국립현대미술관에 기증된 이후 약 2년에 걸친 정리 작업을 마무리함에 따라, 그의 작품과 아카이브를 통해 박현기의 미술사적 위치를 재조명하고 한국 비디오아트의 역사를 연구·발전시키는 데 기여하고자 하는 것이 이 전시의 목적이다.

전시되는 자료는 상당량 '최초' 공개이다. 또한 전시실에 설명글을 최소화하여 관람자 스스로 아카이브 전시 영역에서 자료를 찾아보며 작품을 이해할 수 있는 '자기학습 관람법'을 제시한다. 이는 그동안 전시에서 아카이브를 별책 부록과 같이 다뤘던 수많은 선례에서 벗어나 전시를 이해하는 데 중요한 단서이며, 설명글을 대신할 수 있는 역할이라는 점도 발견할 수 있다.

Q2. Where – 어디서 전시하는가?

국립현대미술관 과천관 원형1 전시실

Q3. What – 무엇을 전시하는가?

박현기 관련 2만여 점의 전시인쇄물, 포트폴리오, 사진, 문서 등 아카이브 자료와 36점의 초기 설치작품 및 미디어 작품 다수.

※ 변수: 미디어 작품의 선명도를 높이기 위해 주변 빛의 간섭을 최소화해야 하지만, 같은 공간에 전시되는 아카이브 영역의 자료를 보기 위해서는 알맞은 조도가 확보되어야 한다. 또한 작품전시보다는 작가의 자료가 주가 되는 아카이브 전시로, 2만 점 가량의 방대한 자료를 분류할 수 있는 전시흐름 체계가 필요하다.

② 디자인 전개

(키워드 : 관람자와의 관계 맺음, 자기학습법, 라키비움, 자료의 경험, 만다라)

자료 수집과 기록의 중요성이 날로 커지고 있다. 작품 스케치와 메모 등이 작품을 이해하고 가치를 발견하게 만드는 귀한 단서가 되기 때문이다. 이에 수장고형 전시, 아카이브형 전시, 나아가 연구자들이 찾아와 연구의 단서를 발견할 수 있는 도서관 같은 전시인 '라키비움 (Larchiveum = library + archive+museum)' 개념의 전시가 늘고 있다.

원형 공간의 중심에는 6m 높이의 양면이 투명한 사다리형 책장을 두어 작가의 아이디어 구상에 근간이 된 책들과 오브제를 전시한다. 그 외곽 공간은 작가가 생각을 작품으로 옮기는 과정과 생각의 변화를 볼 수 있는 자료 전시 영역으로 계획한다. 원형 중심을 축으로 아카이브 진열장을 방사형으로 배치하여 자연스럽게 아카이브 전시 영역과 작품 설치 영역을 구분하고 진열장 하나가 각각 1년의 시간을 나타내도록 구성한다. 즉, 시계방향을 따라 돌아가며 만나게 되는 진열장은 그 자체로 작가 인생의 시간이자 작품 변화의 축이 되는 입체적 전시방식이다.

③ 전시공간의 설계와 제작 실행

　: 라키비움 및 자기학습 관람법 전시방식 제시

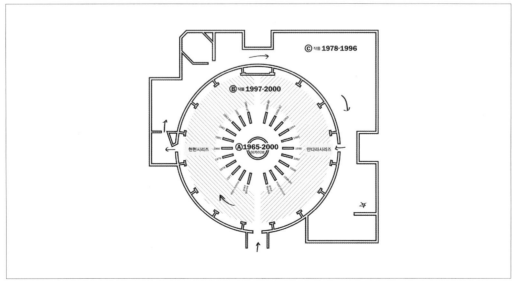

〈그림2-13〉 박현기 만다라 전시실 평면도

〈그림2-14〉 박현기 만다라 전시장 전경

5) 조각 전시 : 최만린 조각전(彫刻展)

① 조건의 해석

Q1. Who, Why – 왜 전시하는가?

60여 년에 걸쳐 조각의 정체성을 끊임없이 탐구하며 한국적 조각 미학을 만들어낸 작가 최만린의 작업 세계를 총체적으로 망라함으로써, 작가의 평생에 걸친 예술적 고민과 조형 의식이 변화하는 과정을 고찰한다.

회화 등의 주류 분야에 비해 상대적으로 취약했던 조각 분야의 발전을 위해 작가, 교육가, 행정가로 평생을 헌신한 최만린을 조명함으로써 '조각' 분야를 재조명하고 활성화하는 계기를 마련하고자 한다.

Q2. What – 무엇을 전시하는가?

조각 177점, 드로잉 약 262점을 시기별로 전시한다. 작가가 작품을 제작하게 된 배경과 시기적 특성을 드러내는 데에 중점을 둔다.

Q3. Where – 어디서 전시하는가?

국립현대미술관 과천관 1전시실 중앙홀

※ 변수: 조형적으로 비슷하게 느껴지는 작품이 많아 시기별 작품의 변화와 특징을 잘 보여줄 수 있도록 전시해야 하며, 작품의 결과물만 보여지는 전시방식을 지양한다.

② 디자인 전개

(키워드 : 관계 맺음, 움직임, 전환, 사이, 경계, 펼쳐짐, 길 찾기)

최만린 작가는 유년 시절에 한국전쟁을 겪는 등 한국 근현대사의 격변기를 몸소 체험한 작가다. 그의 작품에는 인간애와 생명에 대한 의지가 녹아있다. 이러한 작가의 주제 의식의 행로와 전시공간의 상황을 일치시켜 작품의 배경이 되는 과거의 시간이 현재의 전시공간

〈표2-8〉 조각 특성과 관람자 관계도

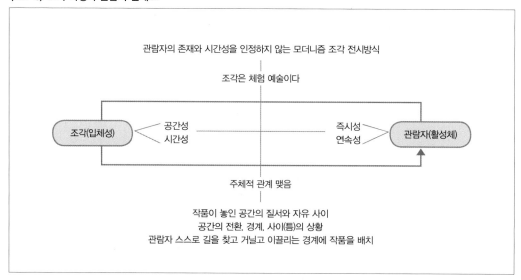

〈그림2-15〉 최만린전 평면과 동선

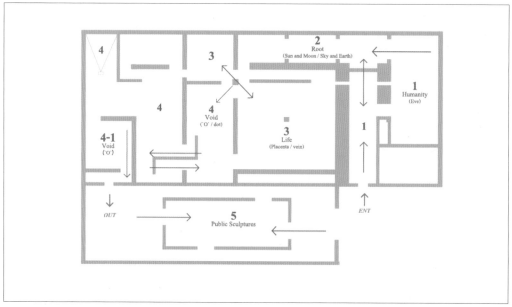

으로 전이되도록 계획한다. 그러한 과정 속에 관객이 놓여 있음을, 때로는 관객 또한 하나의 작품으로서, 즉 살아 움직이는 오브제가 될 수 있도록 구성하는 것이다.

공간의 색채, 시기별 전시공간의 면적 배분, 조도 등 공간의 분위기와 구획 방식을 통해 완성된 작품만을 나열하는 단순 디스플레이 방식에서 벗어나 작품의 배경과 변화 과정을 함께 보여주는 인스톨레이션

개념을 전시에 도입한다. 전시공간에 관람자 스스로 작품 감상 루트를 선택할 수 있게 자유동선 구간을 두어 보다 다양한 방향에서 조각 작품을 감상할 수 있도록 한다. 즉 작품이 주가 되고 관객이 부가 되는 상황에서 탈피해 작품과 공간, 그리고 관람자의 새로운 관계를 설정한다.

〈그림2-16〉 최만린전 영역별 설치 전경

미술전시디자인에 대한 변화와 흐름을 살펴보고 실제 프로젝트 사례 나눔을 통해 기존 화이트큐브 전시방식, 즉 예술로부터 주변 요소를 지우는 탈맥락화 방식이 아닌, 전시의 다양한 요소와 작품이 관계를 맺으며 이야기를 새롭게 끌어내는 재맥락화 방식을 살펴보았다.

이러한 전시방식은 우리에게 이미 익숙한 콘텐츠라 할지라도 작품을 대하는 새로운 시선과 태도를 갖게 함으로써 작품에 대한 새로운 해석과 경험이 가능해지며, 문화콘텐츠가 지속 가능한 자생력을 갖게 하는 힘이 될 수 있음을 이야기한다.

참고문헌

브라이언 오도허티, 『하얀 입방체 안에서』, 2006, ㈜시공사

메리 앤 스타니스제프스키, 『파워오브디스플레이』, 2007, ㈜디자인 로커스

일베르토 괄란디, 『들뢰즈』, 2004, 동문선

마이클 벨처, 『박물관전시의 기획과 디자인』, 2006, 예경

정연심, 『현대 공간과 설치미술』, 2014, A&C

노먼 포터, 『디자이너란 무엇인가』, 2008, 작업실 유령

존 버거, 『다른 방식으로 보기』, 2016, 번역서, 열화당

필 휴즈, 『Exhibition Design』, 2010, Lauren King

피터 줌토르, 『건축을 생각하다』, 2013, 나무생각

최익서, 「현상학 : 전시 커뮤니케이션」, 2005

배형민, 「정림문화재단 건축신문의 감각과 사유」, 2015년 5월호

김인혜, 「국립현대미술관 연구 논문 : 전시기획의 실제」, 2015

민현준, 「현대미술관전시장의 군도형 배열에 관한 연구」, 2013

김복기, 「미술관전시의 역사, 근대 이후 시대의 담론을 재현하는 장(場)으로서」

NODE CENTER FOR CURATORIAL STUDIES, 「전시디자이너에 관한 연구」

오광수, 「미술관의 사회적 기능」, 예술의전당 월간정보지

meetingroom.co.kr

이미지 출처

전시설치 이미지 – 국립현대미술관 제공

전시 전경 사진 촬영: 한국의 단색화, 정기용 아카이브전 – 장준호 사진가

어반마니페스토 2024전 – 노경 사진가

박현기 만다라 전 – 박명례·노경 사진가

최만린 전 – 김용관·장준호 사진가

제3장 과학전시

1. 과학전시란

01. 과학전시의 개요

과학은 자연에 대한 호기심에서 출발해 원리와 법칙을 알아내고, 이를 해석하여 체계적인 지식으로 만드는 활동이다. 그렇다면 과학전시란 이렇게 만들어진 지식을 쭉 늘어놓고 '전시'하는 것일까?

박물관·미술관전시가 과거나 현재의 누군가가 만든 작품이나 사물 등을 관람객에게 보여주고 감상하게 하고 이해하게 하는 전시라면, 과학전시는 과학을 보고 이해하는 차원을 넘어 가장 요약된 형태로 과학의 세계를 경험하게 하는 일련의 과정이자 행위다.

우리를 둘러싼 자연은 참으로 경이롭고 흥미롭지만, 너무나 방대하기에 그 모든 것을 경험하기는 불가능하다. 그래서 수많은 생물과 무생물, 이들의 관계와 그러한 관계의 법칙·원리, 이러한 관계들에서 만들어지는 현상, 회오리바람이나 천체 활동 같은 자연현상 등을 직간접적으로 경험하도록 하는 것이 과학전시인 것이다. 그리고 체험을 하며 느끼게 되는 최초의 호기심, 그 호기심을 격려하고 발전시켜 사물과 현상을 '과학적으로 들여다보게' 하는 것이 전시의 목적이다.

회오리바람을 인공적으로 만들어 시연을 하거나, 대형 렌즈를 조작하여 빛의 굴절과 확산을 비교하게 하거나, 식물의 다양한 잎 모양을 비교하는 등 과학전시는 '보여주는' 것에 그치지 않는다. 자연의 원리를 체득하고 이를 토대로 자연을 다시 바라볼 수 있도록 고무한다. 그래서 과학전시는 다분히 교육적인 목적을 띠고 있는 것이다.

또한 과학전시는 빠르게 발전하는 과학기술에 대해 관람객들에게 알려줌으로써 더 큰 세상을 꿈꾸게 한다. 그리고 우리가 살고 있는 세계를 이해하고 문제를 인식하게 하며 이를 해결하는 실천적 행동으로까지 나아갈 수 있도록 독려하는 역할도 하고 있다.

박물관전시나 미술전시에 비해 과학전시는 상대적으로 덜 알려진 데다, 외국에서 들여온 몇몇 상업전시 외에는 크게 주목받은 전시가 없는 것이 사실이다. 과학 전문가들도 이에 일조한 면이 있는데, 전시를 통해 자신들의 과학적 성과를 드러내는 것에 관심 있는 사람들이 매우 적기 때문이다. 자신들의 연구와 성과에 대해 대중이 이해하지도 못할 것이며, 그것과 상관없이 전문 영역은 공고히 지켜질 것이라고 생각해서였다.

그러나 기초과학의 인적 토대가 흔들리고 있는 지금은 미래의 전문가를 양성하는 기반으로 과학관, 자연사박물관, 체험관을 활용해야 한다는 인식이 커지고 있다. 앞으로 과학전시분야가 더욱 기대되는 이유이다.

02. 박물(博物)전시에서 분화한 과학전시

전통적인 과학전시의 시작은 르네상스 시대 학자들이나 호사가들이 여러 지역의 신기한 물건을 광범위하게 수집해놓았던 '호기심의 캐비닛(Cabinets of Curiosities)'이다. 취미 또는 호기심으로 동물, 식물, 광물 등을 구분 없이 모아놓았던 '호기심의 캐비닛'은 점차 사물의 종류와 성질, 분포 등에 따라 분류되었고, 이 과정에서 '박물학(博物學)'이라는 학문이 등장하였다. 호기심의 대상에 불과하던 수집품이 과학적 탐구의 대상으로 변모한 것이다.

16세기 후반부터 17세기에 걸쳐 많은 박물학자들은 수집품을 실제

〈그림3-1〉 호기심의 캐비닛[1, 2]

로 관찰하여 이를 대중에게 소개함으로써 대중을 교육하고자 했다. 세계적으로 유래 깊은 자연사박물관 등 과학계전시관[3]은 이러한 박물학 관련 수집·교육 전통에서 출발했다.

과학 발전에 따라 박물학은 생물학, 지질학, 광물학, 천문학, 인류학 등으로 분화했고, 화석이나 광물, 생물 등이 지구 역사와 관련이 깊다는 사실이 밝혀진 뒤로는 '자연사학(自然史學)'이라고 부르기도 한다. 종합적인 성격을 지녔던 초기의 박물관은 19세기 이후 전문적인 과학계 박물관으로 분화되었고, 자연사박물관은 자연계 표본의 수집과 연구, 보전이라는 나름의 역할을 맡게 되었다.

산업혁명 직후에는 새롭게 등장한 기계장치와 전기, 철강, 운송, 항공 관련 발명품 등 당대의 기술을 전시하는 과학산업관이 등장했다. 이 시기 과학계 박물관은 각국의 기술을 과시하는 각축장이었다. 하지만 이때까지도 과학은 일반인에게는 접근이 어려운 분야였고, 과학 전시는 과학자의 성과를 전시하는 것에 그쳤다.

1960년대 미국에서 기초과학의 교육을 강화해야 한다는 의견이 힘을 얻으면서[4] 전시된 것들을 보기만 하는 것보다 직접 만지고 실험해보는 것이 더 효과적이라는 주장이 제기되었다. 이러한 분위기에서 과학교육과 원리 체험 중심의 과학(탐구)관이 등장하여 놀이와 체험을 통해 과학 현상의 원리를 학습하게 하고, 관람객 스스로 작동시키는 전시물 등을 통해 참여를 적극적으로 이끌어내는 등 학교 밖 교육을

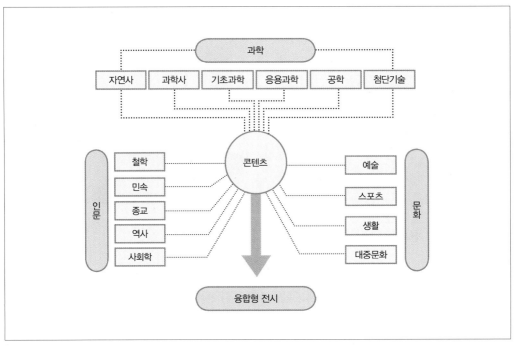

〈그림3-2〉 융합형 전시의 개념

지원하는 역할도 하고 있다.

박물관의 분화와 '과학'이라는 학문의 혁신적인 발전에 따라 과학전시도 여러 갈래로 전문화되었지만, 최근에는 다른 과학 분야는 물론 인문·문화 분야와 융합하여 다양한 각도로 자연의 보편적 원리 및 법칙을 탐구하는 '융합형 전시'에 대한 요구가 커지고 있으며, 실제로 그런 시도가 늘어나는 추세다.

03. 과거, 현재, 미래를 함께 다루는 과학전시

유서 깊은 정통 자연사박물관부터 오늘날의 과학센터까지 과학전시의 특징은 과거와 현재 외에 '미래'를 보여준다는 점이다. 역사·민속박물관이 주로 유물과 기록을 전시하고 미술관, 무역전시회 등은 현재 그 분야의 활동상을 보여준다면, 과학전시는 현재의 연구 성과뿐 아니라 연구 과정 자체를 보여주기도 하며, 사람들이 궁금해하는

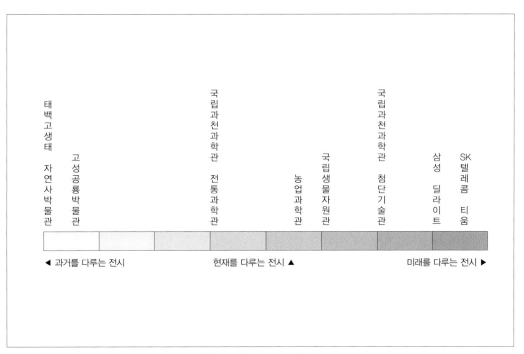

<그림3-3> 먼 과거부터 곧 오게 될 미래까지 다양한 시대를 다루는 과학전시의 사례

현재의 과학 이슈들을 전시하거나 미래에 기대되는 과학 분야의 발전 상을 함께 언급하기도 한다.

과학이란 나날이 발전하는 분야이기에 '전시관'이라고 하는 공간적·시간적 프레임에 가두어둘 수 없다. 만약 어떤 주제에 대하여 가장 최신의 정보를 다루었어도 지금까지 알려진 결과를 뒤집는 사실이 밝혀지는 등의 이유로 개막한 지 한 달도 되지 않아 '최신'이란 말이 무색해지는 경우도 있다. 그래서 많은 과학계 전시관이 기초적인 원리와 관련된 내용은 장기적으로 운영하고, 발전 중인 분야는 단기적으로 운영한다.

과학의 진보는 점점 더 빨라지고 있고 정보는 넘쳐난다. 그렇기에 이를 따라잡으면서도 어떻게 하면 양질의 지식 정보를 효과적으로 전달할 것인가는 모든 과학계 전시관의 공통적인 숙제이다.

2. 과학전시의 종류

01. 사물의 역사를 다루는 자연사박물관

자연사박물관은 자연계를 구성하는 자료 및 현상, 자연의 역사를 다루는 박물관이다. 동물원·식물원·수족관 등도 포함되지만, 주로 자연사과학 및 자연교육의 관점에서, 건물 내에서 자연 자료를 다루는 박물관을 뜻한다. 자연 자료라 함은 보통 생물 및 지학(地學) 자료를 말하지만, 서양에서는 인간의 자연적 측면으로서의 자연인류학·고고학(考古學)·민족학 등도 포함한다.[5]

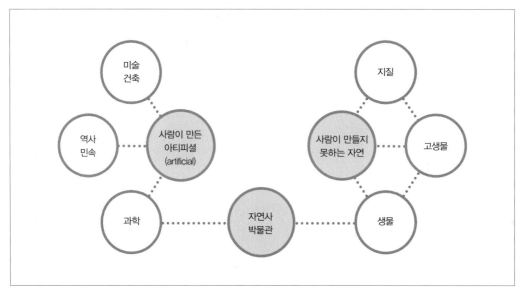

〈그림3-4〉 자연사박물관의 개념도

자연사박물관은 자연계에 존재하는 사물(화석, 광물, 생물표본 등)을 수집해서 보존하고, 이를 다각도로 연구해서 그 결과를 전시·교육하는 역할을 한다. 따라서 자연사박물관에서 전시하는 전시품은 연구용으로서의 가치가 있어야 하며, 교육적으로 활용될 수 있고, 학술적으로도 설명 가능해야 한다.

한국에도 '자연사박물관'이라는 명칭이 붙은 전시공간이 많지만 수집, 연구, 보존이라는 박물관의 기본적 기능을 하고 있는 곳은 많지 않다. 공룡화석이나 생물표본 등을 모아 전시하는 시설이 있기는 하지만, 그것만 가지고 '자연사박물관'으로 불리기는 부족하다. '테마전시관'으로 구분하는 것이 합당할 것이다(165페이지 〈표3-5〉 참고).

02. 기술의 발전을 전시하는 과학기술(산업)관

과학기술(산업)관은 서구에서 시작된 세계박람회와 연관이 있다. 19세기부터 개최된 세계박람회에는 언제나 새로운 과학 문명, 즉 증기기관차, 전화기, 자동차 등 기술적 성과가 많이 등장했다. 그리고 새로운 성과물에 대한 전시 요구가 생기면서 박람회 이후에 다른 공간에서도 지속적으로 전시되었는데, 이것이 바로 새로운 유형의 박물관이다.

과학기술(산업)관은 박물관과 과학관의 중간적 성격을 지니고 있다. 과학기술의 역사적 사료를 수집하여 보존하고 연구하면서, 기술의 우월성을 소개하고 그 원리를 교육한다.

과학기술(산업)관은 과학기술 활동과 관련된 물건 중 역사적으로 중요한 가치를 지니는 것을 전시하는데, 이를 과학사물(科學史物)이라 한다. 과학연구와 관련된 여러 가지 사물 외에 산업적 유산인 라디오, 자동차, 타자기 등 사람들이 실제로 사용했던 물건도 이에 포함되는데, 이런 것들은 한 사회의 역사와 문화뿐 아니라, 당대의 지적 수준과 기술을 이해하는 데 큰 역할을 한다.

한국의 경우 국립과학관이 주로 과학사물을 수집하여 전시하고 있다. 각각의 산업과 관계된 정부 부처나 지자체에서 과학기술(산업)관을 설립하여 운영하거나 공·사기업에서 별도로 운영하는 경우가 대부분이며, 운송 기술이나 무기 등에 대한 박물관도 있고, 지역 산업을 문화와 융합한 테마전시관 형태로 운영되는 곳도 있다(165페이지 〈표3-6〉 참조).

03. 과학원리를 체험하는 과학관

과학관이란 과학기술 자료를 수집·조사·연구하여 이를 보존·전시하며, 각종 과학기술교육프로그램을 개설하여 과학기술지식을 보급하는 시설로서, '과학관법' 제6조 제1항에 따른 과학기술자료, 전문직원 등 등록 요건을 갖춘 시설을 말한다.[6]

20세기에 들어서면서 과학기술의 성장이 국가 경제를 이끌고 과학교육이 국부(國富)를 만들어낼 것이라는 믿음이 생겨났다. 그래서 학교 현장에서만 이루어지던 과학교육을 학교 밖으로 확대하게 되었다. 동시에 과학을 쉽게 이해시키기 위해서 직접 만지고 실험해보는 등 구체적이고 적극적으로 체험해볼 수 있는 장소도 생겨났다. 국가적 차원에서 과학관은 미래의 과학 발전 및 과학적 시민 양성을 위한 장소이자 학교 밖 교육의 장소이기도 하다. 한국의 경우 과학기술 관련 부처에 속한 국립과학관이 있고, 교육부에 속한 각 지역 교육과학연구원(과학교육원)에서 운영하는 체험관, 지자체에서 운영하는 과학관 등이 있다.

앞서 언급한 자연사박물관, 과학기술(산업)관이 박물관의 성격을 띠고 유물의 수집·보존·전시를 중요한 목적으로 삼고 있다면, 과학관은 교육 목적으로 실험, 시연, 놀이 등 관람객의 적극적인 참여를 유도한다. 그래서 진열장 전시보다는 작동 모형, 멀티미디어, 대형 실험 도구 등 다양한 전시 방법을 사용한다(166페이지 〈표3-7〉 참조).

04. 대중을 향해 열린 창, 연구기관의 전시관

　한국의 과학계 전시관 중에는 연구기관에서 설립하여 운영하는 전시관도 많다. 이러한 전시관들은 법으로 규정된 박물관·미술관·과학관처럼 등록되어 관리되지는 않더라도, 설립 목적이 뚜렷하며 그에 맞는 전문박물관·과학관의 역할을 수행하고 있다.

　과학·기술·산업 관련 연구기관에 연구가 아닌 교육·전시 기능이 있는 이유는, 기관에서 수행하고 있는 연구·정책 전반에 대해 대중의 공감을 얻기 위해서이다. 영국 다윈센터[7]의 경우 처음부터 연구 현장을 대중에게 공개할 목적으로 설립된 연구소이자 박물관이다. 건물을 지을 때부터 보통 전시실에는 내놓지 않았던 엄청난 수의 생물표본과 기관에서 연구 중인 프로젝트, 최첨단 과학시설을 일반인이 관람할 수 있도록 전시공간과 연구공간을 구성했다. 연구원과 관람객이 대화할 수 있도록 관람창도 두었다.

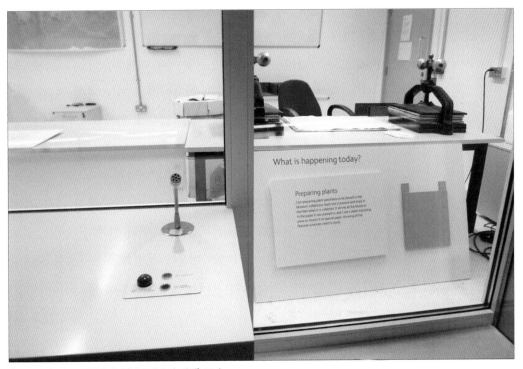

〈그림3-5〉 영국 다윈센터의 '연구자와의 대화' 코너

〈그림3-6〉 이탈리아 국립과학박물관의 관람객 참여를 유도하는 오픈랩(이탈리아 국립과학박물관 제공)

전시관은 대중을 향해 열린 창과 같다. 기관에서 진행 중인 다양한 프로젝트들을 대중에게 선보임으로써 이에 대한 공감을 이끌어내어 궁극적으로는 기관이 연구하고 있는 분야에 대한 저변을 확대하는 역할을 한다. 많은 사람들이 전문가의 영역이라 여기는 과학·기술·산업이 실제로는 자기 일상의 삶과 직결되어있음을 인식하게 되면, 이 분야의 미래 가치에 대한 관심이 높아지는 것으로 이어지면서 연구에 대한 지속적인 투자가 이루어질 것이기 때문이다.

연구기관의 전시는 주제에 따라 박물관형 전시, 체험형 전시, 홍보형 전시 등 적절한 연출방법을 선택하며, 기관이 현재 진행하고 있는 프로젝트 또는 그 결과를 전시하기 때문에 차별화된 콘텐츠를 보여줄 수 있다는 점이 가장 큰 특징이다(167페이지 〈표3-9〉 참조).

05. 기업의 홍보형 과학관

국가 산업의 기초가 되는 기간산업은 주로 공기업이 주도한다. 기간산업에 대한 홍보와 산업현장 견학 서비스를 겸하기 위해 일부 공기업에서는 발전소 등 현장과 연계된 과학관 형태의 홍보관을 운영 중이다.

홍보관을 운영하는 사기업도 있는데, 제품 시연이나 기업 홍보가 주요 목적이다. 이는 기업의 사회 공헌 활동의 일환이기도 해서 대개는 입장료를 받지 않으며, 단체 관람 예약제로 운영된다. 일부 전시관은 전시해설사의 인솔하에서만 관람이 가능하다(166페이지 〈표3-8〉 참고).

06. 살아있는 생물을 전시하는 동물원, 식물원, 수족관

동물원, 식물원, 수족관 등도 자연사박물관과 동일한 기능을 일부 공유하고는 있지만, 생물의 수집·연구·보전·전시 기능의 대상이 살아있는 동식물이라는 점이 가장 큰 차이점이다.

식물원과 수목원은 인류 생존의 근간이 되는 식물 자원을 보존하기 위한 기관으로, 다양한 식물을 목적에 맞게 수집하여 관리·증식하고, 일반에 공개·교육하는 기능을 한다. 한국에는 대학이나 연구기관의 시험림에 뿌리를 둔 수목원과 기후대별 식물을 전시하기 위한 온실 등 다양한 형태의 식물원과 수목원이 있다. 수목원은 식물을 연구하는 기관이자, 여가를 즐기는 공원이기도 하다.

동물원이나 수족관은 단순히 동물을 보여주는 곳만이 아니라 멸종 위기에 처한 종의 보존과 증식을 담당·연구하는 기관이지만, 주로 오락적인 기능을 제공하고 있는 것이 현실이다. 많은 동물원과 수족관이 동물의 생태 특성을 고려해 자연 서식지에 가깝게 환경을 조성하는 등 동물을 가두는 데서 오는 부작용을 줄이고자 노력하고 있다(167페이지 〈표3-10〉 참고).

07. 종합 – 전시의 주제별 전시대상

〈표3-1〉 주제에 따른 전시콘텐츠

전시분야	전시콘텐츠	세부 내용
자연사	고생물	공룡 뼈 등 동물 화석, 규화목 등 식물 화석, 미생물 화석 등
	지질	운석, 암석 등 광물 표본
	현생 생물	동물, 식물, 미생물 같은 생물표본, 생태계, 환경 등
	인류	고인류 화석, 선사유구 등
과학기술 산업사	과학사물	천문학, 지리학, 화학, 물리학, 의학, 생물학, 농업, 건축, 도공, 제련, 제지, 인쇄, 무기, 조선, 어로, 식품 등 전통 과학 분야의 유물
	산업기술사물	산업용·소비자용 공산품, 기계, 장치
	실물자료	연구용 표본 같은 연구 대상, 실험 기구, 장비, 사진, 상훈 등
	문헌자료	문헌, 관련 기록, 책자, 논문, 실험노트, 특허 등
	산물	컴퓨터 소프트웨어, 나노입자, 코드, 데이터, 시스템
	기타	관련 제도 및 시설에 대한 기록물
기초과학	과학 이론	수학, 물리, 화학, 생물, 지구과학, 천문학 등
	체험물	원리를 실제로 보여주고 이해시키는 교구, 작동모형, 체험물 등
	시연·실험	해설사가 시연하거나 직접 실험 활동 참여
응용과학	기초지식	항공, 운송, 우주, 기계, 소재, 에너지, 환경, 생명공학, 정보통신, 로봇, 가상현실, 나노과학 등
	체험물	작동모형, 체험물 등
	실물자료	신제품, 신소재, 신기술 관련 실물
	향후 전망	분야의 연구 현황 및 향후 지향점
동물원	동물	곤충·거미 등 절지동물, 양서·파충류, 조류, 포유류 등
수족관	수생생물	(해양성, 담수성, 기수성) 무척추동물, 어류, 조류, 포유류
식물원	식물	선태식물, 양치식물, 나자식물, 피자식물 열대식물, 아열대식물, 온대식물, 한지식물, 극지식물
융복합	다양한 주제	전시의 주제에 대해 자연사, 과학사, 기초·응용과학, 인문학적 방식을 융합한 접근

3. 과학전시의 과정

01. 과학전시의 과정 - 국립생물자원관을 중심으로

과학전시는 크게 상설전시, 비상설전시, 상설전시개선으로 구분할 수 있다.

상설전시에서는 가장 대표적인 주제와 전시물이 전시되며, 해당 전시관이 중심이 되어 이루어지며, 전시물의 시대나 분야 등 뚜렷한 기준에 따라 여러 개의 전시실로 구분하여 구성하기도 한다. 언제까지고 지속되어서 '상설전시'라기보다 비교적 단기에 이루어지는 '비상설전시'와 대비되는 개념일 뿐이다. 보통 5년에서 10년 정도를 주기로 상설전시를 개선하는데, 소폭으로만 개선하기도 하고 아예 상설전시 전체를 재구성하기도 한다.

비상설전시는 상설전시에 비해 기간이 짧고 장소나 형식이 정형화되지 않는 편이다. 주제·운영방식·타겟 등에 따라 준비·진행 과정이 달라진다.

과학전시도 기본적으로는 박물관·미술관의 전시 과정과 특별히 다를 것은 없다. 그러므로 국립생물자원관에 한정지어 전시 과정을 단계별로 들여다보고, 국립생물자원관이라는 전문연구기관에 부속된 전시관으로서는 어떤 기능을 하는지, 기관의 전체적인 업무 안에서 어떻게 운영되는지 알아보자.

02. 전시기획의 근본

상설전시든 비상설전시든 다른 모든 일과 마찬가지로 전시를 준비하는 가장 첫 단계는 '기획'이다. 왜, 무엇을, 누구에게, 어떤 방식으로 전달할 것인지 결정해야 하는데, 그중에서도 가장 먼저 고민해야 하는 것은 "왜 하는가?"이다.

과학전시는 기본적으로 '교육전시'이며, 관람객의 적극적인 사고와 학습을 목표로 한다. 그러므로 과학전시에서 "왜 하는가?"는 수업 시간에 학습목표를 정하는 것과 같다.

생물의 종류만큼이나 다양하게 국립생물자원관의 전시 역시 온갖 주제와 전시물을 대상으로 할 수 있지만, 전시기획자는 무엇을 대중에게 알릴 것인지, 어떤 내용을 전달할 것인지, 관람객에게 바라는 것은 무엇인지 등을 고려하여 하나의 방향을 정해야 한다. 물론 이 방향은 기관의 설립취지와 정책목표에 부합해야 한다.

〈표3-2〉 국립생물자원관의 전시 과정

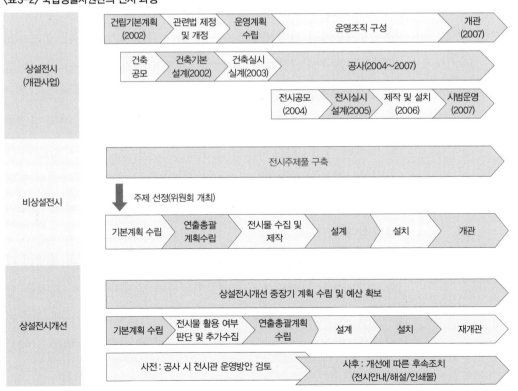

연구기관 등 공공기관의 설립근거와 목적은 법으로 정해지고 보장된다. 단기적 이슈나 시류에 흔들리지 않도록 사회적인 요구를 반영하여 기본적인 틀을 마련한 것이다. 그래서 기관의 운영정책 또한 법을 따르는데, 국립생물자원관의 경우 '야생생물 보호 및 관리에 관한 법률', '생물다양성 보전 및 이용에 관한 법률' 같은 국내법과 '생물다양성에 관한 협약(Convention on Biological Diversity)' 등 국제협약에 따라 생물다양성 인식제고를 위한 전시·교육의 역할도 수행한다.[8] 그러므로 전시기획자는 기관의 설립취지와 법적지위를 숙지한 상태에서 기획작업에 들어가야 한다.

03. 기획의 재료가 되는 연구

연구기관의 전시는 '연구결과 발표회'이기도 하다. 세미나나 강연과 다른 점이라면 훨씬 다양한 대중을 대상으로 한다는 것과, 소장품과 여타 매체를 동원한 감각 체험이 가능하다는 점이다.

국립생물자원관의 상설전시관은 2007년에 한국의 생물전문가들이 수십 년간 쌓아온 성과를 전시하는 것으로 첫발을 내디뎠다. 그 이후 10년 동안 이루어진 생물에 대한 조사와 연구결과를 기획전시 등에 활용하고 있다.

지속적인 조사와 연구활동은 독창적인 전시콘텐츠를 만드는 기본적인 뒷받침이다. 전시를 위해 기획자 자신이 조사와 연구도 하지만,

〈표3-3〉 국립생물자원관의 전시·교육 기능의 법적 근거

구분	내용
야생생물 보호 및 관리에 관한 법률	시행령 제26조(기능) 생물자원관의 기능 중 1호, 8호 : 생물자원의 수집·보존·관리·연구 및 전시, 생물다양성 교육프로그램의 개설·운영
생물다양성 보전 및 이용에 관한 법률	법 제29조(교육·홍보) : 정부는 생물다양성 보전을 위한 교육·홍보를 확대함으로써 산업체와 국민 등이 관련 보전 활동에 자발적으로 참여하고 일상생활에서 생물다양성 보선을 실전할 수 있도록 하여야 함

기본적으로는 연구부서에서 진행되는 다양한 연구사업을 염두에 두고 전시주제와 방향을 정한다. 기획자는 또한 연구논문, 특허, 보고서 등 연구성과물에 담긴 핵심을 파악하여 전시콘텐츠를 선정한다. 그런데 연구결과를 그대로 대중에게 전달하면 교육효과도 떨어지고 호기심마저 없앨 수 있기 때문에 다양한 전문가가 참여하여 본질은 그대로 두면서도 쉽고 흥미롭게 콘텐츠를 가공하는 과정을 거친다.

전시콘텐츠를 선택할 때는 흥미도 중요하지만 다른 요소를 더 신중하게 살펴야 한다. 「모나리자」처럼 관람객의 눈길을 끌 만한 유명한 전시물이 없다면, 다른 곳에서 볼 수 없는 독창적인 콘텐츠가 전시의 경쟁력이라 할 수 있다. 독자적인 연구를 통한 기관 고유의 콘텐츠가 없다면 인터넷에서 쉽게 배포되고 소비되는 콘텐츠와 차별성이 없다. 또한 검증되지 않은 비전문적인 정보가 주류를 이루는 전시라면 단기간에 대중의 흥미를 끄는 데 성공했다 하더라도 수준 높은 전시라고 할 수는 없다.

04. 다분야 전문가가 참여하는 집단 창작

과학전시는 참여하는 모든 주체가 공동의 목표를 가지고 각각의 전문지식과 경험을 동원하여 이루어나가는 협업의 산물이다. 타 분야 전문가들과 의견을 조율해야 하기에 관리자의 능력도 상당히 중요하다. 국립생물자원관의 전시프로젝트 구성원과 그 역할은 다음과 같이 정리할 수 있다.

① **기획자(팀 내)** : 특히 과학전시는 용어나 이론이 어렵기 때문에 전시기획자는 이를 대중에게 쉽게 전달하는 전달자로서 자신의 역할을 규정하기도 한다. 과학적으로 아무리 의미 있는 결과라 하더라도 관람객들은 그 의미를 이해하지 못할 수 있다. 그러므로 전시기획자는 그 결과가 왜 중요한지, 인류에게 어떤 의미가 있는

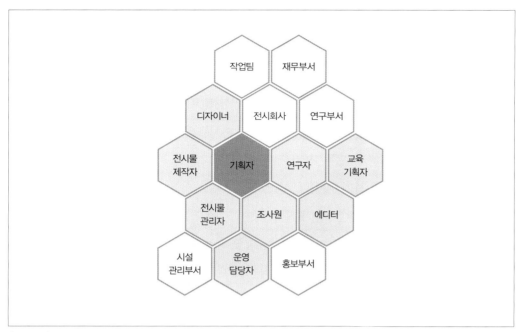

〈그림3-7〉 구성원 간 관계도

지 등을 관람객의 입장에서 깊이 생각하여 전시를 구성해야 한다. 또한 전시 중장기계획 및 운영계획, 전시초안과 기획서 작성을 주도하면서 외부와 협업·조율하는 관리자 역할도 병행한다.

② **연구사**(팀 내) : 연구와 전시를 밀접하게 연계시키는 역할을 한다. 본연의 업무는 연구이지만, 순환근무로 전시팀에 합류하여 자신의 전문분야에 대한 전시안을 구상하거나 향후 개최할 전시를 위한 최신 연구성과 등을 제공한다. 연구부서와 소통하거나 자료, 외부 전시물 등을 취합하고 패널 원고를 작성하는 등 전시콘텐츠 제작에 일정 부분을 담당한다. 전문가적 식견을 가지고 전시콘텐츠의 기획·연출을 주도하는 등 기획자 역할을 할 때도 있다.

③ **조사원**(팀 내) : 기획자와 연구사를 도와 전시에 필요한 자료를 찾고 전시물과 관련된 정보를 취합하여 패널과 라벨로 작성한다. 전시콘텐츠 제작실무를 담당하는 부기획자이며, 다양한 관람객들의 수준에 맞춰 홍보물을 기획하거나 해설 시나리오 등을 작성한다.

④ **디자이너(팀 내)**: 관람객들이 전문적인 콘텐츠를 쉽게 이해하고 체감할 수 있도록 장치를 마련하는 등 전시의 전반적인 요소들을 연출한다. 특히 생물전시는 표본으로 제작되는 경우가 많아 생물표본의 특징에 맞는 연출 노하우가 필요하다. 실현 가능한 연출기법과 재료를 검토하고 전시물의 제작, 시공감리와 홍보디자인까지 모두 점검한다. 전시는 다양한 분야의 디자인적 기술이 필요하기 때문에 시각, 공간, 홍보·마케팅, 인쇄 등 각 분야별 전시디자이너를 별도로 두는 기관도 있다. 일반적인 전시관의 경우 공간디자이너보다는 각종 홍보물 제작업무를 병행할 수 있는 시각디자이너를 선호하기도 한다.

⑤ **전시물 제작자(팀 내)**: 과학전시에서는 기존 제품이나 유물 등을 활용하기보다 주제에 맞추어 전시물을 만들어내는 경우가 많다. 전시물 제작자는 전시주제와 전시물 목록이 결정되면 이에 맞게 생물표본 등을 만들어낸다. 국립생물자원관의 경우 박제사자격증을 갖춘 전문가를 정식 직원으로 채용해 전시물 제작실을 운영하고 있다. 외국 박물관에서는 박제뿐만 아니라 모형이나 영상도 대개 자체인력이 제작하는 경우가 있다.

⑥ **전시물 관리자(팀 내)**: 수집하거나 제작한 전시물의 출납 및 설치 업무를 담당한다. 전시관에 전시되고 있는 각종 전시물에 대한 상태 확인 및 보존 처리, 훈증 등 전시물 보존업무도 병행한다. 국립생물자원관의 경우 연구용 표본과 전시용 표본을 구분하여 관리하고 있다.

⑦ **교육 기획자(팀 외)**: 유아부터 전문가까지 수준별 교육프로그램을 마련하고 운영한다. 일부 교육프로그램은 전시관에서 이루어지기 때문에 전시콘텐츠를 교재나 교안으로 사용하기도 한다. 전시를 개막하기 전에는 목표관람객의 연령대의 학습 수준과 사전지

식에 맞게 전시내용 및 연출이 구성되어있는지를 살피고, 개막 후에는 전시주제와 관람객들의 반응에 따라 프로그램에 변화를 주어 교육과 전시가 효과적으로 연계되도록 운영한다.

⑧ **에디터(팀 외):** 전시에 필요한 모든 텍스트, 즉 패널, 보도자료, 홍보물의 문구 등이 관람객 또는 수요자의 눈높이에 맞게 쓰였는지, 정보 전달이 정확하게 되고 있는지를 확인하고 교정·교열한다. 중요한 정보나 메시지가 누락되지 않도록 기획자나 연구직과 긴밀히 협의해야 한다.

⑨ **운영담당자(팀 내):** 안내원, 전시해설사, 시설관리담당자 등 전시관에서 실제로 관람객을 만나는 인력이다. 관람객과 직접 접촉하는 담당자로서 전시기획의 의도가 제대로 실현되고 있는지, 관람객의 행동이 전시물에 피해를 주지는 않는지, 혹시 관람객을 위험하게 할 수 있는 시설은 없는지 등을 확인하고 기획자와 협의해 조치하는 역할도 한다. 따라서 전시가 개막하기 전과 후에 이들에게 반드시 전시안내, 해설, 전시물관리 등에 대한 교육을 해야 한다.

05. 전시콘텐츠 개발과 제작

하나의 전시가 완성되기까지, 공정표나 체크리스트에 다 담지 못할 정도로 많은 과정들이 있다. 상설전시관을 구성하기 위한 기획 과정만 1년이 넘게 걸리기도 해서 이 장에서는 비상설전시 등 상대적으로 짧은 기간 동안 이루어지는 전시를 중심으로 전시콘텐츠 개발 과정을 살펴볼 것이다.

콘텐츠 개발 과정이 늘 정해진 순서대로, 단계적으로 이루어지는 것은 아니다. 순서가 뒤바뀌기도 하고 동시에 여러 과정이 한꺼번에 이루어지기도 한다.

① **주제 정하기** : 전시주제는 어떤 필요에 의해 정해진다. '생물다양성의 해' 같은 국제적 아젠다 때문이든, 중요한 전시물을 수집하거나 기증받은 기념으로 하는 전시든 전시는 필요성에 따라 개최된다. 또한 기관의 운영 취지에 부합하는지, 시의적절한지, 공간은 적합한지, 실행 가능한 예산은 있는지, 준비할 시간은 있는지 등을 고려하여 내·외부에서 주제를 정하기도 한다. 당장은 적합하지 않다 하더라도 어떤 면에서든 가치가 있는 아이디어는 전시주제의 후보로 두고 종종 검토하는 것이 좋다. 전시물 준비기간과 외부와의 협업 과정을 거쳐야 하므로 최소 2~3년 간의 주제는 정해놓기를 권장한다.

② **타겟 정하기** : 주제가 정해지면 관람객을 고려해야 한다. 어떤 관람객들을 목표로 전시를 열 것인지 정하고, 그들의 생각과 수준을 고려한다. 모든 전시에서 타겟은 연령대, 성별, 관심사 등으로 구분하는데, 과학전시는 대부분 교육목적으로 이루어지기에 목표 관람객은 보통 초등학생이나 중학생 같은 청소년이다. 성인 관람객이라 할지라도 고등학교에서 배우는 수준 이상은 어려워한다. 전시회에 영유아가 방문하는 경우도 많은데, 기관 본래의 설립 취지를 해치면서까지 모든 전시콘텐츠를 유아 수준으로 재가공하는 것은 곤란하다. 유아 수준에서도 참여할 수 있는 코너 또는 별도의 공간을 마련하여 서비스하는 것이 바람직하다.
특정 타겟을 목표로 하는 경우도 있다. 전시물 기증자에게 감사의 의미로 기념전시를 하거나, 진로 체험 탐방 등 학교 교과 과정과 연계된 전시를 하기도 한다. 연구기관의 경우 정책입안자, 산업계·학계를 대상으로 전시를 열 때도 있다.

③ **정의하기** : 사실상 전시의 목표와 콘셉트를 수립하는, 가장 어려운 단계다. 'A는 무엇이다', 'A는 어떤 의미나 가치를 지닌다', 'A는 B와 어떤 관계다' 등 전시대상이 되는 모든 것들에 대해 하나하나

살핀다. 이런 과정을 거치면서 전시를 통해 제시하고자 하는 메시지는 더욱 뚜렷해진다.

과학에 있어서 무엇보다 중요한 것이 객관성이듯이, 과학전시에서도 마찬가지다. 과학, 특히 생물에 대해서는 아직 가설 수준의 내용이 많기 때문에 최대한 많은 자료를 검토해 가장 객관적인 가설을 선택하되, 단정적으로 정의를 내려서는 안 된다. 또한 인간의 관점과 편견으로 생물을 바라보지 않도록 주의한다.

④ **아이디어화** : 주제와 정의가 결정되면 최대한 많은 아이디어를 모으기 위해 회의와 토론을 한다. 국립생물자원관의 경우 다양한 부서의 구성원들이 참여하는 별도의 워크숍을 열어 아이디어 생산에 집중하기도 한다. 아이디어를 평가하거나 가부를 결정하지 않는 브레인스토밍을 통해 "무엇을 어떻게 전시하자", "이렇게 만들어 전시하자" 같은 아이디어를 모아 프로토타입[9]으로 만들기도 한다.

⑤ **스토리텔링** : 아이디어화와 스토리텔링은 사실 동시에 이루어지는 경우가 많다. 전시는 전시물과 해당 전시물에 관한 이야기를 공간에 펼쳐놓는 것이기 때문이다. 관심을 끌 만한 전시물은 무엇일지, 사람들이 무엇을 궁금해할지, 이 부분에서는 어떤 느낌이나 생각이 들게 구성할지 등을 정리하다 보면 자연스럽게 관람동선에 따른 공간조닝(구역 설정)이 이루어진다.

관람객이 스스로 전시물을 찾아다니면서 체험하는 전시가 많이 늘어나는 추세이나, 현상이나 원리에 대한 과학전시의 경우에는 의도적으로 스토리를 배제하고 동선을 제한하기도 한다. 이미 잘 알려진 영화나 만화의 스토리(예를 들면 상황이나 캐릭터)를 전시 콘셉트에 적용하는 경우도 스토리텔링전시라 할 수 있다.

⑥ **전시물제작** : 과학전시는 여타 박물관이나 미술관과 달리 주제에

맞는 전시물을 동시에 제작한다. 전시물이 제작되어야 콘텐츠가 완성되기 때문이다. 보통은 기획 초기부터 제작자와 디자이너가 참여해 전시물제작에 들어가는데, 미국의 샌프란시스코 과학관 (Exploratorium)의 경우 '전시 워크숍'이라는 공방에서 과학자와 엔지니어, 예술가가 함께 직접 과학전시물을 만드는 과정을 보여주기도 한다. 그 과정까지도 전시의 일부로 기획한 것이다. 공간설계가 모두 끝날 때까지 전시물제작을 하지 못했다면, 수많은 테스트가 필요한 체험전시물의 경우 전시를 못하게 될 수도 있다. 생물전시물의 경우는 채집시기를 놓치지 않아야 한다.

⑦ **설계**: 아이디어를 현실화하기 위해 스토리, 아이디어, 전시물을 모두 펼쳐놓고 선택하는 과정이다. 예산, 공간, 운영 과정 등을 다각도로 검토해서 총괄표를 만든다. 연출총괄표는 아이디어를 문서로 정리한 것이기 때문에 실제로 공간을 디자인하는 등 전시준비 과정에서는 정해놓은 순서가 뒤집히거나 통합되거나 조정되기도 한다. 디자이너는 실제 전시물의 크기, 진열장으로 보호하여야 하는지의 유무, 마감재, 기존 설비와의 조정 등 세부적인 사항을 도면화한다.

⑧ **설치 및 시공**: 설계를 실제 공간에 구현하는 과정으로, 현장에서의 순발력과 노하우가 가장 필요한 단계다. 작동체험물의 경우 제작할 때는 제대로 작동하다가도 현장에 설치되면 미세한 차이 때문에 오작동하기도 하고, 현장조명에 따라 그래픽시안과 실제 색채가 달라지기도 한다. 설치와 시공단계에서 시간을 지체할 경우 추가비용이 발생하기 때문에 모든 것이 계획대로 진행될 수 있도록 사전에 철저하게 검토해야 한다. 구조물이 완성되면 관람객의 안전 및 전시물의 보존에 대한 테스트를 실시해야 한다.

⑨ **전시 개막 및 사후 관리**: 전시 개막 전에 홍보자료 배포, 보도자료

작성, 주요인사 초청 등에 대한 작업을 끝내야 한다. 운영요원에 대한 교육·전시안내 프로그램제작도 개막 전에 마무리한다.

개막 후 최소 한 달 정도는 관람객들의 행태를 관찰한 다음 문제점을 찾아 보완한다. 아무리 완벽하게 준비했다고 해도 머릿속 전시와 실제 전시에는 차이가 있을 수밖에 없기 때문이다.

06. 전시계획서 작성

전시가 진행되려면 전시의 내용과 추진 방법 등 전시의 전반에 대해 문서로 작성해야 한다. 어떤 기관이든 모든 결정과 확인은 문서로 이루어지기 때문에 전시기획자든 디자이너이든 생각한 바를 보고서로 옮기는 능력은 실제 기획·디자인 실력과 별도로 상당히 중요하다.

전시 관련 계획서는 ① 중장기 추진계획 ② 연간 운영계획 ③ 전시기본계획 ④ 전시 세부 추진계획 ⑤ 자문위원회 개최계획 ⑥ 전시물 대여 요청서, ⑦ 개막행사 개최계획 ⑧ 전시개최 결과보고 등이 있다.

예산 및 계약과 관련하여 ⑨ 중기(5개년) 사업계획 ⑩ 예산·결산보고서 ⑪ 국회 상임위원회의 관련 보고서 ⑫ 계약 문서(공고문, 과업 지시서, 제안 요청서, 시방서 등) ⑬ 물품구매 문서 등이 있다.

① 중장기 추진계획은 기관의 비전에 맞춰 전시가 나아갈 바를 정하는 계획이다. 상설전시의 개선방향이나 전시목표의 설정, 인력 운영방안 등을 담는다.

② 중장기 추진계획의 단계에 맞추어 연말에는 다음 해의 연간 운영 계획을 작성한다.

③ 140페이지 〈그림3-8〉과 같은 '전시 기본계획'은 사업배경, 전시 목적·주제·명칭·기간 및 장소, 총 예산 및 조달방법, 주 타겟, 연

〈그림3-8〉 전시 기본계획 사례

출방향, 주요 전시물, 전시물 확보방안, 공간프로그래밍, 코너별 연출 및 일정, 향후 활용계획 등을 명시한다.

④ 세부 추진계획은 주로 〈그림3-9〉처럼 '전시연출 총괄표'와 함께 작성한다. 코너마다 제목, 패널 내용, 연출의 주안점, 주의사항과 함께 확정된 전시물, 패널 및 라벨의 수량, 영상매체, 영상물, 모형, 체험물 등 제작이 필요한 모든 것들을 최대한 구체적으로 꼼꼼하게 기록한다.

국립생물자원관 제 10차 기획전 전시구성 및 내용(안)

존	코너	아이템	연출내용	세부연출	연출매체						비고
					표본	의장	모형	그래픽	영상 H/W	영상 S/W	
1. 계절에 따른 새들의 이동	1-1 계절이 바뀌면	1-1-1 계절이 바뀌면	# 사계절을 봄 여름, 가을·겨울로 나누어 계절을 대표하는 나무에 계절에 맞는 새를 씩을 피우고, 꽃이 피고, 열매를 맺는 나무의 모습과 군중 같은 먹이를 찾는 새의 모습과 계절에 따라 변화하는 생태계를 상징적으로 표현 # 이상에서의 생존을 위해 계절의 먹이의 변화에 따라 한국을 찾는 이동성 조류에 따라 설명하고 여름철새, 겨울철새, 나그네새 등이 구분 소개 # 철새들의 이동하는 모습과 이동경로를 소개하는 영상으로 전시에 대한 흥미유발	- 봄여름: (나무의 새순이 돋아나는 숲배경) 박새류-나무의 어린잎에 앉아있는 모습 - 여름(녹음색 짙어지는 여름배경): 직박구리, 동박새-꽃이 무르익은 나무 사이 - 가을·겨울: (낙엽과 열매가 맺힌 나무의 숲배경) 박새류, 지빠귀류-나무의 열매나 바닥에 씩은 열매 먹는 모습, 딱따구리류-나무의 열매나 줄기 속 애벌레 먹는 모습	뱃새, 감나무, 고욤나무 낙엽가지 등 루·낙엽색 군종표본(나비)		모형 꽃(살구꽃·라일락, 꽃, 감, 열매 모형	슈퍼그래픽 견고한 그래픽(실화), 생태소패널(백그와 구성) 라벨	55인치 모니터 1대	편집 다큐영상 1편	
2. 새가 찾아오는 곳, 한반도	2-1 여름, 숲에의 정	2-1-1 숲이 좋아요	- 숲을 배경으로 산새들의 번식과 양육이 등을 연출 - 작은 새 표본의 동지를 양쪽 쇼케이스로 연출하고 큰 새 표본은 뒤쪽에 전시	공통사항: 박제 전시 시 원본시조 및 활동지역 국가를 알 해당종의 설명(별도로 길이 표기) 암·수 표본도 보호성지 별도	피꼬리, 지빠귀류, 박새, 파랑새, 근우리새	우드 가드레일 (현조은 목공테이블) 목공 테이블(존 설명) 쇼케이스 나무의자 이크릴알갱	부부디오라마 나무	코너사인 그래픽패널 (산화-현존소 패널) 라벨			숲과 호수를 구조물로 환경 연출
		2-1-2 물기가 좋아요	철새들의 물기에서의 생활모습(개구리나 물고기 잡 낭 등을 습지를 배경으로 전시		왕눈(왕수), 붉논병아리, 비오리, 청먼저새, 물총새	우드 가드레일 (현조은 목공테이블) 쇼케이스 나무의자	부부디오라마 습지	그래픽패널 (산화-현조소패널) 라벨			
		2-1-3 함께 있어 좋아요	한 나무에서 집단번식하는 철새들의 모습을 나무행태의 의장조형물로 연출	동지실물 보호장치 필요	백로 동지표본(나무)	우드 가드레일 (현조은 목공테이블) 쇼케이스 나무의자	부부디오라마 나무	그래픽패널 (산화-현조소패널) 라벨			
		2-1-4 다양한 새들의 번식	동지모양의 조형물 사이로 다양한 새들의 번식습을 담은 영상물 관람하듯 체험하도록 연출			우드 가드레일 쇼케이스	동지조형물	설명패널	디지털액자 2개 음향설비 관점장 2건	편집 다큐영상 1편	
		2-1-5 줍은 내가 최고, 극치조	동지모양의 조형물 사이로 극락조의 구애모습을 담은 영상을 몰래 관찰하듯 체험하도록 연출			우드 가드레일 쇼케이스	동지조형물	설명패널	디지털액자 2개 음향설비 관점장 2건	편집 다큐영상 1편	
		2-1-6 동요와 새소리	새를 주제로 한 동요와 실제 새소리 들어보기 체험			우드 가드레일 대형 유리쇼케이스		설명패널 라벨	터치스크린 PC모니터	정보영상 1편	
		2-1-7 어디든 내가 최고	번식시(화려한 깃털)을 가진 국외조류들을 유리쇼케이스에 별도 전시		백한, 금계, 극락조						
	2-2 머나먼 길 위의 소중한 휴식처	2-2-1 차라는 방삭: 갯벌	봄가을 이동기에 섬 등에 잠시 찾는 나그네새들 소개 갯벌에서 다양한 먹이를 잡아먹으며 기착 가을철새의 중간기착지로써 갯벌의 중요성을 나타 내는 새들의 이동모습 지도를 연출	갯벌에 도요·물때새류의 먹이가 되는 무척추동물 표본연출	도요류, 물때새류 무척추동물 표본	우드 가드레일 목공 테이블(존 설명)	갯벌지형 모형 5개 부분 디오라마 2개	코너사인 그래픽패널(실화, 실사) 수화 그래픽 이미지	빔프로젝터 1대	편집 다큐영상 1편	
	2-3 겨울철새의 안식처	2-3-1 생활	접수성인 만물가마우지와 논병아리의 물 속 유영모습 디오라마	기존 만들어진 표본-세미디오라마에 이크릴판 추가 연출	만물가마우지 세미디오라마	우드 가드레일 이크릴판(그래픽) 목공 테이블(존 설명)	나무모형	코너사인 배경그래픽-사진지 그래픽패널(일부 실화-생태전경) 바닥영상사 라벨			겨울철새의 종류별로 서 식물표본 서 하여 배경그 래픽으로 궁 건물 배경과 고, 서사지에 타의 구조물 로 환경 연출
		2-3-2 다양한 물가의 환경	수면성인 쇠오리, 가창오리 등 습지 일은곳에 사는 오리류를 전시	2-3-1 수중연출과 연계하여 위치	오리류	우드 가드레일	세미디오라마	설명패널(일부 산화-생태전경) 라벨			
		2-3-3 나녀 먹어요	청둥오리, 흰뺨검둥오리를 무논벷들, 겨울 철새와 겨울철새의 먹이활동 소개		오리류	우드 가드레일	세미디오라마 무논 여울(9가)(확전 식물표본 재활용)	설명패널 라벨			
		2-3-4 겨울 파수꾼	오리류를 집어먹고 사는 맹금류를 나무에 앉아있는 형 태로 전시			우드 가드레일	나무(9가지)(확전 감나무 재활용)	설명패널 라벨			

〈그림3-9〉 전시연출 종합표 사례

4. 생물전시기술

01. 생물표본의 확보와 제작·관리

생물전시에서 가장 기본적인 작업은 전시물을 확보하는 것이다. 한국의 경우 야생생물 보호·관리법 및 문화재법 등으로 포획과 거래가 금지된 생물이 많아 전문기관이 아닌 민간이나 업계에서 생물을 전시하는 것이 쉽지 않다. 또한 외국의 생물 상당수가 CITES(Convention on International Trade in Endangered Species of Wild Flora and Fauna, 멸종위기에 처한 야생동식물종의 국제거래에 관한 협약)로 보호되고 있어 환경부 허락 없이 한국으로 반입하거나 유통하는 것은 불가능하다.

생물을 전시하고자 한다면 우선 관련 법령을 숙지하고 정식으로 필요한 절차를 거쳐야 한다. '멸종위기야생생물' 등 국가보호종[10]과 '국제적 멸종위기종'[11]의 경우, 절차에 따라 확보·처분하고, 폐기 시 적법하게 처리하여야 한다. 생물 관련 소장품 취득 및 처분과 관리에 대한 공적 윤리는 '국제박물관협의회 전문직 윤리강령'[12] 2장[13]에서도 확인할 수 있다.

박물관의 경우 대개 구입이나 기증을 통해 전시물을 확보하는데, 대중에게 널리 알리고자 하는 데에만 관심을 두어 희귀성이나 다양한 종류에 집착하는 경우도 종종 있다. 이렇게 되면 박물관 본래의 사명과 목적은 물론 공적 윤리에서 벗어나기 쉽다. 생물다양성의 보전을 목적으로 건립된 박물관이 기관의 사명을 잊거나 무시하여 불분명한 목적으로 생물을 구매·수집하거나 확실한 정보가 없는 상태에서 생물을 아름답게만 보여주는 것은 진정한 의미의 전시도 교육도 아니다.

다음은 생물 종류별 표본 확보와 제작 관리 방법이다.

① **척추동물 표본**: 포유류, 조류, 파충류, 양서류, 어류 등의 표본이 해당된다. 살아있는 상태처럼 보이기 위해 죽은 동물의 가죽을 벗겨 방부 처리한 후 박제표본으로 제작한다. 국립생물자원관은 자연사하거나 로드킬 등으로 생기는 동물 사체를 기증받아 냉동 보관하다가 전시주제에 맞는 동세와 표정으로 제작한다. 전시를 위해 살아있는 동물을 죽이는 경우는 없다.

원래 학술용 박제표본은 보관의 용이성을 위해 특별한 동세 없이 제작하지만, 교육·전시용 박제표본은 그 생물 고유의 자세나 동작을 보여주는 데 초점을 맞추어 제작한다. 생물에 대한 정보를 총체적으로 전달하고 환경의 중요성에 대해 알려주기 위해

〈그림3-10〉 너구리 박제표본
유리에 기대 관람객을 바라보는 새끼너구리 박제가 애틋한 감정을 불러일으킨다. 박제는 세심한 표정까지 연출할 수 있는 예술작품이기도 하다.

늦이나 초지, 나무 등 그 동물의 생태정보를 모형으로 만들어 표본과 연결하여 전시한다. 박제표본은 생물의 흔적을 후세에 전달하는 본래의 기능뿐만 아니라 하나의 예술작품으로도 평가할 수 있다.

〈그림3-11〉 호랑이 박제표본 제작 과정
역동적 포즈의 대형 포유류를 박제하는 데에는 수개월이 소요된다. 포즈 연출을 위해 조각가와 박제사가 협업하기도 한다.

〈그림3-12〉 골격표본

② **식물표본** : 식물을 전시관 내에서 살아있는 채로 전시하기는 어렵기 때문에 전시에 적합한 형태로 제작한다. 식물은 개화시기가 각기 다르고, 서식지도 다양해서 짧게는 수개월, 길게는 1~2년짜리 계획을 갖고 채집해야 한다. 채집된 식물은 어떤 것인지 알아보기 쉽게 보통은 꽃이나 열매가 맺힌 상태로 전시한다.

식물이 조명에 노출되면 금세 색이 바라고 부스러지기 때문에 형태와 색을 보전하기 위한 기술이 중요하다. 색이 변하지 않도록 식물에 아크릴수지를 부어 굳혀 밀봉하거나 유리 사이에 밀착시킨 후 산소를 빼서 탈색을 방지하는 프레스플라워(press flower) 기법이 효과적이다. 또한 색상이 변하지 않도록 하는 특수액체에 담근 상태로 전시하거나 식물 속의 수분을 보존액으로 치환하는 프리저브드 플라워(preserved flower) 방식도 개발 중이다.

③ **곤충표본** : 곤충의 종류에 따라 건조표본이나 액침표본으로 만드는데, 건조표본의 경우 살아있었을 당시 자세로 제작되기도 한

〈그림3-13〉 아크릴 표본

하늘말나리
Lilium tsingtauense Gilg

〈그림3-14〉 프레스플라워

〈그림3-16〉 식물액자 제작 과정

〈그림3-15〉 특수액침

〈그림3-17〉 일반 식물표본의 서랍형 전시

다. 조명과 습기에 취약하기 때문에 전시관에서 가장 자주 교체
하는 전시물이기도 하다. 몸이 연약한 수서곤충이나 애벌레는 알
코올에 담가 액침표본으로 제작한다.

④ **무척추동물표본 :** 해파리, 말미잘, 해삼, 갯지렁이, 지네 등 건조시
키면 형태를 잃는 동물은 주로 액침표본을 한다. 액침표본 제작
의 일반적인 방법은 다음과 같다. 포르말린으로 표본을 고정한
후 알코올이나 포르말린이 희석된 보존액에 담가 밀봉하여 전시
한다. 보존액의 화학성분이 전시용 케이스에 변형을 일으켜 약품
이 샐 수도 있기 때문에 사전에 케이스 안정성에 대한 테스트가
필요하다. 또한 완벽히 밀폐되지 않으면 증발되어 인체에 해를
입힐 수 있기 때문에 수시로 보존액의 증발 여부를 살펴봐야한
다. 무척추동물 중 껍데기가 있는 게, 새우, 산호, 해면, 조개류는
건조표본으로 제작하여 전시하기도 한다.

〈그림3-18〉 거미와 곤충 건조표본 전시방법
나비를 투명한 유리에 붙여 앞면과 뒷면을 모두 볼 수 있도록 하였다.

〈그림3-19〉 신사임당의 초충도를 곤충표본으로 재현

〈그림3-20〉 골격의 형태를 볼 수 있는 염색표본

〈그림3-21〉 해양무척추동물의 액침표본

〈그림3-22〉 해양무척추동물의 건조표본

02. 생물표본의 전시연출

생물표본의 전시연출의 기본은 "전시물이 돋보여 주제를 잘 연상시킬 수 있고, 서식지 등 관련 정보가 잘 설명이 되어있게 하는 것"이다. 분류군별로 전시연출의 주안점은 아래와 같다.

〈표3-4〉 표본 연출의 주안점

구분	내용
공통	표본은 연구용 자료이기도 하기에 전시 후에도 손상되지 않도록 조명의 열과 자외선, 거치방법 등을 강구해야 한다. 다수의 표본을 배치할 때에는 분류군별로 할 것인지, 생태적 연관성이나 계절별로 할 것인지 같은 기준을 정한다.
포유류 조류 양서류 파충류	척추동물은 표본 제작 시 시선 처리가 중요하다. 전시될 위치에 따라 위를 쳐다볼 것인지, 내려다볼 것인지, 고개를 어느 쪽으로 돌릴지 등을 결정하여 제작하거나, 미리 제작된 표본의 경우 이를 고려하여 전시 위치를 정한다. 야생 상태에서는 관찰하기 어렵거나 생물 분류에 있어 중요한 생물의 특징을 잘 볼 수 있도록 한다. 현장조명에 따라 색감이 달라질 수 있어 표본의 리터치가 필요할 수 있다. 표본이 해충에 의해 피해를 입으면 바닥으로 가루가 떨어진다. 이를 빨리 확인하기 위해서 표본이 놓이는 바닥재는 밝은색의 것을 선택한다. 동물의 눈을 향해 스포트라이트를 비추어주면, 반사되는 빛으로 인해 살아있는 듯한 생동감을 준다. 천적관계에 있는 종끼리 배치하여 긴장감을 주듯, 어떤 종과 다른 종 사이의 관계를 고려하면 극적인 연출이 가능하다. 나무에 앉는 새, 물갈퀴가 달린 오리 등 생물의 발 모양을 고려한 전시대가 필요하다.
어류	도감식 전시 : 머리를 왼쪽에 둔 측면전시가 대부분이다. 생태적 전시 : 무리를 짓는 습성 등 실제 물속에서 생활하는 모습으로 동물의 생태에 가깝게 연출한다. 박제 제작 시 전시 위치에 따라 관람객이 보지 못하는 부분을 봉합하여 제작한다.
식물	사람으로 보면 얼굴이라 할 수 있는 꽃이나 열매 등 어떤 식물인지 확인할 수 있는 부분을 잘 보이게 배치한다.

〈그림3-23〉 수리부엉이의 위협 행동을 표본으로 제작

〈그림3-24〉 나무를 타는 유혈목이의 습성을 표현한 표본

〈그림3-25〉 갈치의 섭식 자세

03. 디오라마와 모형

　디오라마는 전시 대상인 생물의 서식 환경을 구성하여, 생물과 서식 환경이 서로 어우러져 입체적이며 실제적인 하나의 광경으로 보이도록 하는 것이다. 생태 디오라마의 경우 거의 실제 크기로 제작하지만, 아주 작게 미니어처로 제작하여 '들여다보기' 같은 연출에 활용되기도 한다.

　디오라마는 20세기 자연사박물관에서 아주 유용한 전시매체였다. 당시에 제작된 디오라마는 현재까지도 많은 전시관에서 전시되고 있는데, 진열장이라는 좁은 공간 안에 가까이 있는 것과 멀리 보이는 배경을 자연스럽게 연결시켜 수 킬로미터까지 연결되어 보이는 착시효과를 낸다. 이때 노하우는 표본이나 모형 등의 실물과 배경 그림의 색상을 완벽하게 일치시키는 것이다. 전통적인 디오라마는 관람 창에 가까운 쪽에 둘 모형은 크게, 먼 쪽에 둘 모형은 작게 만들고, 배경이

〈그림3-26〉 가로등에 모이는 야행성 곤충의 생태 디오라마

〈그림3-27〉 앞에는 모형, 뒤에는 배경 그림인 디오라마

〈그림3-28〉 개미의 확대모형

되는 벽을 둥근 돔처럼 조성하여 전체가 통으로 하나인 것처럼 보이
게 한다. 오늘날에는 모형이나 실물을 사진 등과 결합하여 실제 풍경
과 유사한 착시 효과를 내는 디오라마, 생물의 서식지를 표현하기 위
해 최소한의 모형만 사용하는 디오라마 등 다양한 방식의 디오라마를
이용하고 있다.

　　너무 작은 미소생물은 눈으로 보기가 쉽지 않기에, 이런 생물이나

희귀생물은 표본을 전시하는 대신 모형을 제작하여 전시한다. 금세 피었다 지는 버섯이나 생명을 잃으면 색깔이 바뀌는 일부 생물도 모형으로 보여주는 것이 더 효과적이다.

04. 전시조명

생물을 원래 살던 환경에서처럼 자연스럽게 보이게 하는 가장 좋은 조명은 사실 자연광이다. 그러나 자연광은 통제가 어렵고, 다른 정보 전달 매체에 사용되는 연출조명의 효과를 떨어뜨리므로 대부분의 생물 관련 전시관에서는 인공조명을 사용한다. 전시물의 특성에 따라 각각 다른 색온도와 조도를 사용하는데, 전시물을 설치한 후 마지막으로 이루어지는 작업인 만큼 시간에 쫓기지 않고 꼼꼼하게 작업할 수 있도록 미리 계획해야 한다.

2011년에 제정된 '공공기관 에너지이용 합리화 추진에 관한 규정'에 따라 거의 모든 공공기관은 기존의 할로겐 및 형광등 조명을 LED(Light Emitting Diode)로 교체했다. LED는 열이나 자외선이 확실히 덜 발생하는 장점은 있지만, 차갑고 기계적인 느낌을 주는 데다 빛의 직진성 때문에 그림자가 뚜렷하게 진다. 이 부분은 앞으로 해결해야 할 문제이다.

깃털이나 털이 있는 조류와 포유류 전시에는 4,000K 이하의 색온도를 사용해 편안한 느낌을 주며, 곤충표본이나 식물표본 등은 4,000K 이상을 사용해 자연광과 가까운 색감을 준다. 또한 기술의 발전상을 전시하는 코너에는 5,000K 이상의 밝은 조명을 사용하여 활기찬 느낌을 연출한다. 생물표본에 따라 조명의 주 위치가 정해지는데, 동물의 경우 위에서 내려오는 빛과 아래에서 올라오는 빛을 적절히 사용해 얼굴을 비추어주어야 동물 고유의 인상을 잘 표현할 수 있다.

05. 그래픽패널

모든 전시가 그렇듯이 과학전시 역시 관람객의 이해와 공감이 가장 중요하다. 생물전시에서도 설명적 매체인 그래픽패널을 다양하게 활용하는데, 전시물에 대한 기본적인 정보를 제공하고 전시스토리를 이끌어나갈 수 있도록 구성한다. 이를 위해 그래픽패널은 우선 관람객의 눈길을 끌 수 있도록 심미적으로 제작되어야 한다. 글씨가 들어가지 않은 사진 자체도 생물과 생물이 사는(혹은 살았던) 환경을 표현하는 데 효과적으로 사용할 수 있다. 눈앞에 있는 박제된 생물표본보다 한 장의 사진이 더 깊은 감동을 줄 수 있기에 전시주제를 잘 드러내는 사진을 구하는 것도 중요한 업무 중 하나다.

한 자리에 앉아서 편안하게 읽는 잡지나 책과 달리 그래픽패널은 관람객이 이동하면서 읽기 때문에 글의 분량을 조절하고, 글을 모두 읽지 않더라도 직관적으로 대략의 내용을 파악할 수 있도록 시각적 자료를 적절히 활용해야 한다.

가장 일반적인 글씨와 사진 배열에서 벗어나 생물에 대한 종합적인 정보를 제공하는 인포그래픽(Infographic)도 많이 활용한다. 생물종의

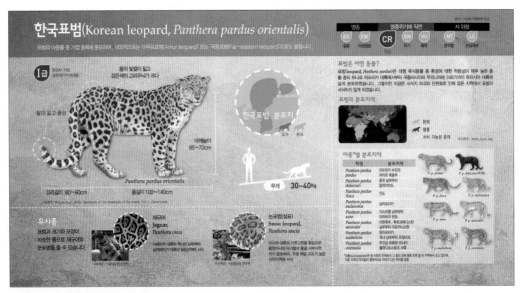

〈그림3-29〉 한국표범 인포그래픽

분류, 서식지, 먹이 같은 주요 특징 등을 일목요연하게 한 장의 그래픽으로 표현하기 때문에 교육·홍보자료로 자주 활용되기도 한다.

06. 라벨

생물표본의 라벨은 생물에 관한 모든 연구에 필요한 참고자료이자 증거자료로, 향후 활용을 염두에 두고 생물이 살았던 지역과 환경, 채집일, 채집자 등의 기본 정보를 기록한 해당 생물표본의 총체적인 정보다.

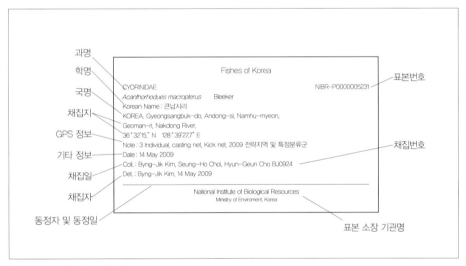

〈그림3-30〉 연구용 표본라벨

〈그림3-31〉 전시 라벨

전시에 생물표본을 활용하고자 할 때는 해당 생물종 전체의 일반적인 정보만 추려서 라벨로 제작하는 경우가 많다. 생물의 국명(한국 공식 이름)과 학명(學名, Scientific Name, 세계 공통의 이름)을 적고, 서식지역이나 출연시기를 명시하기도 한다. 학명은 기본적인 속명과 종명을 라틴어에 이탤릭체로 명기한다. 국명과 학명은 영구적인 것이 아니기 때문에 라벨을 제작하기 전에 혹시 변경사항이 없는지 가장 최근에 발간한 학술지 등을 통해 확인해야 한다.

07. 체험형 전시

과학전시는 체험 중심으로 구성하는 것이 일반적이나, 생물전시는 꼭 그렇지 않다. 특히 표본전시는 박물관처럼 정적인 관람 분위기가 필요하기 때문에 미디어 테이블이나 작동형 패널 등을 두어 학습 형태의 체험을 하게 하는 경우가 많다. 이런 경우 활동중심의 체험공간을 별도로 분리하면 어린이 등 다양한 관람층도 배려하고, 공간도 효율적으로 운영할 수 있다.

체험형 전시가 늘고 있다고 해서 모든 전시관에서 체험공간을 마련할 수 있는 것은 아니다. 전시관을 가장 많이 방문하는 관람객에 대한 사전 분석과 체험전시를 할 만한 현장 여건, 돌발상황에 대한 대응책이 갖추어져야 한다.

체험전시를 기획할 때는 전달하고자 하는 콘텐츠가 체험방식과 잘 맞는지 심사숙고해야 한다. 보기에는 괜찮은데 입어보면 어색한 옷이 있듯이, 콘텐츠마다 어울리는 전달방식이 있다. 교육효과를 높이기 위해 시각정보 외에 다른 감각이나 활동을 이용하는 것이 정말로 효과가 있는지도 살펴보아야 한다. 콘텐츠와 체험방식이 어울리지 않으면 관람객은 체험에만 집중하여 전시의 주제나 의도에 대해서는 알아차리지 못할 수 있기 때문이다.

다음은 국립생물자원관의 체험전시 사례이다.

① **촉각 체험**: 생물의 실제 표면이나 가죽을 만져보면 다양한 감촉을 느낄 수 있다. 생물의 털이나 피부도 그들이 생존에 필수적인 요소이기 때문이다. 예를 들어 수달의 빽빽한 솜털은 물속에서도 몸이 젖지 않도록 한다. 상어의 피부는 머리에서 꼬리 방향으로는 매끈하지만 반대 방향은 거친데, 이 미세한 피부 표면의 돌기가 물속에서의 저항을 줄여준다. 생물 표면의 촉각적 특성을 관련된 정보와 함께 체험하도록 하면 생물을 관찰하는 데 더욱 도움이 되고 기억에도 오래 남는다.

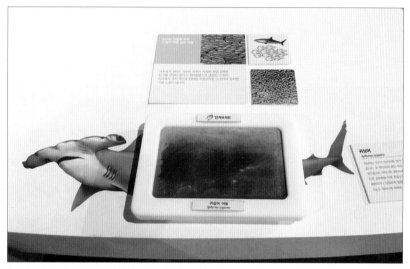

〈그림3-32〉 촉각 체험: 상어의 피부표본을 만져보기

〈그림3-33〉 촉각 체험: 멧돼지의 털을 만져보기

② **후각 체험**: 식물이 향기를 내거나 악취를 뿜는 이유는 종자를 퍼트리기 위해 곤충이나 새를 불러들이거나 천적으로부터 자신을 방어하기 위해서이다. 관람객의 이해를 돕기 위해 냄새를 이용하는 식물의 생존전략을 소개하는 코너를 마련해 식물의 독특한 향을 농축액 상태로 플라스크에 담아 관람객들이 직접 냄새를 맡아볼 수 있도록 하였다.

③ **청각 체험**: 생물의 소리를 주제로 한 전시를 열어 전시된 모든 생물의 소리를 표본과 함께 직접 보고 들어볼 수 있게 하였다. 생물표본을 앞에 두고 헤드폰을 통해 해당 생물의 실제 소리를 들

〈그림3-34〉 후각 체험: 식물의 향기 맡기   〈그림3-35〉 후각 체험: 한약재 냄새 맡기

〈그림3-36〉 청각 체험: 청진기로 새소리 듣기   〈그림3-37〉 청각 체험: 매미 울음의 주파수
새소리에 귀를 기울인다는 콘셉트에 어울리도록 청진기라는 도구를   라디오의 다이얼을 활용하여 매미마다 울음의 주파수가 다르다는 점
동원했다.   을 체험한다.

는 방식이었는데, 관람객은 소리를 듣기 위해 청진기나 마이크를 진열장에 대보거나 라디오처럼 다이얼을 돌려 소리를 바꾸어가며 생물의 소리를 들을 수 있었다. 생물의 소리를 듣기 위해 다양한 활동을 하도록 유도함으로써 좀 더 친근하게 생물과 접할 수 있도록 한 것이다.

④ **확인해보기**: 무엇인지 상상해보고 확인하게 한다. 호기심을 행동으로 연결해 교육효과를 높이는 체험 방식이다.

⑤ **작동**: 관람자가 직접 기기를 작동시켜 스스로 정보를 얻는 방식이다. 과학전시의 특화된 방식이기도 하며, 무언가 만지고 작동시켜보기를 좋아하는 어린 연령층을 위한 전시방식이기도 하다.

⑥ **실감하기**: 멸종된 동물을 가상으로 체험하게 하는 등 가상현실이나 증강현실 같은 실감형 매체를 다양하게 활용한다. 매체가 주는 몰입감 덕에 지역적·시간적 한계를 넘어 특정 생태환경을 구현하거나 실제 표본에 입체감 있는 가상의 이미지를 덧붙여 현실감 있게 정보를 전달할 수 있다.

〈그림3-38〉 확인해보기: 동물의 배설물 알아보기
동물의 엉덩이 아래에 놓인 변기마다 동물마다의 특색 있는 배설물이 들어있다.

〈그림3-39〉 실감하기: 동작인식으로 새의 비행 체험
팔로 날개짓하면 화면 속 새가 관람객의 행동을 따라 비행한다.

〈그림3-40〉 실감하기: 증강(AR)된 표범 가상 체험
관람객이 증강현실 화면에 등장한 표범을 만지면 표범이 으르렁거리고 덤비는 등의 동작을 한다.

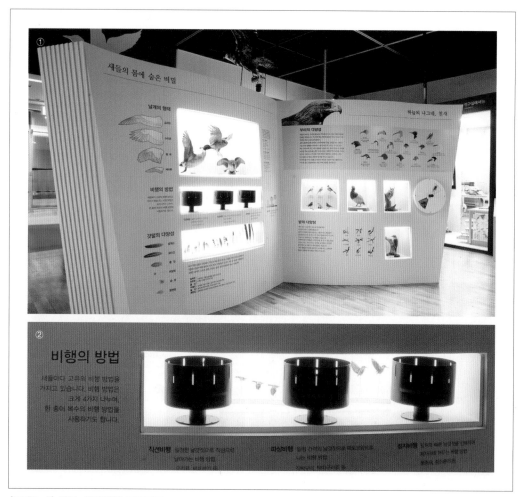

〈그림3-41〉 작동: 새의 비행 조트로프
애니메이션 기구인 조트로프를 돌리면 새의 종류별 날갯짓 차이를 알 수 있다

08. 살아있는 동물의 전시

전시효과를 위해 살아있는 동물을 보여줄 필요가 있을 경우 사육조 등을 갖추고 살아있는 상태로 전시하기도 한다. 그러나 설사 전시관을 서식지에 최대한 유사하게 조성하더라도 한계가 있으며, 낯선 환경에 처한 동물은 스트레스를 받아 몸을 숨기거나 이상 행동을 보이는 경우가 많아 전시목적을 달성하기 어렵다.

또한 생물의 생태에 적정한 공간, 온습도 조절 장치, 별도의 사육을 위한 부대시설 등이 필요한데, 동물원이나 수족관으로 설계되지 않은 박물관이나 전시관에 이런 것들을 갖출 수 있을지, 어떻게 해야 하는지 등을 고민해야 한다.

전시가 끝난 이후도 문제다. 전시되었던 동물은 전시 후 종종 폐사시키는데, 야생에 방사할 경우 생태계 교란의 문제가 있고 마땅한 사육시설이 없다고 해서 전시관에 계속 둘 수도 없기 때문이다. 그러니 가급적 살아있는 동물의 전시는 지양하고, 어쩔 수 없이 꼭 필요한 경우라면 제대로 된 시설과 이후 활용처를 마련한 후 추진해야 한다.

5. 관람객 서비스

01. 관람객 서비스의 설계

전시는 그 공간에 들어온 관람객에 의해 비로소 완성된다. 예전 같으면 진품을 보기 위해 관람객이 불편을 감수하면서라도 멀리서 스스로 찾아오고, 관람의 편의보다 유명한 작품을 보는 것으로 만족할 수도 있었을 것이다. 그러나 인터넷으로도 얼마든지 작품을 볼 수 있는 정보화된 현대의 박물관과 전시관은 공공 서비스 공간으로서의 성격이 더 강해졌다.

전시를 보러 가야겠다고 마음을 먹은 사람은 전시관 홈페이지나 소셜네트워크(SNS)를 통해 사전에 전시에 관한 정보를 얻는다. 실제로 박물관에 도착한 뒤에는 안내판을 보고 전시관에 입장하고, 안내데스크에 들러 안내를 받고, 전시를 관람한 후 기념품점에 들른 다음 박물관의 야외 공원에서 산책을 하고 돌아가는데, 그때마다 전시관에서 인적·물적 서비스를 제공받는다.

관람객의 입장에서, 그리고 운영자의 입장에서 서비스를 주고받는 전 과정은 다음과 같이 계획할 수 있다.[14] 관람객이 전시관을 방문하는 이유는 단순 방문, 여가 활용, 교육 참여, 학습 등 다양하지만, 운영자의 목적은 인상 깊은 체험과 교육을 제공하여 전시에 대한 좋은 인식을 주는 것이기 때문에 관람객이 다양한 경로로 박물관의 서비스를 경험하게끔 계획한다. 또한 고객의 만족도를 높이고 향후 지속적으로 서비스를 개선하기 위해 서비스의 전반적인 흐름을 파악해야 한다.

02. 관람객 서비스 평가

① **설문조사 :** 전시관에서 설문조사를 하는 데에는 여러 가지 이유가 있지만 기본적으로는 관람객의 성별, 연령층, 주거지, 성향, 관심사, 방문형태 등을 파악하여 맞춤형 서비스를 제공하며, 관람흥미도가 높고 낮은 부분을 확인하여 서비스 개선에 활용하기 위해서다. 서비스는 물적·양적인 측정이 어렵기 때문에 대개 서비스를 받은 사람의 만족도로 평가한다. 그래서 주기적으로 관람객을 대상으로 전시의 질과 서비스 만족도를 조사하여 전시관 운영의 지표로 삼는다.

② **관람객 집단 인터뷰 :** 관람객 중에서 신청을 받거나 추첨을 통해 소수의 관람객만 모아 이들과 심도 있게 대화하여 전시의 수준과 문제 등을 알아내는 방법이다. 공공기관의 성격상 콘텐츠의 전달이나 서비스가 일방적일 경우가 많다 보니, 특히 이런 인터뷰를 통해 관람객이 실제로 느끼는 정서와 만족감에 대해 파악하는 경우가 많다. 다양한 계층의 의견을 듣기 위해 '어린이 자문위원단' 같은 프로그램을 운영하는 기관도 있다.

③ **기타 :** 소셜네트워크(SNS)에 올라오는 관람후기, 관람객이 사진을 찍는 빈도 등도 만족도나 관심도가 높은 전시물 등을 파악하는 근거가 된다.

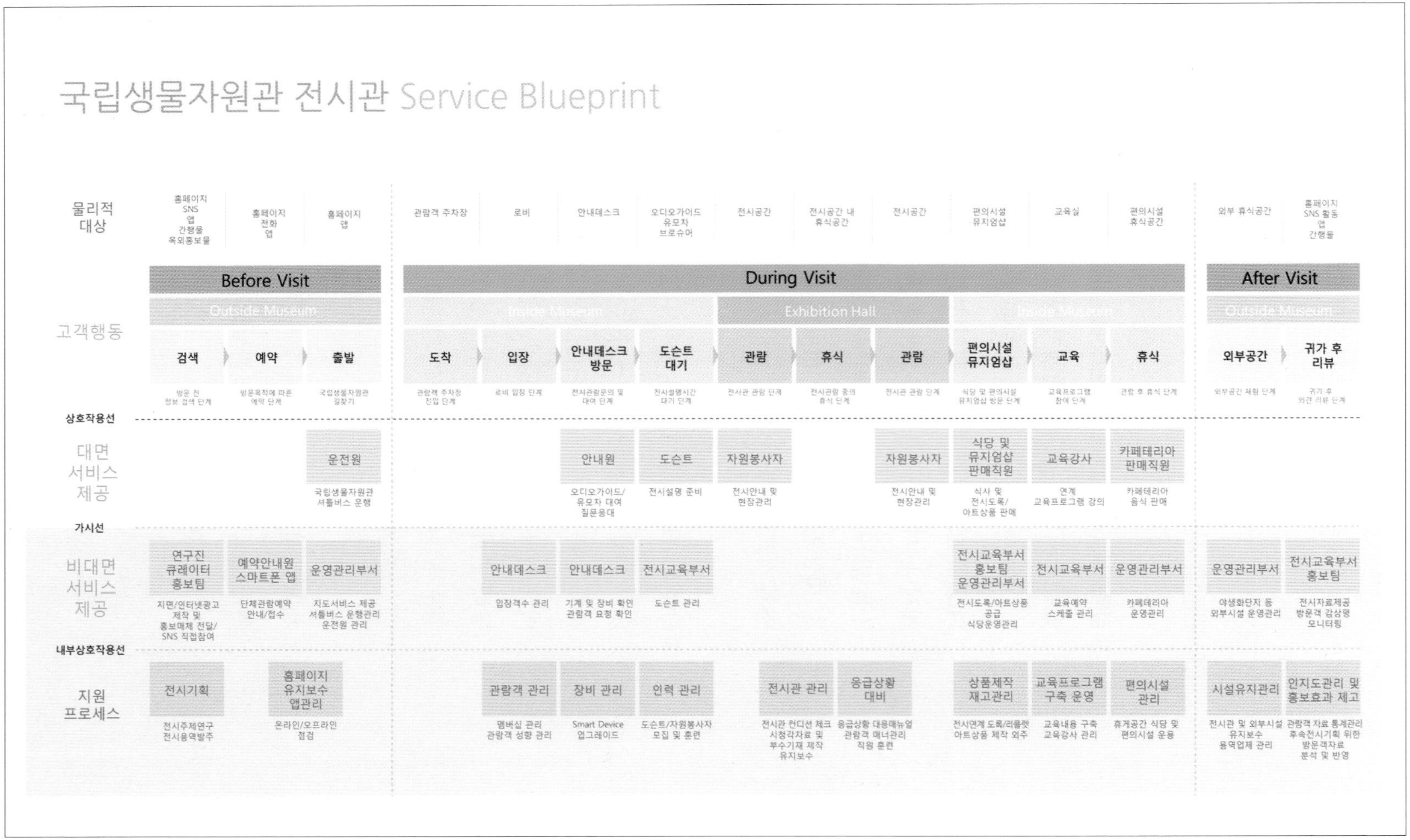

국립생물자원관 전시관 Service Blueprint

	Before Visit			During Visit												After Visit	
물리적 대상	홈페이지 SNS 웹 진행물 유인물	홈페이지 전화(앱)	홈페이지 SNS 웹	관람객 주차장	로비	안내데스크	오디오가이드 스마트워치			전시공간 내 편의시설	전시공간	편의시설 휴식공간	교육실	편의시설 휴식공간		외부공간	홈페이지 SNS 웹 진행물
고객행동	검색 → 예약 → 출발			도착 → 입장 → 안내데스크 방문 → 도슨트 대기					관람 → 휴식 → 관람			편의시설 뮤지엄샵	교육	휴식		외부공간 → 귀가 후 리뷰	

Outside Museum / **Inside Museum** / **Exhibition Hall** / **Inside Museum** / **Outside Museum**

- 상호작용선
- 대면 서비스 제공
- 가시선
- 비대면 서비스 제공
- 내부상호작용선
- 지원 프로세스

<그림3-42> 국립생물자원관 전시관의 서비스 블루프린트 © 김실비아(2014)

03. 서비스 표준화

서비스가 부족한 것도 문제지만, 과도한 것도 문제가 될 수 있다. 서비스가 직원에 따라, 때에 따라 달라지면 다른 관람객들에 비해 자신이 상대적으로 서비스를 못 받았다고 느끼는 관람객이 생길 수 있다. 그렇게 되면 전시에 대한 만족도가 떨어진다.

매뉴얼을 만들어 일정하게 한결같은 서비스를 제공해야 직원과 관람객의 의사소통도 원활해지고 일도 효율적으로 처리할 수 있어 관람객, 즉 고객의 신뢰를 얻을 수 있다. 관람객을 안내할 때, 작품을 해설할 때 등 전시기간에 맞닥뜨릴 수 있는 돌발상황에 대해 기준이 되는 지침이 있다면 직원과 관람객 모두 만족할 수 있는 전시가 될 수 있다.

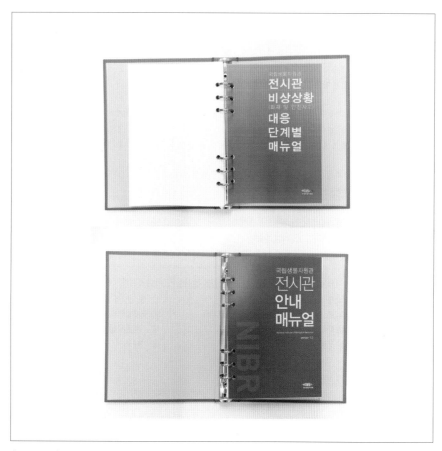

〈그림3-43〉 전시운영 관련 각종 매뉴얼북

현대리서치연구소는 한국여론조사협회(KORA)의 조사윤리강령 등 국제기준에 따라서 조사를 수행합니다.

hri 현대리서치연구소 | 국립생물자원관 전시관 관람객 설문조사 | ID

안녕하십니까? 현대리서치연구소 면접원 OOO입니다. 저희는 국립생물자원관의 의뢰로 전시관 관람객 대상 설문조사를 실시하고 있습니다. 본 조사는 국립생물자원관을 관람하면서 느끼셨던 내용을 파악하여 향후 개선된 서비스를 제공하고자 하는데 그 목적이 있습니다.

본 조사에 대한 귀하의 응답은 익명으로 통계처리되므로 개인의 신상정보나 비밀이 외부로 노출되는 일은 절대 없습니다. 귀하의 의견이 국립생물자원관 이용시 더 나은 서비스를 제공하기 위한 중요한 자료로 활용될 것이오니, 바쁘시더라도 잠시 시간을 내어 설문에 응해 주시면 대단히 감사하겠습니다. 2016년 8월

주관기관 : 국립생물자원관

조사기관 : 현대리서치연구소 TEL (00-0000-0000)

※ 귀하의 의견에 해당하는 번호를 네모칸에 기입하여 주시기 바랍니다.

문1. 국립생물자원관을 <u>방문하신 주된 목적</u>은 무엇입니까?(한 가지만 선택해주세요)

① 단순 관람　　② 교육프로그램 참여　　③ 과제·학습　　④ 조사·연구　　⑤ 기타( )

문2. 방문시 <u>주된 교통수단</u>은 무엇입니까?(한 가지만 선택해주세요)

① 자가용　　② 단체버스(관광버스,학교버스 등)　　③ 셔틀버스(자원관↔검암역)

④ 대중교통(택시·버스·전철)　　⑤ 기타 ( )

문3. 귀하께서는 <u>누구와 방문</u>하셨습니까?(한 가지만 선택해주세요)

① 혼자서　　② 가족과 함께(친지)　　③ 단체 방문

④ 친구, 애인과 함께　　⑤ 기타 ( )

문4. 국립생물자원관을 <u>어떻게 알고</u> 오셨습니까?(한 가지만 선택해주세요)

① 뉴스, 신문, 잡지 등　　② 학교(단체 관람)　　③ 국립생물자원관 홈페이지

④ 카페, 블로그, SNS 등　　⑤ 주변 소개(친구, 동료, 선생님 등)　　⑥기타 ( )

문5. 국립생물자원관을 지금까지 <u>총 몇 회 방문</u>하셨습니까?

① 1회 ☞ 문7번으로　　② 2~3회　　③ 4~5회　　④ 6회 이상

문6. (문5에서 ②③④ 응답자) 2회 이상 방문하신 경우 <u>재방문하신 이유</u>는 무엇입니까?(한 가지만 선택해주세요)

① 교육프로그램 참여　　② 과제·학습　　③ 기획전 및 특별전 등 신설된 전시물 관람　　④ 조사·연구

⑤ 여가·휴식　　⑥ 1차 방문때 충분히 관람하지 못해서　　⑦ 기타 ( )

문7. 국립생물자원관 전시실 중 <u>가장 기억에 남는 전시실</u>은 어디입니까?(한 가지만 선택해주세요)

① 제1전시실(1층, 한반도의 생물종)　　② 제2전시실(2층, 한반도 생태계)

③ 제3전시실(2층, 한반도의 생물자원)　　④ 곶자왈생태관(전시관 중앙 유리 온실)

⑤ 체험학습실(살아있는 동물 전시)　　⑥ 기획전시실(생체모방: 생물로부터 배운다)

⑦ 특별전시실(생물자원 전문가를 만나다)　　⑧ 기타 ( )

- 1 -

〈그림3-44〉 관람객 설문조사 사례

〈부록〉 과학전시관

〈표3-5〉 전국 자연사박물관 유형 전시관

명칭	위치	명칭	위치
강화자연사박물관	인천 강화군	경북대학교 자연사박물관	경북 군위군
충남대학교 자연사박물관	대전 유성구	제주도 민속자연사박물관	제주 제주시
한남대학교 자연사박물관	대전 대덕구	부천 자연생태박물관	경기 부천시
우석헌자연사박물관	경기 남양주시	전주 자연생태박물관	전북 전주시
금강산자연사박물관	강원 고성군	해남공룡박물관	전남 해남군
태백고생대자연사박물관	강원 태백시	고성공룡박물관	경남 고성군
이화여대 자연사박물관	서울 서대문구	아라크노피아	경기 남양주시
서대문 자연사박물관	서울 서대문구	파주 나비나라박물관	경기 파주시
부산 해양자연사박물관	부산 동래구	누에박물관	경기 화성시
계룡산자연사박물관	충남 공주시	영월 곤충박물관	강원 영월군
지당자연사박물관	충남 공주시	수안보 곤충박물관	충북 충주시
목포자연사박물관	전남 목포시	국립과천과학관 자연사관	경기 과천시
땅끝해양자연사박물관	전남 해남군	국립중앙과학관 자연사관	대전 유성구
홍성조류탐사과학관	충남 홍성군	의왕조류생태과학관	경기 의왕시
성남시판교생태학습원	경기 성남시	아산시 영인산산림박물관	충남 아산시
창녕 우포늪 생태관	경남 창녕군	서천 조류생태전시관	충남 서천군
DMZ야생동물생태관	강원 양구군	순천만 자연생태공원 자연생태관	전남 순천시
강원도 자연환경연구공원 자연환경연구관	강원 홍천군	낙동강하구에코센터	부산 연제구
줄포만갯벌생태공원 갯벌생태관	전북 부안군	증도갯벌생태전시관	전남 신안
대청호자연생태관	대전 동구	영월동굴생태관	강원 영월군
홀로세생태보존연구소 곤충박물관	강원 횡성군	인천나비공원 자연교육센터	인천 부평구
부산해양자연사박물관	부산 동래구	강화은암자연사박물관	인천 강화군
충주자연생태체험관	충북 충주시	버드랜드	충남 서신시
울진 곤충여행관	경북 울진군	울진 해양생태관	경북 울진군
천적생태과학관	경남 거창군		

〈표3-6〉 전국 과학기술(산업)관 유형 전시관

명칭	위치	명칭	위치
국립중앙과학관 과학기술관	대전 유성구	서울시 수도박물관	서울 성동구
국립과천과학관 전통과학관	경기 과천시	국립항공박물관	서울 강서구
철도박물관	경기 의왕시	거제조선해양문화관 조선해양전시관	경남 거제시
국립해양박물관	부산 영도구	항공우주박물관	경남 사천시
한국전력 전기박물관	서울 서초구	포스코 역사관	경북 포항시
대한항공 정석항공관	제주 서귀포시	삼성화재교통박물관	경기 용인시

〈표3-7〉 전국 과학관 유형 전시관

명칭	위치	명칭	위치
국립중앙과학관	대전 유성구	서울영어과학교육센터	서울 노원구
국립과천과학관	경기 과천시	부산광역시 어린이회관	부산 부산진구
국립어린이과학관	서울 종로구	대구광역시 어린이회관	대구 수성구
국립대구과학관	대구 달성군	인천어린이과학관	인천 계양구
국립광주과학관	광주 북구	서울과학관	서울 노원구
국립부산과학관	부산 기장군	울산과학관	울산 남구
서울특별시 과학전시관	서울 관악구	부산수산과학관	부산 기장군
부산광역시 과학교육원 과학관	부산 연제구	춘천 창의교육지원센터	강원 춘천시
대구광역시 과학교육원 과학탐구학습장	대구 수성구	홍천생명건강과학관	강원 홍천군
인천광역시 교육과학연구원 학생과학관	인천 중구	장영실과학관	충남 아산시
광주광역시 교육과학연구원	광주 동구	목포어린이바다과학관	전남 목포시
대전교육과학연구원 탐구학습장	대전 유성구	통영수산과학관	경남 통영시
충청북도 교육과학연구원 과학전시관	충북 청주시	장흥 정남진 물과학관	전남 장흥군
경기도 과학교육원 과학전시관	경기 수원시	서울 LG사이언스홀	서울 영등포구
경상남도 과학교육원 전시관	경남 진주시	부산 LG사이언스홀	부산 부산진구
경상북도 과학교육원 탐구체험전시실	경북 포항시	한생연 7대 테마과학관	서울 종로구
전라남도 과학교육원 탐구학습관·천문관	전남 나주시	옥토끼우주센터	인천 강화군
제주 교육과학연구원 과학탐구전시실	제주 제주시	별새꽃돌자연탐사과학관	충북 제천시
전라북도 과학교육원	전북 전주시	울산과학관	울산시 남구

〈표3-8〉 기업 운영 과학계 전시관

명칭	위치	명칭	위치
한국수력원자력 에너지팜	경북 경주시	한국남동발전 무주전력홍보관	전북 무주군
한국전력 스마트그리드 홍보관	제주 제주시	한국중부발전 보령에너지월드	충남 보령시
한국가스공사 가스과학관	인천 연수구	한국남동발전 에너지파크	인천 옹진군
한빛원자력본부 홍보관	전남 영광군	한국동서발전 당진전력문화홍보관	충남 당진시
월성원자력본부 홍보전시관	경북 경주시	포스코에너지 에너지홍보관	인천 서구
SK텔레콤 티움(T.um)	서울 중구	삼성 딜라이트	서울 서초구

〈표3-9〉 연구기관 소속 과학계 전시관

명칭	위치	명칭	위치
농촌진흥청 농업과학관	전북 전주시	정보통신산업진흥원 디지털파빌리온	서울 마포구
국립농업과학원 홍보관	전북 완주군	한국항공우주연구원 나로우주센터 우주과학관	전남 고흥군
국립축산과학원 축산홍보관	전북 완주군	한국로봇융합연구원 로보라이프뮤지엄	경북 포항시
국립원예특작과학원 홍보전시관	전북 완주군	한국해양과학기술원 해양과학체험전시관	경기 안산시
국립산림과학원 산림과학관	서울 동대문구	한국해양과학기술원 동해 독도홍보관	경북 울진군
국립수목원 산림박물관	경기 포천시	한국해양과학기술원 해양시료홍보관	경남 거제시
국립수산과학원 수산과학관	부산 기장군	한국해양과학기술원 울릉도·독도 생태체험관	경북 울릉군
국립생물자원관 전시관	인천 서구	한국화학연구원 홍보관	대전 유성구
국립생태원 에코리움	충남 서천군	강원도립화목원 산림박물관	강원 춘천시
국립낙동강생물자원관	경북 상주시	전남완도수목원 산림박물관	전남 완도군
국립해양생물자원관 씨큐리움	충남 서천군	충북산림환경연구소 산림과학박물관	충북 청원군
국립환경과학원 한강물환경생태관	경기 양평군	충남산림환경연구소 산림박물관	세종시 금남면
영산강유역환경청 생태환경관	광주 서구	경남산림환경연구원 산림박물관	경남 진주시
한국지질자원연구원 지질박물관	대전 유성구	전북산림환경연구소 산림박물관	전북 순창군

〈표3-10〉 동물원·수족관 및 살아있는 생물전시 위주 전시관

명칭	위치	명칭	위치
서울대공원 동물원	경기 과천시	코엑스아쿠아리움	서울 강남구
어린이대공원 동물원	서울 광진구	롯데월드아쿠아리움	서울 송파구
삼정테마파크	부산 부산진구	아쿠아플라넷63	서울 영등포구
달성공원 동물원	대구 중구	부산 아쿠아리움	부산 해운대구
인천대공원 동물원	인천 남동구	대전 아쿠아리움	대전 중구
우치공원 동물원	광주 북구	아쿠아플라넷 일산	경기 고양시
대전 오월드	대전 중구	아쿠아플라넷 여수	경남 여수시
울산대공원 동물원	울산 남구	아쿠아플라넷 제주	제주 서귀포시
청주동물원	충북 청주시	울진 아쿠아리움	경북 울진군
전주동물원	전북 전주시	거제씨월드	경남 거제시
진양호동물원	경남 진주시	아이큐아리움 가상수족관	경기 성남시
경주 버드파크	경북 경주시	삼척 민물고기 전시관	강원 삼척시
에버랜드	경기 용인시	울진 민물고기 전시관	경북 울진군
롯데월드 환상의 숲	서울 송파구	평창동강 민물고기 생태관	강원 평창군
인천 나비공원	인천 부평구	섬진강어류생태관	전남 구례군
충주 민물고기 전시관	충북 충주시	경남 민물고기 전시관	경남 밀양

주석

1) Ferrante Imperato (1550-1625) Dell'historia naturale. Naples : C. Vitale, 1599. 12 p. l., 791 p. illus., double plate.

2) Ole Worm(1588-1654) Museum Wormianum; seu, Historia rerum rariorum, tam naturalium, quam artificialium, tam domesticarum, quam exoticarum. Leiden : ex officina Elseviriorum, 1655. 6 p. l., 389, [3] p. illus.

3) 프랑스 국립자연사박물관(1793년 개관), 독일의 젠켄베르크 자연사박물관(1821년 개관) 등 자연사박물관은 19세기 전반기에 과학의 발전에 선도적 역할을 하였다.

4) 1957년 10월 4일, 소련이 스푸트니크 1호 발사에 성공하면서 전 세계에서 미국의 과학기술이 가장 앞서있을 것이라는 믿음이 깨졌다. 이후 미국에서는 수학, 과학 등 기초과학교육을 강화하기 시작하였다.

5) 출처 : 두산백과

6) '과학관의 설립·운영 및 육성에 관한 법률' 제2조(정의), 법에서 정한 과학관의 정의는 과학기술(산업)관과 체험형 과학관을 모두 포함하고 있다. 실제로 국립과학관들이 양쪽의 기능을 지니고 있다. 이 단락에서는 과학의 원리를 체험하는 '체험형 과학관'에 대해 다루고자 한다.

7) 영국 런던자연사박물관에 속한 연구소와 전시관이 결합된 형태의 시설로, 2002년에 1차 개관한 액침표본 중심의 연구·전시공간과, 2009년 2차 개관한 건조표본 중심의 연구·전시공간으로 구성되어 있다.

8) '생물다양성'은 생물종의 다양성, 생물종 내 유전자의 다양성, 생태계의 다양성 등 세 단계 다양성을 종합한 개념이다. '생물다양성 인식 증진'이란 생물다양성의 세 가지 구성 요소가 어느 하나라도 손상되지 않고 현재 세대와 미래 세대를 위해 보전되어야 하며, 이를 지속 가능하게 할 수 있도록 체계적인 보호와 관리가 필요함을 깨닫고, 이를 위해 개인과 기업 등이 자발적으로 참여하여 일상생활에서 생물다양성 보전을 실천하는 것을 말한다.

9) 전시설계에 앞서 간단히 제작하는 모델로, 본격적인 전시물제작 전에 문제점이나 발전 가능성을 판단하기 위해 필요하다.

10) 국가보호종 : 환경부 지정 야생생물 246종(야생생물 보호 및 관리에 관한 법률), 해양수산부 지정 보호대상 해양생물 52종(해양생태계 보전 및 관리에 관한 법률), 문화재청 지정 천연기념물 70종(문화재보호법), 산림청 지정 희귀식물 571종(수목원·정원의 조성 및 진흥에 관한 법률)(2016년 8월 기준)

11) '국제적 멸종위기종'이라 함은 멸종 위기에 처한 야생 생물종의 국제거래에 관한 협약(이하 '멸종위기종 국제거래협약'이라 한다)에 의하여 국제거래가 규제되는 다음 각목의 1에 해당하는 동식물로서 환경부장관이 고시하는 종을 말한다.

12) '국제박물관협의회(ICOM) 전문직 윤리강령'은 박물관이 지켜야 하는 최소한의 규범을 기술한 것으로, 1986년 11월 4일 아르헨티나의 수도인 부에노스아이레스에서 개최된 제15차 총회에서 만장일치로 채택되었다. 2001년 7월 6일 스페인 바르셀로나에서 개최된 제20차 총회에서 '국제박물관협의회 박물관 윤리강령'으로 개명·수정되었으며, 2004년 10월 8일 대한민국 서울에서 개최된 제21차 총회에서 개정되었다.

13) 박물관은 조금이라도 불법의 여지가 있는 소장품을 보유하지 않기 위해 소장품에

대한 모든 내력을 입증해야 한다. 또한 인가받지 않은 현지조사와 생물종 또는 자연 서식지에 대한 파괴·훼손이 수반되는 전시물의 취득을 금지하고 있다. 야생동식물 보호나 자연사 보전에 관한 지방, 국가, 지역, 국제적 법령이나 협정을 위반하여 전시물 또는 살아있는 생물을 수집·매매·양도할 수 없으며, 살아있는 동물을 관리할 경우 동물의 보건과 후생에 대해 전적으로 책임지기 위해 수의학 전문가에게 승인받은 안전수칙을 마련하고 이행해야 한다.

14) 서비스 디자인 분야에서는 '서비스 블루프린트(Service Blueprint)'라는 일종의 설계도를 활용하여 서비스 전달 과정에 필요한 요소들을 가시화한다. 그리고 물리적 대상이나 공간, 고객 행동, 대면·비대면 서비스, 지원시스템 등으로 구분하여 서비스 전반을 이해하는 잣대로 활용하기도 한다.

참고문헌

조숙정, 『세계의 과학관 – 세계 10대 도시로 떠나는 과학박물관 기행』, 살림출판사, 2015
전치영 외, 「국가과학기술사물 인증 타당성조사 및 제도운영 연구」, 국립중앙과학관, 2013
전관수 외, 「과학관의 이해 및 과학해설」, 국립중앙과학관, 2015

제4장 어린이박물관에서의 전시

1. 어린이박물관에서의 전시란

어린이를 대상으로 하는 전시는 어린이의 특성을 고려해서 접근해야 한다. 전시를 구성하는 것은 성인이지만, 관람자는 어린이이기 때문이다. 연령별 인지 수준, 발달 단계 등을 고려하여 주제를 정하고 프로그램을 짜야 한다. 본 장에서는 비영리기관에서 운영하는 어린이박물관에 대해서 살펴보겠다.

01. 어린이박물관의 전시 개념 및 현황

'어린이'는 사전적으로 4세부터 초등학생까지[1]를 말한다. 어린이박물관의 핵심 관람객은 취학 전후 어린이이며, 영유아 특히 영아 관람객도 꾸준히 늘고 있다. 관람객 연령의 하향화 현상은 전 세계적인 추세다.

어린이를 대상으로 하는 전시는 무엇보다 어린이의 발달 단계와 수준에 맞춰 구성되어야 한다. 어떤 주제를 다루더라도 어린이의 발달에 맞는 눈높이가 우선되어야 한다는 뜻이다. 또한 교육학적 접근에서는 어린이의 발달을 고려한 통합적인 접근을 해야 하고, 어린이가 이해할 수 있는 실생활 중심으로 전시주제를 선택해야 어린이의 관심과 흥미를 촉진할 수 있다.

미국박물관협회(AAM; The American Association of Museum)는 어린이전

시를 다루는 대표기관인 어린이박물관에 대해 어린이의 호기심을 자극하고 이들에게 학습 동기를 유발시키는 전시와 프로그램을 제공함으로써, 어린이의 욕구와 흥미에 부합하는 기관이라고 정의한다.[2]

어린이박물관은 이처럼 교육을 목적으로 체계적이고 조직적이고 운영되는 상설 비영리기관으로, 오브제를 사용하고 전문 인력을 고용하며 정해진 일정에 따라 대중에게 개방하는 기관이다.

한국의 현황을 살펴보면, 2015년에 16개의 어린이박물관과 어린이갤러리가 참여해 어린이박물관 협의체가 설립되어 각 기관들의 정보를 서로 교류하였고, 2016년에는 20여 개 기관이 참여하여 '한국어린이박물관협회'로 새롭게 출범함으로써 기관 네트워킹을 넘어서는 사업을 모색하고 있다. 세계적으로는 1899년 미국에 최초의 어린이박물관이 건립된 것을 비롯해 세계어린이박물관협회(ACM, Association of Children's Museum)에 등록된 기관만 현재 400여 개에 이른다.

한국의 특이한 현상은 비영리 목적의 어린이 박물관전시를 차용하여 영리 목적으로 전시가 이루어진다는 것이다. 여기에는 테마파크나 방학 때를 겨냥한 어린이기획전, 동네의 키즈카페 등이 있는데, 오락적인 면을 강조하고 흥미를 끌어내기 위해 환경 연출에 중점을 두고 있다. 전시나 프로그램의 콘텐츠가 모두 학습을 지향하지는 않는다는 것이 차이점이니, 비영리의 어린이박물관전시와는 구별해야 한다.

02. 어린이박물관전시의 역사

1) 세계 최초의 어린이박물관

1899년, 세계 최초의 어린이박물관인 브루클린 어린이박물관이 미국에서 문을 열었다. 당시 브루클린 예술과학관이 이전을 앞두고 소장품을 줄여야 했는데, 이때 몇 가지 아이템을 어린이들을 위해 박물관에 남긴 것이 브루클린 어린이박물관의 설립 계기가 되었다.[3] 브루클린 어린이박물관은 설립 초기부터 지금까지 관람객이 전시품을 만져볼 수 있도록 하고 있는데,[4] 이는 어린이 관람객의 특성에 따른 것이다. 그저 보는 것이 아니라 다른 감각 기관을 통해 전시물을 경험하면서 지적인 호기심과 정보와 지식 등을 얻고, 전시물이 주는 느낌과 인상을 경험할 수 있도록 하는 이런 정책은 동서고금을 아우르는 모든 어린이박물관의 특징이기도 하다.

그 후 두 번째로 개관한 보스턴 어린이박물관은 과학교사협회에 의해 설립되었으며, 1960년대 마이클 스폭(Michael Spock) 관장에 의해 물리적인 상호작용으로 어린이의 발달에 맞는 혁신적인 기법인 핸즈온 전시(hands-on)를 선보였다. 핸즈온 전시란 실물이 쇼케이스 안에 있어 보기만 하는 전시와 반대되는 것으로, 손을 사용하여 직접 만지고 체험해보는 전시기법을 말한다. 스폭 관장은 일상의 물건들과 기계들로 "안에 뭐가 들었지?(What's Inside?)"라는 제목의 전시를 열었다. 전시제목에서도 알 수 있듯이 사물을 원형 그대로가 아니라 반으로 잘라서 그 안을 볼 수 있게 하고, 전시장 내에 거리처럼 환경을 조성하여 자동차 엔진과 주차 미터기에 직접 손을 대거나 타보기도 하고, 하수를 처리하는 맨홀까지 내려가보게도 하였다. 거의 방치된 시청각실을 이용하여 영화가 상영되는 법을 알려주고 보스턴 지역의 항공시야를 보여주며 어린이들에게 자기가 살고 있는 지역을 조망하여 볼 수 있게 하였다.[5] 마이클 스폭 관장이 추진한 핸즈온 전시연출 기법은 100년이 넘는 역사를 자랑하는 보스턴 어린이박물관이 전 세계를 선도하는 역할을 하게 된 이유이며, 현재도 보스턴 어린이박물관은 전 세계 어린이박물관의 흐름을 이끌고 있다.[6]

세계적인 발달심리학자인 장 피아제(jean Piaget)의 분류에 따르면, 어린이박물관을 찾는 핵심 어린이들은 주로 전조작기에 해당된다. 전조작기는 대략 2세에서 7세로, 언어 능력이 급격히 발달하고 나뭇가지를 젓가락처럼 이용해 소꿉놀이를 하는 등 상징적 사고가 가능하다. 이런 특징을 볼 때, 핸즈온 기법은 사물과 관람객인 어린이가 직접 상호작용할 수 있게 하여 사물과 현상에 대한 이해를 더욱 높여준다. 미국 동부의 브루클린·보스턴 어린이박물관 설립과 더불어, 미국 서부에서는 익스플로라토리엄(Exploratorium)이라는 과학관에서 프랭크 오펜하이머(Frank Oppenheimer) 관장이 핸즈온 전시를 통한 정신 활동을 강조하였다.[7] 즉, "손으로만 조작하고 끝나는 것이 아니라 사고 작용도 함께해야 진정한 핸즈온 전시다"라고 말했다.

이런 핸즈온 방식이 어린이에게 효과적이라는 것을 뒷받침한 또 다른 학자로는 존 듀이(John Dewey)가 있다. 철학자이자 교육학자인 듀이는 "행동함으로써 학습한다(Learning by doing)"라고 말했다. 개인 경험의 중요성을 강조한[8] 경험주의자로, 직접 경험하는 것이야말로 특히 아동기에는 필요하다는 뜻이다.

1970년대에는 미국 전역에 어린이박물관이 설립되었는데, 여기에는 몇 가지 사회적 배경이 있다.

미국의 개척자정신은 지역사회를 활성화시키는 프로젝트와 결합되었고, 이에 따라 직장모·편부모·고령부모 등 다양한 가족 형태에 따라 어린이박물관이 공동의 관심사로 여겨졌으며, 미국인의 취미 생활인 자동차와 캠핑은 서부와 동부 해안을 교차하여 보스턴과 브루클린, 익스플로라토리엄을 찾는 활동으로 이어져 어린이박물관 설립에 기여하게 된 것이다.

또한 1957년 소련이 미국보다 먼저 인공위성 스푸트니크 1호를 발사한 후, 미국인들은 우주 개척의 선수를 빼앗긴 데 따른 충격으로 새로운 교육에 대한 열망을 품기에 이르렀다.[9]

현재 세계어린이박물관협회는 미국에서 매년 컨퍼런스를 개최하며, 전세계의 어린이박물관 관계자 1,000여 명이 매년 모여 전시와 콘텐츠 관련 정보를 공유하고 발전을 위해 네트워킹을 하고 있다. 현재 전 세계에는 400여 개의 어린이박물관이 있고, 아프리카의 이집트나 남아프리카공화국 등에서도 활발하게 건립 중이다.[10]

2) 유럽의 어린이박물관 역사

박물관의 모태인 유럽은 어린이박물관의 후발 주자로, 역시나 핸즈온 전시를 선보이고 있다. 오랜 역사를 자랑하는 유럽권은 모(母) 박물관을 기반으로 한 어린이 대상의 갤러리가 활성화되었다. 즉, 미국처럼 독립형의 커다란 종합박물관이 아니라 기존 박물관 내에 어린이갤러리 형태로 발전되었다고 볼 수 있다. 네덜란드의 트로펜 어린이박물관, 독일의 프랑크푸르트 어린이박물관, 덴마크의 국립어린이박물관 등이 모 박물관의 유물이나 주제를 기반으로 핸즈온 전시를 선보이고 있다.

유럽은 '핸즈온 인터내셔날'이라는 협회에서 유럽의 어린이박물관으로부터 전 세계를 대상으로 회원들을 확대하였으며, 컨퍼런스를 격년으로 개최하고 있다. 우수한 어린이콘텐츠를 공유하며, 컨퍼런스 개최 시에 우수콘텐츠상을 수상하는데, 2015년에는 오스트리아의 어린이박물관인 '줌(Zoom)'과 미국 보스턴 어린이박물관이 공동 선정되었다.

3) 아시아의 어린이박물관

아시아에서는 필리핀의 어린이박물관인 뮤지오 팜바타가 1994년에 개관하여 핸즈온 전시와 프로그램으로 활발하게 활동하고 있다. 또한 뮤지오 팜바타에서는 아시아 어린이박물관 컨퍼런스를 처음 개최하여 이를 2회 수행하였다. 현재 격년으로 컨퍼런스가 진행되고 있으며, 2014년에는 경기도 어린이박물관에서 제3차 컨퍼런스를 주최하였다. 2016년에 제4회 컨퍼런스를 개최하면서 명칭을 '아시아퍼시픽 어린이박물관 컨퍼런스'로 개정한 다음 하와이의 어린이 디스커버리센터에서 주관하였다.

한국에서는 1995년에 삼성문화재단에서 한국 최초의 어린이박물관을 오피스 건물 내에 개관했으며, 이후 삼성 어린이박물관의 핸즈온 전시는 매우 활발하게 한국에 확산되었다. 2011년에는 한국 최대인 1만 600m² 규모를 자랑하는 경기도 어린이박물관이 선보였고, 2015년에는 국립어린이민속박물관, 국립중앙박물관 어린이박물관 등 16개 기관이 참여한 가운데 한국 어린이박물관 협의체를 결성하여 매우 활발하게 활동하고 있다. 특히 한국 어린이박물관의 특징 중 하나는 박물관이나 미술관에 어린이 관람객이 단체 견학 또는 가족 나들이를 위해 많이 찾고 있다는 점이다. 그래서 각 기관들은 부속 기관 혹은 어린이 전용 갤러리를 마련하고 있다. 이런 기관들로는 전국의 국공립박물관 내 어린이박물관과 사회 교육원, 국립현대미술관 내 어린이미술관, 국립아시아문화전당 내 어린이문화원 등을 들 수 있다. 인천 어린이과학관, 서울 상상나라, 고양 어린이박물관, 동두천시의 경기도 북부 어린이박물관이 대형 종합박물관으로 운영되고 있으며, 향후 세종시 국립박물관단지 내 어린이박물관 건립 및 용산 국립어린이아트센터 건립 계획 등 어린이를 위한 계획도 활발하다.

일본의 어린이박물관으로는 '키즈프라자 오사카'가 있으며, 유사한 복합문화시설로 '어린이성'이 도쿄에 있다. 중국에서도 베이징 아동센터 안에 어린이박물관을 개관하였다.

상기에 언급한 내용들을 보면, 어린이박물관이 설립된 사회적·문화적 배경이 서로 매우 다르다는 것을 알 수 있다. 사회적·문화적 배경이 다른 만큼 전시의 주제·유형에도 차이가 있다. 미국의 어린이박물관들은 주로 지역사회를 중심으로 민간에서 협찬·협조를 받아 운영한다. 주민들의 참여가 활발하며 유물을 보여주기보다는 어린이의 발달 수준에 맞는 콘텐츠를 핸즈온 방식으로 제작하여 전시하는 경우가 많다. 미국의 어린이박물관들은 학교교육에 대한 대안으로 어린이의 발달과 가족의 삶을 지원하는 학습·문화 기관으로 자리매김했다.

반면 유럽은 기존에 있던 박물관을 기반으로 어린이갤러리를 활성화했다. 모 박물관의 소장품을 활용하여 주제가 동일하다. 또한 문화유산을 기반으로 핸즈온 전시를 하는 유럽의 박물관 내 어린이갤러리들은 규모가 비교적 작다.

한국은 복합적인 성격을 띤다. 1995년에 삼성문화재단에서 개관한 한국 최초의 어린이박물관을 필두로 해서 확산되기 시작하여 핸즈온 기법의 전시들이 기획·제작되었고, 일부는 유물이나 소장품을 활용하기도 한다. 즉, 모 박물관이 있는 기관은 어린이갤러리 혹은 어린이박물관을 신설하였고, 대규모로 다양한 주제를 다루는 어린이박물관은 대개 비영리 공공기관이 운영하며, 유물 중심이 아닌 체험 중심의 전시를 진행하고 있다.

참고로 이런 문화계와는 또 다른 축으로, 한국에서 확산된 교육청 소속의 유아교육진흥원과 지자체 소속의 어린이회관, 향후 신축 예정인 기관들까지 문화계와 교육계가 어린이와 가족에 주목하고 어린이의 발달에 맞는 전시를 추진하고 있다. 세계적인 역사에 비하면 아직은 미흡한 수준인 한국의 어린이박물관은 양적인 팽창만큼 질적인 향상도 이루어야 한다는 과제를 안고 있다.

03. 어린이박물관전시의 직업군

어린이박물관의 핸즈온 전시는 전시디렉터, 전시기획자, 전시디자이너, 전시업체 및 제작자들, 유지·보수인 등 다양한 분야의 전문가가 상호협력해서 추진된다.

전시디렉터는 기관의 현황에 맞추어서 존재하는데, 규모가 있는 기관에는 보통 전시디렉터가 있다. 전시디렉터가 없다면 전시기획자가 디렉터의 역할을 하면서 전시의 방향을 제시하고 결정하며, 모든 업무를 총괄한다.

어린이전시를 기획할 때는 아동학 전문가 및 주제에 따라서 미술, 과학, 역사나 교육학 전공의 학예사가 필요하다. 유아교육계에서 활발하게 이루어지고 있는 레지오에밀리아 프로그램처럼 전문가와 주제에 따라 각 주제를 담당할 학예사가 주 기획자, 부 기획자로서 협력하는 것이 가장 이상적이다. 또한 전시의 기획단계부터 기획자, 전시디자이너, 에듀케이터가 함께 참여해서 브레인스토밍으로 일을 하는 것이 가장 이상적인데, 이는 추후 전시디자인이나 교육프로그램의 정확한 이해를 기반으로 해석되고 기획될 수 있다.

전시디자이너는 공간을 잘 이해하고 전시품과 전시품의 관계, 관람객인 어린이와 전시품의 관계를 잘 알고 있어야 한다. 이런 이해와 지식을 배경으로 전시관을 연출해야 하므로 공간디자인, 산업디자인 등을 전공한 사람에게 좀 더 적합한 직업이다.

직접 제작해야 하는 핸즈온 전시는 하나의 예술작품에 해당되어서 전후좌우와 위아래 등 전시품 사이의 관계성, 공간과의 관계성, 어린이의 활동 반응성 등 다양한 맥락과 공간 상황을 고려해야 한다. 그러니 이는 기획부터 제작·설치단계까지 의견을 나누고 협의를 하는 등의 끊임없는 과정이 필요하다.

전시와 관련한 설계 및 제작을 담당할 내부팀이 미국에도 몇몇 대형 어린이박물관을 제외하고는 없기 때문에 대개 외주로 이루어진다. 보통 제작·설치 공모를 통해서 전시업체의 제안서가 선정된 후에 전시를 기획하는 발주처가 전시·설계의 기획의도가 정확히 전달되도록 외주업체와 협의해야 한다.

기획자는 최신·선진사례 등을 참고하여 독창적인 전시품을 기획하며, 이를 외주업체에 설명하고, 전시설계서에 나온 크기, 소재, 색상, 전시매체의 다양성, 일러스트, 설명판, 각종 디자인 등을 검토한 후 전시업체에 제작발주를 한다. 전시업체 측에서는 최신 미디어나 실제 제작기술 등에 대한 정보를 제공하며, 협의를 통해서 전시설계서에 반영한다.

전시유지·보수인은 '테크니션(technician)'이라고 불리기도 하는데, 핸즈온 전시에서는 기계장치나 전자장치가 많아 작동 불량·파손 등의 가능성이 있기 때문에 전시유지·보수인이 상시 대기해야 한다. 역량에 따라 이들이 목공, 소품장치, 미디어, 전기 등 다양하고 폭넓게 전시유지·보수에 대한 모든 것을 책임지기도 한다. 전시유지·보수인 한 사람이 해결할 수 없는 전시들이 많을 때는 보수 관련 외주를 주는 방법도 있다.

04. 어린이의 발달 및 교육학적 이론

어린이박물관의 전시에 대해서는 이를 지원해주는 심리학자나 박물관학자 등의 이론들이 있다. 그중에서 가장 밀접한 관련이 있는 장 피아제(Jean Piaget), 레브 비고츠키(Lev Vygostky), 하워드 가드너(Howard Gardner), 존 포크(John Falk)와 린 디어킹(Lynn Dierking), 조지 E. 하인(George E. Hein)의 교육 이론을 살펴보고자 한다. 어린이를 대상으로 전시를 기획할 때에는 어린이의 발달에 대한 지식이 있어야 한다.

아동 발달 이론에 가장 큰 영향을 미친 사람은 피아제와 비고츠키이다. 피아제는 스위스의 심리학자로, 어린이는 성인과 다른 사고체계를 가지고 있다는 것을 증명해준 학자다. 그는 아동발달단계를 감각운동기, 전조작기, 구체적 조작기, 형식적 조작기 등 네 단계로 나누었다. 여기서는 어린이박물관의 핵심 관람객인 전조작기의 특징에 한해 살펴보겠다.

① **전조작기**(pre-operational stage): 보통 2~7세가 해당된다. 상징과 심상을 사용하는 능력이 생겨서 눈에 보이지 않는 대상을 표현할 줄 안다. 언어나 그림을 사용하여 인지발달을 이루고, 상징적 활동을 더욱 많이 하게 되며, 직관적으로 사고하고, 자기중심적인 것이 특징이다.[11]

② **상징적 활동**: 가상적 놀이라고도 하는데, 예를 들면 어떤 사물을 아기라고 생각하고 엄마놀이를 한다든지, 종이 벽돌을 비행기로 생각하고 비행하는 놀이를 한다. 언어가 사고 과정을 표현하지만, 비언어적 행동도 주요한 인지 발달로 이해해야 한다.

③ **직관적 사고**: 외형적인 지각으로 논리적인 판단을 하는 것으로, 지각과 사고가 분리되지 않으며, 만약 둘 사이에 충돌이 생길 경우 지각이 논리적 사고에 앞선다.

④ **자기중심성**: 타인의 관점으로 세상을 이해하기가 어려워 자신의 입장으로만 판단한다. 타인의 관점으로 보는 것을 조망 수용 능력(perspective taking ability)이라고 하는데, 이 시기의 아이들은 이 능력이 아직 없다. 또한 자신의 내면과 세상이 구분되지 않아 본인이 꾼 꿈을 상대방도 알고 있다고 생각한다. 자기중심성에는 모든 유기체와 무기체에 생명이 있다고 생각하는 물활론, 마음과 꿈에서 생각한 것도 모두 실재라고 생각하는 실재론, 세상의 모든 사물은 인간을 위해서 만들어졌다고 사고하면서 사물이 만들어진 데에는 고유한 목적이 있다고 생각하는 목적론 등이 포함된다.[12]

피아제와 비고츠키는 구성주의(Constructivism) 심리학자다. 인간은 자신의 경험으로부터 지식과 의미를 구성해낸다고 생각하는 구성주의 심리학자들은, 교사를 지식을 전달하는 사람이 아니라 생각을 발견하도록 도와주는 조력자라고 본다. 학습을 인지구조의 재구성이라 보며, 인지 구성의 요인을 크게 개인적 경험과 사회적·문화적 맥락으로 나눈다. 즉 피아제의 인지 발달 이론에서 영향을 받은 개인적 구성주의는, 학습은 환경과 상호작용하면서 능력이 발달하고 지식은 개인이 형성한다고 본다.

비고츠키의 사회 발달 이론에서 영향을 받은 사회적 구성주의는 인간이 환경과 상호작용하면서 사회적 영향을 받으며 발달하고 학습한다고 본다. 즉 학생에게는 교사, 친구, 부모 등과의 상호작용이 중요하다는 뜻이다. 비고츠키의 대표적 개념은 '근접발달영역(ZPD, Zone of Proximal Development)'으로, 이는 학생의 현재 발달 상태와 잠재적 발달 사이의 거리로, 어떤 자극에 의해 학습할 수 있는 과업을 말한다. 해당 학생은 발달과업의 목표치인 비계설정(scaffoding)으로 교사나 우수한 동료들의 도움을 받아 발달을 이루게 되는 것이다.[13]

하워드 가드너는 다중지능 이론으로 유명한 하버드 대학교 심리학과 교수다. 인간은 7개의 지능, 즉 언어적 지능, 논리수학적 지능, 공간적 지능, 신체운동적 지능, 음악적 지능, 대인관계적 지능, 개인내적

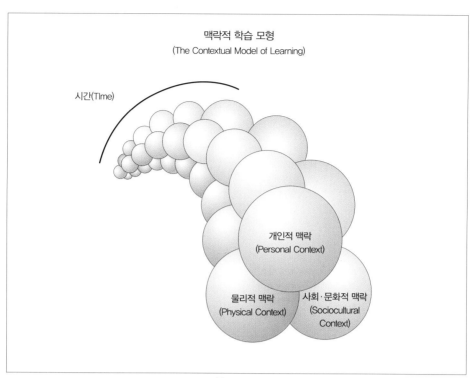

〈그림4-1〉 존 포크와 린 디어킹의 맥락적 학습모델[16]

지능을 가지고 있다고 주장했으며, 이후에 자연관찰적 지능과 실존적 지능을 추가하였다.[14] 그의 이론에 따르면 학교보다는 체험식 전시로 공간적 탐색이 활성화되는 어린이박물관에서 다중지능이 훨씬 활발히 개발될 수 있다.

　박물관과 관련하여 존 포크와 린 디어킹은 맥락적 학습모델(The Contextual Model of Learning)을 언급하였다. 학습은 실험실에서 일어나는 것이 아니라 실생활에서 일어나는 유기적이고 통합적인 경험이라는 것이다.[15] 즉, 학습을 3개의 맥락(개인적·사회적·물리적)의 지속적인 의미 구성을 위한 끝없는 통합과 상호작용으로 본 것이다. 개인적 맥락은 시간의 움직임 속에서 형성되며, 물리적 맥락 속에서 재형성되고 사회적·문화적 맥락에서 중재된다는 뜻이다. 따라서 이들의 이론을 어린이박물관에 적용하면 어린이의 개인적 기억은 경험, 흥미, 발달 등의 맥락이고, 어린이박물관은 물리적 맥락이며, 함께 방문한 교사나 가족들은 사회적·문화적 맥락이라고 할 수 있다.

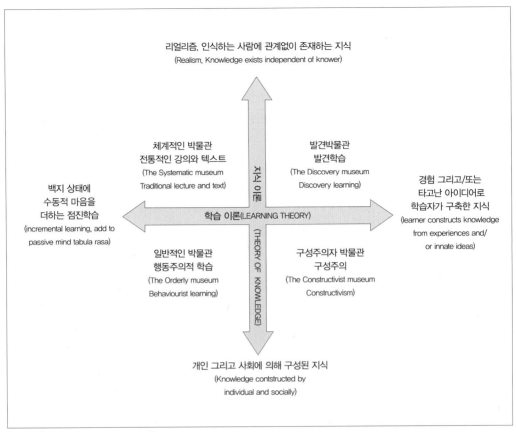

리얼리즘, 인식하는 사람에 관계없이 존재하는 지식
(Realism, Knowledge exists independent of knower)

체계적인 박물관
전통적인 강의와 텍스트
(The Systematic museum
Traditional lecture and text)

발견박물관
발견학습
(The Discovery museum
Discovery learning)

백지 상태에
수동적 마음을
더하는 점진학습
(incremental learning, add to
passive mind tabula rasa)

경험 그리고/또는
타고난 아이디어로
학습자가 구축한 지식
(learner constructs knowledge
from experiences and/
or innate ideas)

지식 이론
학습 이론(LEARNING THEORY)
(THEORY OF KNOWLEDGE)

일반적인 박물관
행동주의적 학습
(The Orderly museum
Behaviourist learning)

구성주의자 박물관
구성주의
(The Constructivist museum
Constructivism)

개인 그리고 사회에 의해 구성된 지식
(Knowledge contstructed by
individual and socially)

〈그림4-2〉 조지 하인의 교육 이론[18]

　　박물관 교육학자인 조지 하인의 교육 이론은 4개 영역으로 나누어 볼 수 있는데, 이는 박물관의 유형에 적용해볼 수 있다. 한 축은 학습 이론, 다른 한 축은 지식 이론으로, 이 2개의 축들은 상호교차하면서, 인식론과 학습 이론에 관해 4개의 서로 다른 교육 이론을 제시한다.[17]

　　〈그림4-2〉의 좌측 상단은 지식이 외부에 존재하고 학습자가 지식을 축적해간다는 내용의 직접적 학습 이론이다. 이는 전통적인 쇼케이스와 설명판의 일방향적 박물관 유형을 말한다. 좌측 하단의 지식은 개인이 구성하고 학습해간다는 자극-반응 학습유형으로, 심리학의 행동주의 방식에 해당한다. 예를 들면 일종의 자극으로서의 행위를 하면 그 결과에 따라서 반응하는 버튼형 전시들이 해당된다고 볼 수 있다. 지식은 외부에 존재하나 학습자가 구성하는 것은 발견 유형인데, 이는 세상의 진리가 외부에 있고, 이를 발견하게 되는 것이다.

보통 과학관에서 원리를 탐구하면서 원리나 현상을 발견하는 과학전시가 이런 경우에 해당된다.

마지막으로, 개인인 학습자가 지식을 구성하는 구성주의 유형이 있다. 이는 어린이박물관에서 가장 지향하는 유형으로, 주로 개인별 창의적 형태를 말한다. 아이들이 좋아하는 블록놀이, 예술 형태 등이 해당된다.

2. 어린이박물관에서의 전시 과정

어린이박물관의 전시는 아동발달·교육학적 이론을 기반으로 하므로 어린이에 대한 지식을 갖추고 있어야 한다. 또한 주제와 내용 모두 어린이의 특성에 맞게 선정하고 기획해야 한다. 전시기획은 다양한 분야의 인력과 협업한다. 전시를 개막하면 어린이 관람객의 전시참관 모습을 일정 기간 관찰한 후 수정·보완하여 최종 완성한다.

01. 어린이박물관의 전시기획 과정

어린이전시의 기획자는 반드시 어린이에 대한 이해가 있어야 하고, 전시주제에 대한 교육 과정을 이해해야 하며, 전시개발 과정을 주지하고 있어야 한다. 전시주제에서는 상설전시냐 기획전시냐에 따라 고려해야 할 점이 다르다. 세 가지 범주로 나누어 살펴보면 아래와 같다.

1) 관람객의 연령 확정

일반적으로 기관의 설립목적, 시설의 규모, 주변 기관들의 입지가 관람객의 연령과 관련하여 영향을 가장 많이 미친다. 즉, 그렇게 관람객의 연령이 정해진다. 대개 영아, 유아, 초등 저학년까지는 주로 핸즈온 전시로 구성하며, 미국의 대형 어린이박물관들 같은 경우는 보통

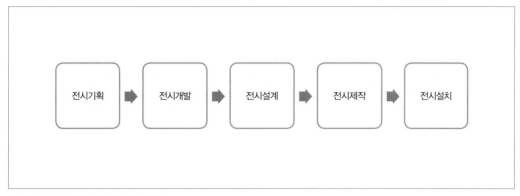

〈그림4-3〉 어린이박물관의 전시 과정

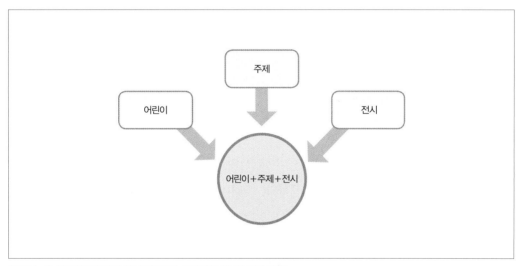

〈그림4-4〉 어린이박물관의 전시기획자가 고려해야 할 세 가지 범주

초등학생까지를 대상 연령으로 전시를 기획한다. 한국은 취학 전후의 어린이가 어린이박물관을 많이 찾고 있어, 특별한 목적의 전시를 제외하고는 이 연령대에 맞춰 전시를 기획한다. 영아 관람객이 점차 증가하고 있으므로, 앞으로 새로운 전시를 구성하고 있다면 이 연령층의 발달을 지원하는 방향으로 기획할 것을 제안한다.

2) 전시주제의 범위

취학 전후 어린이에게는 특히 통합 교육을 지향하므로 전시주제를 선정하기 전에 발달적 측면과 학교 교육 과정을 살펴볼 필요가 있다. 또한 상설전이냐 기획전이냐도 고려해야 한다. 상설전이라면 기관의 설립목적을 반영하고, 해당 기관이 위치하고 있는 지역사회와 관련이 깊은 콘텐츠를 전시주제에 녹여야 한다. 기획전이라면 관람객이 지속적으로 재방문할 수 있도록 하는 효과로서 최근 교육계나 어린이와 가족에게 이슈가 되는 주제들을 선정한다.

① 교육 과정

어린이박물관의 전시는 학교와의 연계가 필수다. 학교나 박물관이나 궁극적으로 지향하는 것은 '학습'이다. 따라서 전시기획자는 학교의 교육 과정을 이해하고 이를 전시에 반영해야 한다. 누리 과정에 언급된 교육 과정은 신체운동·건강, 의사소통, 사회관계, 예술경험, 자연탐구[19] 등 5개 영역으로 분류되며, 이 영역들은 상호통합적이다.

② 실생활 중심

이는 어린이박물관의 전시의 핵심으로, 학교 공부나 성인박물관의 전시와 차별되는 점이다. 어린이의 발달 수준에 맞는 직관적 사고나 구체적 사고에 해당되는 전시를 해야 하므로, '실제 생활 중심'으로 기획하는 것을 기본으로 한다.

이를 뒷받침할 수 있는 이론은 유리 브론펜브뢰너(Urie Bronfenbrenner)의 '생태학적 접근'이라는 이론이다. 그는 개인의 발달을 개인과 환경과의 상호작용및 제도적 측면에서 바라보는데, 특히 이 이론은 어린이를 중심으로 직간접적 영향을 미치는 체계를 보여준다. 즉, 어린이를 중심으로 미시체계, 중간체계, 외체계, 거시체계, 시간체계로 이루어지면서 각 체계들이 〈그림4-6〉처럼 원형으로 확산된다.

미시체계는 유치원, 학교, 가족, 교회, 이웃 등 어린이가 직접 접하고 있는 환경을 말한다. 중간체계는 미시체계 사이의 상호관계들이며, 외체계는 매스미디어, 지역사회, 가족의 친구, 사회복지 및 법적 서비스 등 어린이에게 영향을 주는 환경을 말한다. 거시체계는 어린이가 속한 사회의 가치, 법률, 관습을 의미하며, 시간체계는 어린이의 발달이 시간에 따라서 일어남을 말한다.[22]

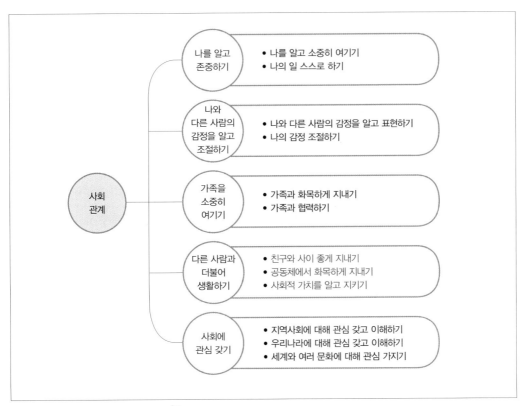

〈그림4-5〉 누리 과정의 사회관계 영역[20]

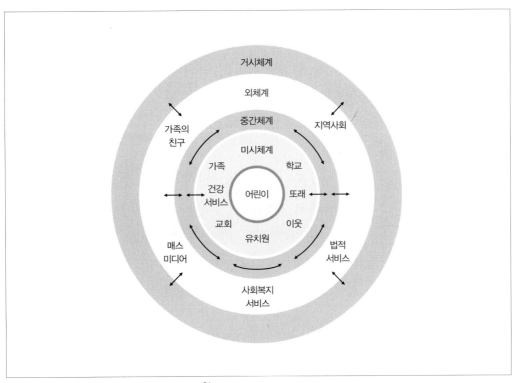

〈그림4-6〉 유리 브론펜브뢰너의 생태학적 이론[21]

따라서 나이가 어릴수록 미시체계적 접근이 바람직하고, 점차 중간체계를 거쳐 초등학생 이상이 되면 외체계, 거시체계, 시간체계를 차차 적용하는 것이 좋다.

3) 어린이박물관의 전시기획 과정

어린이박물관의 전시를 기획할 때는 전체적인 개요를 먼저 짜도록 한다. 이후 개발 단계를 구체적 사례를 들면서 진행하며, 여기서는 전시기획, 전시개발, 전시설계, 전시제작, 전시설치, 보완수정·평가 등 6개의 단계로 구분하여 기술하고자 한다.

① 전시기획 과정의 틀

전시기획에 착수하기 전에 해야 하는 것으로는 국내외 현황 조사 및 해당 기관 주변의 어린이를 위한 전시주제를 조사하는 등 전시주제와 개념을 설정하기 위한 개략적인 틀을 짜는 것 등이 있다.

(1) 전시기획

전시기획은 전시의 가장 기본적인 개요다. 전시의 개념, 전시디자인 혹은 연출 방향, 면적당 전시품 수, 예산에 맞는 콘텐츠 등 전체적인 것들을 살피고 구상하는 단계다.

● **고려 사항**
- 통계청 자료를 근거로 잠재 어린이 관람객 수를 예상해본다. 박물관을 중심으로 자동차로 1~2시간 내에 이동할 수 있는 거리 안에서 사는 어린이의 수를 파악한다. 일반적으로 유아의 이동 시간은 최대 1시간 내, 초등학생은 2시간 내까지 권장한다. 어린이는 부모와 함께 기관을 방문하므로 인근 어린이의 수를 파악하면 가족 관람자 수를 예상할 수 있다.
- 해당 기관 주변에는 자동차로 2시간 내 정도 안에 갈 수 있는, 어린이를 대상으로 하는 전시시설이 있는가? 그러한 전시시설이 있

다면 어떤 시설인가를 검토하여 유사하거나 중복되지 않게 주제를 정한다. 관람객 분산을 방지하기 위해서다.

- 국공립 및 사립박물관·미술관·과학관의 어린이를 대상으로 하는 전시, 영리시설의 상설·기획전시, 외국의 박물관 등을 조사해 최근의 전시 흐름과 부족한 내용이 무엇인지 등을 파악한다.

- 한국의 어린이와 가족문화 현황에 관한 서적이나 기사, 교육계, 어린이가 성장하며 경험할 미래 세상에 대한 준비, 21세기에 필요한 역량 등을 고려한다.

- 상설전시냐 기획전시에 따라서 전시주제가 달라질 수 있다. 상설전시에서는 기관의 설립목적이나 지역사회의 이해를 고려하고, 기획전시에서는 최근의 이슈나 해당 기관에서 필요하다고 생각하는 주제를 선정하는 것이 좋다.

- 예산과 공간, 제작기간을 고려하여 현실화가 가능한 것을 준비한다. 기관 내에 디자이너가 없다면, 전시설계업체에 외주를 주거나, 미술가와 협업하여 독창성을 추구할 수도 있다. 단, 외주와 예술가 등은 외부 인력이므로 시간과 예산이 더 소요된다는 점을 고려한다.

- 핸즈온 전시는 거의 예외 없이 고장이나 파손이 날 수 있으므로 견고하게 제작하고, 신속하게 유지·보수가 가능하도록 설계한다.

• **전시개념**

어린이박물관의 전시는 어린이들에게 세상에 대한 이해를 도와주는 내용으로 이뤄지며, 통합교육을 지향한다. 해당 기관이 추구하는 대상 연령에 따라 학습주제와 수준은 다양하게 설정된다. 주제는 문화, 예술, 수과학, 신체발달, 언어, 영유아의 발달 등 다양한 영역 중에서 해당 기관의 설립목적이나 지역사회에 대한 이해 등 추구하는 것에 따라 선정한다. 또한 한 가지 영역에서도 매우 다양한 소주제가 나올 수 있는데, 문화로 예를 들자면 한 나라의 민속문화, 다문화, 지역사회문화, 학교문화, 인종문화, 마을문화 등 범주가 매우 넓다.

한 가지 주제를 선정하더라도 통합교육을 지향하므로 예술, 수과학,

① 사회문화

② 예술

③ 수과학

④ 신체 발달

⑤ 언어

⑥ 영유아발달

〈그림4-7〉 각국 어린이박물관의 전시 사례

① 실생활 적용－건축공사에 활용되는 과학적 원리

② 맥락적인 전시연출－차량 정비소, 슈퍼마켓 등

〈그림4-8〉 콜 어린이박물관의 전시연출의 사례

신체, 문화 등의 전시품으로 폭넓게 연출될 수 있다. 〈그림4-7〉은 분류별 전시의 사례들이다.

특히 과학전시에는 어린이가 선호하는 소재들이 있다. 그래서 무형의 소재인 물, 모래, 흙, 바람 등을 이용한 전시들, 지속적으로 움직이는 소재인 공, 비눗방울, 그리고 공과 물 등을 접목한 전시들도 있다.

유의해야 할 점은 과학전시는 어린이의 발달을 고려하여 실생활에 적용할 수 있는 과학적 내용을 연출해야 한다. 그래서 과학전시의 전시품은 어린이가 과학적 원리를 이해할 수 있게끔 단품이 아니라 실생활에 접목시킬 수 있는 것이어야 한다. 또한 그러한 전시품들을 어린이가 생활·과학과 연결시킬 수 있도록 맥락적인 전시연출을 위한 기법을 선택해야 한다.

- **전시디자인(전시연출) 방향**

전시의 개념과 전시디자인은 전시기획의 초기부터 고민해야 한다. 전시품은 대부분 3차원의 창의적인 전시품들이라 기획자와 디자이너는 항시 상호소통을 해야 한다. 어린이에게 맞는 좋은 전시를 만들어내도록 소통하며 노력한다. 똑같이 '물'을 주제로 전시를 하더라도 전시개념과 디자인을 어떻게 풀어내느냐에 따라서 전시는 완전히 달라질 수 있다. 그러면 194페이지 〈그림4-9〉의 '물 전시' 사례로 비교해보자.

① 한강과 물
경기도 상류부터 하류, 서해까지 스토리 설정

② 워터웍스(Water Works)
수도꼭지로 실로폰을 제작

④ 워터웨이스(Water Ways)
대형 물펌프 전시대

③ 아이디어 팩토리(Idea Factory)
공과 물을 혼합한 전시로 마치 살아있는 생명체같이 작동하는
공장에서 물과 공이 순환

⑤ 워터 월드(Water World)
물의 순환을 알 수 있도록 비가 오는 것부터 시작하여 물의 쓰
임새까지 파악

⑥ 워터게임(Water Game)
물길에 댐을 쌓아 물살의 힘을 측정하는 게임식 전시

〈그림4-9〉 어린이기관의 '물' 전시 사례들

• 개략적인 예산과 전시품 수

기획 초기 단계에서부터 예산에 맞는 전시품 수와 면적을 계산하여야 한다. 기관에 따라 다를 수 있으나 약 $10m^2$당 전시품 하나, 전시품당 최소 1000만 원 내외다. 이런 대략적인 전시품 수와 면적, 예산으로 전시를 예상하며 구체화하면서 전시개발 단계로 들어간다.

(2) 국내외 전시 사례 조사

전시를 기획할 때에는 국내외 기관을 방문하거나 관련 기관의 홈페이지를 검색하여 유사한 주제에 관한 자료를 수집해야 한다. 이를 통해 좀 더 참신한 전시주제를 선정해야 한다. 사례 정보들은 국내외 참고기관들과 어린이에 관한 관련 협회에서 찾을 수 있다.

- 국내
  - 어린이박물관의 전시
  - 어린이미술관의 전시
  - 어린이과학관의 전시
  - 교육과학원의 전시
  - 유아체험교육원의 전시

- 국외
  - 어린이박물관(Children's Museum) : 미국의 베스트 10 어린이박물관들, 뉴욕 어린이미술관 등, 유럽의 어린이박물관들(독일 프랑크푸르트 어린이박물관, 오스트리아 줌, 네덜란드의 트롬펜주니어, 덴마크 국립어린이박물관 등)
  - 과학관과 과학센터 : 미국 익스플로라토리움, 시카고 과학산업박물관, 뉴욕과학홀(New York Hall of Science), 프랑스의 어린이 도시(Cite' des enfant) 등

- **어린이박물관 및 과학관 협회**

  - ACM(Association of Children's Museum)

  - 핸즈온 인터네셔널(Hands on International)

  - 아시아-태평양 어린이박물관 학술대회(Asia Pacific Children's Museum Conference)

  - ASTC(Association of Science Technology Centers)

  - COSI(Centers of Science and Industry)

  - ECSITE(European Network Science Centres & Museums)

② 전시개발 사례

경기도 어린이박물관의 기획·전시개발을 사례로 들어 설명하고자 한다.

(1) 전시의 개념 선정

2015년, 경기도 어린이박물관은 개관 4주년을 기념해 '조부모'를 주제로 기획전시를 열었다. 상설전시와는 다른 주제이기는 하더라도 기획전시의 주제 또한 역시 박물관의 설립목적·목표에 부응하는 것으로 선정했다. 그래서 부모의 요구, 어린이의 흥미, 시의성 있는 이슈, 가족과 어린이가 세상을 살아가는 데 도움이 되는 학습적 요인을 고려했다.

다만 아무리 좋은 전시주제라 하더라도 체험식 전시기법으로 다양하게 풀 수 없는 것이면 어린이에게 흥미를 줄 수 없으므로 배제하는 것이 바람직하다. 그리고 사전에 유관기관에서 유사한 주제의 전시가 있었는지도 살펴보면서 차별화되게 기획해야 한다.

- **주제의 필요성**

설문조사 결과 어린이박물관 관람객 중 약 25%가 조부모 동반 관람객이었다. 이에 조부모와 어린이 모두 공감할 만한 전시[23]를 기획했다. 2015년 기준으로 65세 이상 인구의 12.7%가 이를 염두에 두고

기관명	전시명	전시내용 및 특징
보스턴 과학관	노화의 비밀 (Secrets of aging)	몸과 마음의 변화, 노화의 과학 및 원리 소개
프랑크푸르트 통신박물관	시간과의 대화 (Dialogue with Time)	노년의 다양한 이미지, 노화에 대한 공포 감소, 세대 간 대화 장려

'조부모'를 주제로 선정했다. 또한 시대적 이슈인 '활기찬 노년'을 고려하며 세대통합적 전시를 기획하고, 어린이의 정서·인성 발달에 기여할 수 있는 가족친화적인 문화를 형성하도록 하였다. 유아교육 과정인 누리 과정을 구성할 때에도 다양한 문화들을 존중하는 것에 대해 고려하였다.

• **국내외 참고 사례 조사**

국내외 사례 조사를 거쳐, 기관이 추진할 전시방향을 설정하였다. 한국에는 서울과 수도권의 성남 고령친화체험관, 서울 노인체험관 등 두 곳이 조부모에 대한 유사 전시가 있어 방문하였다. 체험관은 인체 노화에 따라 필요한 여러 가지 가구나 소품 등의 판촉을 중심으로 하고 있었다. 일부 외국에서도 어린이박물관에 '조부모'에 관한 전시주제가 있었으며, 과학관과 통신박물관에서 인간 노화에 초점을 둔 전시를 진행했다.

이런 사례 검토를 거쳐 경기도 어린이박물관에서는 3세대가 공감할 수 있는 정서와 노화의 장단점을 중심으로, 인간으로 태어났다면 거쳐야 하는 노년에 대해 살펴보면서 상호공감과 이해를 통해서 3세대의 관계가 좀 더 좋아질 수 있도록 연출했다.

• **전시목표**
- 3세대 간 이해와 소통의 장을 마련해 가족의 공동체의식과 유대감을 높인다.
- 노인의 고유한 특성을 이해하고, 노인과 노화에 대해 올바르게 인식한다.

－과거와의 연결자이며 지혜의 원천인 노인에게서 긍정적인 역할 모델을 발견하고, 노인에 대한 편견을 극복한다.

(2) 전시개발

전시주제를 정했다면, 전시품들과 공간 연출 등에 관한 모든 세부 사항들을 정하는 전시개발 단계로 들어간다. 국내외 전시품의 사진을 참조하되, 구체적인 전시방식 및 전시품 개발을 창의적으로 진행한다.

● 전시물 아이템 정리 및 전시품 개발(1차)

전시 담당 학예사가 중심이 되어 브레인스토밍을 전개한다. 전시기획자, 디자이너, 교육전문가가 함께 수차례 회의를 거쳐 전시의 소주제 및 전시 아이템을 선정한다. 흥미·난이도, 교육성, 제작 가능성, 매체의 다양성 등을 종합적으로 고려하여 아이템을 분석하며, 어린이자문단과 전문가 자문회의를 거쳐 최종 확정한다.

－어린이자문단을 통해 어린이의 의견과 관심사 수렴 : 할아버지·할머니와 '친구'가 될 수 있게 해줄 전시명을 고려, 조부모와 손자·손녀가 친밀해질 수 있도록 해주는 전시품, 조부모의 유년 시절에 대한 손자·손녀의 흥미를 반영한 전시품 등
－아동학·노인학·가족학 콘텐츠 및 박물관계와 전시디자인 전문가등의 자문 결과 반영 : 3세대의 공통점을 부각하는 전시품을 전시하여 나의 뿌리 그리고 부모와의 연결성 등을 통해 3세대의 공감대를 형성함. 어린이들이 원하는 조부모상은 '친구 같은 조부모'임을 고려함. 특히 60~70세 전후의 젊은 노년, 현실적인 노인상을 제시함. 이와 같이 여러 분야의 자문 의견들을 반영하여, 전시명을 '아주 특별한 친구, 우리 할아버지 할머니'로 결정하고 프로토타입으로 3세대 공감형 전시품, 조부모의 유년기를 볼 수 있는 전시품을 기획함.

상기 여러 가지를 종합하여 최종적으로 전시품의 이름을 결정한다.

〈표 4-2〉 전시품 확정표

전시품의 이름	내용	평가 기준				종합
		흥미/난이도	교육성	구현가능성	매체 다양성	
똑똑똑 할아버지	조부모에게 인사	●		●	●	●
별난 할아버지	조부모가 되어보기	●		●	●	●
노화의 진실	노화의 과학적 사실 이해		●			×
어려움	일상 속 노화에 따른 어려움 체험	●	●	●	●	●
변화와 늙음	노화에 따른 변화를 턴테이블로 체험		●	●		×
할머니는 나예요	나의 미래 모습 체험	●				×
할머니는 내 편!	조부모 역할 이해	●	●	●		●
할아버지의 꿈	사회 속 노인의 역할 이해		●	●	●	
할머니의 상담소	고민에 대한 처방, 해결	●	●			×
할머니의 보물함	조부모의 생활문화 이해		●	●	●	●
지혜 보따리	조부모의 지혜·경험 탐색	●	●	●		●
사진첩	조부모와 손주의 닮은 부분 탐색	●	●	●		●
할머니 생일	조부모 생신 축하	●		●	●	×
전시 아이템 선정 과정						

- **전시물 아이템 정리 및 전시품 개발(2차)**

2차에서는 최종 전시품들을 네 단계의 소분류로 나누고 전시콘텐츠를 좀 더 풍부히 해줄 전시품을 추가한다. 또한 전시품의 연출매체를 더 세부적으로 개발하며 전시품을 모두 각기 다르게 연출하여 어린이의 흥미를 끌도록 한다. 대형 미디어, 예술가의 협력, 단체 관람객을 대상으로 하는 전시품 등을 최종 확정한다. 전시품 확정 후에도 전시제작 설계 공모로 전시업체가 선정되면 업체의 제안서에 좋은 아이템이나 예산에 맞는 실제적 전시품을 구현시키기 위하여 전시품을 더 개발시킨다.

- **전시디자인 방향**

어린이가 '조부모'를 이해하고 알아가며 특별한 친구가 되어가는 과정으로 전시를 구성한다. 즉 '조부모와 나'의 관계를 중심으로 관심, 이해, 소통, 관계 맺기를 형성한다. 어린이가 조부모를 조금씩 파악해 가는 것을 '대문'이라는 시각적 모티프로 상징화하고, 아울러 심리적 거리가 가까워지는 단계를 '대문'에 연출한다. 예술가의 참여로 전시

〈표4-3〉 전시품과 전시기법 개요[24]

분류	전시품의 이름	전시내용	연출방법
관심·만남	똑똑똑! 할아버지~할머니 〈인사〉	문을 열면 패널 속 할아버지·할머니의 일부 모습이 나타나 인사한다.	문과 패널
	별난 할아버지 〈접촉〉	노인의 모습을 대표하는 콧수염, 안경, 지팡이, 가발 등의 소도구로 촬영, 역할놀이 체험하기	소도구, 실시간 카메라
알아가기·다가가기	어려움이 있어요 〈특성 이해〉	일상 속 어려움, 노화 체험(시력·청력의 노화, 손 떨림, 인지적 노화)	테이블탑 작동, 모형
	할아버지의 특별한 비밀 〈매력 발견〉	노인의 장점과 잠재력을 애니메이션으로 살펴보기	애니메이션
	할머니·할아버지의 꿈 〈매력 발견〉	평범한 할머니의 위대한 모습 발견하기	회전패널
	할머니의 보물상자 〈유산 발견〉	옛 물건과 현대의 물건을 비교·탐색하기	모형, 쇼케이스
	특별한 레시피 〈유산 발견〉	아이의 질문에 대한 답을 어르신의 전통 지식과 생활의 지혜에서 찾아보기	칩과 작동모형
교류·소통하기	할아버지의 사진첩 〈마음 열기〉	할아버지의 어린 시절부터 현재까지 변화를 앨범으로 살펴보고, 나의 미래 모습 그려보기	테이블탑, 앨범
	할아버지와 나는 닮았어요 〈동질성 찾기〉	아이와 조부모의 공통점을 퍼즐로 맞춰보기	테이블탑 퍼즐
	할아버지와 즐거운 시간 〈소통〉	실뜨기, 사인 만들기 등 함께 할 수 있는 놀이 체험	체험테이블
	할머니의 머리를 꾸며요 〈소통〉	소품을 이용해 할머니의 머리를 꾸미는 역할놀이	모형, 소품
	서로가 필요해! 〈도움 주기〉	노인과 아이가 서로에게 해줄 수 있는 일을 떠올려보고, 칩 맞춰보기	작동
관계 맺기	할머니께 편지 보내요 〈애정 표현〉	송풍관을 통해 조부모께 편지 보내기	작동 (송풍시스템)
	함께 만들어요 〈협력, 어울림〉	서로 협력하여 세대 간의 어울림을 상징하는 작품 만들기	인터랙티브 미디어

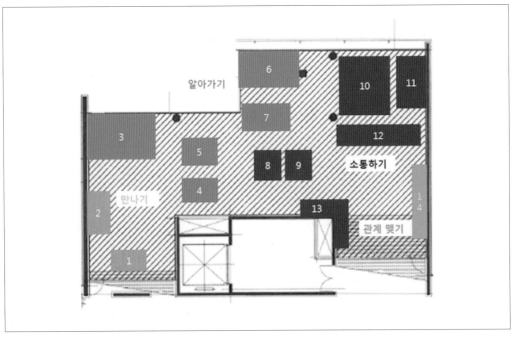

〈그림4-10〉 전시품 예상 배치도

의 독창성을 추진하고, 기획전시 종료 후 국내 '순회전'을 고려하여 이동이 용이한 단품으로 제작한다. 이는 환경 연출보다는 전시품에 집중하도록 디자인하기 위함이다.

(3) 전시설계

설계 공고 후 제작업체를 선정한다. 선정 이후부터는 제작업체와 발주처인 전시기획팀이 협업하며, 설계서를 면밀히 검토하고 내역서를 확인한다. 어린이의 특성과 눈높이, 안전 등의 문제도 철저히 살펴야 한다.

- **고려할 점**
  - 어린이들의 의견 중 전시에 적용 가능한 것은 수렴
  - 어린이의 눈높이에 맞춤 : 평균 110~120cm
  - 전시 테이블의 높이 조절 : 65~70cm
  - 페인트 : 친환경(수성) 페인트로 하되, 유지·보수 측면에서 테이블 주변 등 관람객이 자주 접촉하는 곳은 유성 페인트 사용
  - 재질 : 목재, 아크릴, 피씨, FRP와 유리 또는 강화유리(가급적 배제하거나 최소한만 사용)
  - 일러스트레이터 : 특정한 환경을 연출하는 분위기를 낼 동화 일러스트레이터 혹은 예술가들
  - 한국 기술력 검토 : 전시품을 납품해온 기관을 직접 방문
  - 전시는 디테일이 중요하므로 회의를 자주 하고, 회의록을 공유함, 시공 상세도 확인
  - 어린이에 관한 부분은 안전 관련 사전도면 점검 및 제작 후 감수 후 수정 : '어린이 놀이시설 기준법'에 준거

(4) 공장 제작 실사 및 감수

공장에서 전시품을 제작할 때는 현장 실사를 나가서 전시주제와 전시품이 설계 의도대로 제작되는지를 살피며, 수정할 것들은 그 자리에서 고치도록 한다.

- 전시품 제작 공장 방문 및 기관 내에서 직접 제작: 일일 보고, 주간
  일보, 월간 보고 등 서면 보고도 수반한다.
- 하도급 승인 사항을 검토하고, 전기공사는 전시품 제작과는 분리하
  여 발주한다. 제작한 전시품들은 예술작품으로 간주되니, 이를 구
  매하는 것은 행정용어로는 '물품 구매'이다.
- 유관기관의 협조: 노인복지관과 어린이박물관의 노인 자원봉사자
  들의 협조로 영상들을 일부 제작한다.

(5) 전시설치

전시장에 전시 제작품을 설치하는 과정이다. 설계도를 중심으로 해
당 기관의 특수한 사정이나 어린이의 동선 등을 고려하여 실제 설치
현장에서 보다 적합하게 전시품 설치가 조정될 수도 있다.

● 사전홍보

홍보를 통해 사람들의 관심을 끌기 위해 개막 1개월 전부터 박물관
내에 전시 프로토타입을 활용한 사전 홍보존을 운영했다. 여기서는
어린이들이 부모님과 대화하면서 3세대의 공통점을 찾아내고, 그것
을 3단의 인간 형상 종이에 그려보도록 했다.

(6) 수정·보완 및 평가

체험전시품은 설치 후 전시회를 찾은 어린이의 반응을 관찰하여 수
정·보완한다. 만약 관람객인 어린이가 기획자의 의도·예상과 다르게
반응하면 반드시 조정해야 한다. 특히 전자·전기를 사용한 제작전시품
들은 불안정할 수 있으니 어린이의 전시체험을 살펴보고 유지·보수가
잘 이루어지도록 보완한다. 그리고 다른 전시를 기획할 때에도 이러한
피드백들을 꼭 참고해야 한다. 관람객들을 대상으로 설문조사도 실시
하여 전시기획의 의도대로 학습이 이루어지고 있는지도 파악한다.

전시업체의 하자보수는 통상 1~2년이지만, 계약을 달리 할 수 있
다. 전시품의 수정·보완은 최소 일주일에서 한 달 동안 실시한다.

① 우리는 닮은꼴 (사전홍보 전시품)

② 전시장 입구

③ 전시장의 전경

④ 조부모 알아가기 소분류①

⑤ 조부모와 소통하기 소분류②

⑥ 조부모와 관계 맺기 소분류③

⑦ 나도 할머니·할아버지

⑧ 할아버지의 어려움

⑨ 할아버지의 새로운 꿈

⑩ 할머니는 내 편!

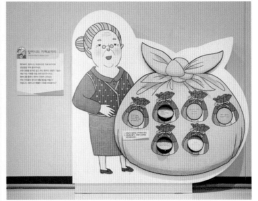

⑪ 할머니의 지혜 보따리

⑫ 할머니의 보물함

⑬ 도움 시소

⑭ 놀이-보자기, 실뜨기, 붓글씨

⑮ 미디어 연결놀이

⑯ 슝 바람 편지

⑰ 인생 자전거

⑱ 할아버지의 사진첩

〈그림4-11〉 경기도 어린이박물관 '조부모' 전시전의 전시품

3. 어린이박물관의 전시기술 다양성

어린이박물관의 전시기술은 매우 무궁무진하면서 창의적이다. 전시기획자와 전시디자이너, 전시제작업체가 협의하여 최종 제작물을 확정한다. 이번 장에서는 어린이박물관전시에 많이 이용되는 전시기법을 소개한다.

01. 로 테크(Low Tech) 전시기법

어린이전시는 어린이의 발달과 특성을 고려하여 모든 단계에서 주로 활동 중심의 기법을 사용한다. 아래에 어린이전시를 영역별로 구분하여 기술한다.

① 사회·문화 전시기법

사회 영역과 문화 전시들은 정보를 알려주는 전시기법으로, 역할놀이와 활동 중심의 전시기법 등 다양하다.

② 수과학의 전시기법

빛, 에너지, 공, 물, 바람, 모래 등을 이용하여 과학적 원리를 탐색하는 전시기법과 인체, 생태 및 동식물, 공룡, 건축 전시기법 등이 있다.

① 이집트에 대한 정보
버튼식·터치식 전시기법을 사용하여 상형문자 읽기

② 인쇄 활동
실제 옛 인쇄기구로 인쇄물을 찍어보기

③ 전통음식점
중국 전통음식점 모형으로 음식문화와 예절을 체험하기

④ 인형극 놀이
해당국의 전래동화를 빛과 그림자로 재현해보는 인형극

⑤ 극지에서의 생활을 체험
화면에 썰매를 끄는 개들이 나오게 해서 실제 개썰매를 타는 듯한 기분을 느끼게 하기

⑥ 민속놀이감
체스나 도미노 등 전통적 가족 놀이감으로 활동하기

⑦ 그리기와 오리기
동양의 서화 기법을 그리거나 적기

스테이튼아일랜드 어린이박물관

⑨ 방송국 촬영 체험
방송장비와 카메라 촬영 경험하기

플리즈터치 어린이박물관

브루클린 어린이박물관

⑧ 의상 입어보기
해당국가의 문화 축제에 참여한 것처럼 의상 걸쳐보기

⑩ 슈퍼마켓
음식 모형으로 마켓놀이하기

〈그림4-12〉 사회문화 전시기법

네덜란드 네모 과학관

① 기하학이나 도형의 원리 관련 전시품
조각 맞춰보기

피츠버그 어린이박물관

② 자동차 경주
미니카 두 대를 위에서 굴려 기울기와 요철에 따라 차의 속도를
비교해보기

③ 공 전시
　공이 굴러가면서 연쇄적인 반응에 따라 상호작용을 하는 것을 보여줌. 이 과정에서 어린이는 공을 레일에 넣거나 움직이도록 함

④ 모래놀이
　굵은 모래알을 모래관에 넣으면 하단의 물레방아 틀이 돌아감

⑤ 물 전시
　전시기구를 통해 물의 흐름과 원리를 파악할 수 있는 테이블

⑥ 바람 놀이
　어린이가 돔형 구조에 들어가면 바람이 나와 미니 스카프들이 날림

⑦ 살아있는 벌 전시
　실제 벌집과 전시대를 함께 제작하여 벌들이 벌집에서 실제로 움직이는 것을 어린이들이 관찰하게 함

⑧ 배관 연결 활동
　구성주의기법으로 어린이가 자신의 발달에 맞게 조립할 수 있음

인디애나폴리스 어린이박물관

⑩ **동물의 보호색**
　보호색을 사용하는 생물들을 관찰하고, 새 모양의 종이에 보호색을 색칠한 뒤 나무에 끼워보기

앤아버 핸즈온박물관

⑪ **블록놀이**
　구성주의 기법으로 자신의 발달에 맞게 블록을 쌓고 부수는 놀이

브루클린 어린이박물관

브루클린 어린이박물관

⑨ **식물모형전시**
　태양열을 이용하여 모형 꽃을 피움

⑫ **작은 수족관과 코지 코너**
　영아들이 물속 생물을 보면서 쉬는 공간

인디애나폴리스 어린이박물관

플리즈 터치 어린이박물관

⑬ **공룡처럼**
　공룡 의상을 입고, 알 품어보기

⑭ **병원놀이**
　사람 모형을 올려놓고 CT 촬영해보기

〈그림4-13〉 **수과학의 전시기법**

③ 신체 발달 및 영유아 전시기법

전신 발달을 추구하는 대근육 활동과 신체 각 기관의 발달을 촉진하는 전시이며, 영아의 신체 발달을 목표로 하는 전시기법이다.

피츠버그 어린이박물관

① 에어 바운스
대근육을 발달시키는 전신놀이

피츠버그 어린이박물관

② 기어오르기 구조물
벽면구조를 이용한 신체 놀이

인디애나폴리스 어린이박물관

③ 신체를 활용하는 과학원리 기법
시소의 원리를 이용하여 물관 속에 기포를 형성하는 전시물

인디애나폴리스 어린이박물관

④ 영아용 오르기 구조물
2~3m 내의 층고에 입체적으로 오르는 구조물이 있어 영아들이 올라가볼 수 있음

인디애나폴리스 어린이박물관

⑤ 영아용 물놀이 테이블
물테이블의 높이를 낮춰 영아용으로 활용

앤아버 핸즈온박물관

⑥ 발달 정도 측정
전시물과 팔씨름을 하여 자신의 근력을 확인함

〈그림4-14〉 신체 발달 및 영유아를 위한 전시기법

① 타악기
타악기를 신나게 두드려볼 수 있음. 흡음 장치 필수

② 난타
일상용품을 이용하여 타악기처럼 두드려보는 벽면형 전시

③ 예술가 인터랙티브 작품
관람객이 움직이면 각 조각들에 부착된 센서가 이를 감지하여 움직이면서 소리를 냄

④ 우주선
예술가가 페트병을 재활용하여 양 모양으로 만든 우주선. 어린이가 들어가볼 수 있음

〈그림4-15〉 예술전시기법

④ 예술 전시기법

음악 관련 전시물로는 주로 타악기를 전시하며, 예술가들의 상호작용 작품들을 다양하게 응용하여 전시품으로 제작할 수 있다.

02. 미디어 활용 전시기법

어린이들은 미디어에 익숙하다. 미디어를 활용한 전시기법에는 하드웨어 구입과 소프트웨어 개발, 그리고 지속적인 업데이트가 필수적이기에 비용이 많이 든다.

① 크로마키 기법
몸을 움직이면 모니터에 실제처럼 절벽을 오르거나 가상적 움직임이 보임

② 물놀이전시
물의 흐름을 미디어로 만들어 관람객이 물길을 만들 수 있게 함

③ 몸 인식 미디어놀이
모니터에 로봇이 된 자신의 모습이 나오면 몸을 움직이면서 상대와 경쟁함

④ 대형 미디어 인터랙티브전시
바닥과 3개의 벽면에서 환경과 생태를 주제로 몰입형 상호작용 전시

〈그림 4-16〉 미디어전시기법

03. 사인 및 그래픽

어린이전시의 사인과 그래픽의 종류에는 전시의 이름, 전시품 이용에 관한 문구가 있다. 전시품 이용에 관한 문구는 관람객들이 전시의 도를 최대한 잘 파악하도록 동기유발을 시키기도 한다. 어린이전시의 전시물들은 일러스트를 활용하여 제작하기도 하고, 전시에 관한 설명인 경우에는 실물 사진으로 설명을 돕기도 한다. 따라서 글과 이미지를 적절하게 사용하는 것이 바람직하다.

① 종합형
전시명, 이용방법, 설명판이 모두 제시된 형태

② 설명판과 이용문구
사람과 동물이 비교되도록 하는 사진과 설명, 이용문구

③ 이용문구와 일러스트
의상을 입어보는 순서를 설명하는 일러스트와 글

④ 예술작품 소개
작가 사진, 이름, 제작년도, 작품명, 작품에 대한 설명

〈그림4-17〉 사인 및 그래픽

04. 기타 - 색채, 간섭, 공간

과한 노출의 색은 학습을 방해한다. '어린이' 하면 선명한 무지개를 떠올리겠지만, 이런 색을 사용하면 어린이가 전시물에 집중할 수 없다. 주조색과 보조색을 두되, 다양한 색은 포인트로 쓰는 것을 제안한다. 이유는 전시공간에서 가장 중요한 것이 어린이가 전시에 집중할 수 있는 환경 연출이기 때문이다.

전시품들끼리도 서로 영향을 준다. 공이나 자전거, 빛, 대형 미디어기기 등 움직이는 것들은 어린이의 호기심을 즉각 이끌어내어 주의를 집중시키므로 그 주변의 전시품에 대한 어린이의 관심을 떨어뜨릴 수 있다. 이런 경우에는 다른 전시품보다 간격을 더 준다든가 벽면형으로 설치하여 어린이가 그 앞에 오래 머물러 있지 않게 하는 것이 좋다. 각 전시품 사이에는 최소 2m 이상의 간격을 두어야 한다.

공간은 맥락적인 연출과 시각적인 몰입이 이루어지도록 하는 것이 좋으나, 비용이 많이 든다는 것이 단점이다.

05. 사후 운영 관리 외

전시 관리는 전시 제작 시부터 전시품의 파손, 유지보수 등을 고려하여야 한다. 복잡하지 않은 장비, 단순한 기법을 사용해야 고장이 적다.

유지보수인이 해당 기관에 상주하면 고장 시 바로 수리를 할 수 있다는 장점이 있으나, 기관의 상황에 따라서 이는 다를 수 있다. 상설전시 기관 등에는 전문 인력이 상주하는 것이 바람직하며, 기관의 규모가 크다면 2인 체제를 추천한다. 유지보수인은 전자·전기·기계 등에 관한 전공 지식과 경험, 현장에서 고칠 수 있는 간단한 목공이나 각종 수리 능력 등을 갖춰야 한다.

지금까지 어린이박물관의 전시·과정 등에 대해 살펴보았다. 어린이를 위한 전시공간은 어린이와 가족을 위한 학습·문화공간이며, 어린이의 발달과 가족의 삶을 지원하고, 가족문화의 형성에 기여한다. 어린이박물관에서 핸즈온 전시를 관람한 아이들을 대상으로 설문조사를 했더니 '즐거움'이라는 어휘를 많이 사용하였으며, "무엇인가를 배웠다"고 응답하였다.[25] 또한 어린이박물관에 다녀온 지 2개월 된 어린이가 자신의 수집품을 재분류하고, 자신을 표현할 기회를 가짐으로써 치료적인 효과를 얻기도 한 사례도 있다.[26]

경기도 어린이박물관의 '조부모' 기획전의 관람객을 면접조사했더니, 어린이들은 신체적 노화에 따른 어려움을 알게 되었고, 부모는 자신의 부모님을 자주 찾아 뵙고 잘해 드려야겠다는 마음이 생겼다고 답했다.[27] 어린이와 가족에게 학습과 긍정적인 정서적 반응을 이끌어 내어 가족의 공동체 의식과 유대감 형성에 이바지한 것이다.

어린이박물관이 늘어나고 있다는 점은 바람직하나, 콘텐츠는 아직 부족한 점이 많다. 어린이의 발달과 눈높이를 이해하고 그에 맞춰 구성과 설계를 하는 등 많은 노력이 필요하다. 또한 기관의 설립목적에 맞는 상설전시와 기획전시, 사회·시대·지역사회의 요구에 부합하는 전시콘텐츠를 만들어 박물관은 물론 어린이와 가족에게 도움을 주어야 한다.

온·오프라인 학습 시대임을 반영하여 어린이가 새로운 미래를 대비할 수 있도록 콘텐츠, 예를 들면 21세기 학생 역량에 맞춘 기술들(창의력, 의사소통, 미디어 문해력, 문제 해결, 협업, 리더십, 문화다양성)에 관한 역량 개발을 할 수 있도록 기획해야 한다. 미래를 열어갈 어린이들을 위한 변화하는 시대에 맞춘 수준 높은 콘텐츠를 기획하여 어린이의 사고를 확장시키고 인공지능이 풀 수 없는 인간의 무한한 잠재력인 창의성을 육성할 수 있도록 펼쳐가야 할 것이다.

4. 어린이박물관의 전시 참고자료

01. 미국의 어린이박물관

미국 잡지 「페어런츠(Parents)」는 전문가들에게 의뢰하여 미국 내 최고 어린이박물관 10개[28]를 선정하였다. 아래에 해당 어린이박물관들을 소개한다.

1) 휴스턴 어린이박물관(Children's Museum of Houston)

어린이 중심의 학습을 통해 지역사회를 혁신적으로 변화시키고자 하는 설립목적에 따라 어린이의 발전을 위해 텍사스 주 휴스턴의 부모 단체에 의해 1980년에 설립되었다. 건축가 로버트 벤추리가 설계하였고, 13개 상설전시실에서 실험적인 학습이 가능하다. 과학, 수학, 건강, 공학, 시민 참여, 사회, 문화를 주제로 완성도 높고 접근성 좋은 전시를 선보인다. 다양한 직업을 체험해볼 수 있는 '키트로폴리(Kidtropolis)' 전시가 가장 인기 있으며, 클라이밍(climbing)은 1층과 2층에서 어린이가 이용할 수 있도록 설치했고, 주변에는 대근육 활동을 할 수 있는 시설도 전시하여 함께 운영한다.

http://www.cmhouston.org

2) 인디애나폴리스 어린이박물관(Indianapolis Children's Museum)

어린이와 그 가족의 삶을 변화시키는 힘인 예술·과학·인문학 등에 관한 비범한 교육적 체험을 창조한다는 설립목적에 따라 1925년 메리 스튜어트 캐리가 인디애나 주 인디애나폴리스에 설립했다. 어린이 뿐만 아니라 가족 관람객 모두가 즐길 수 있는 세계 최대 규모의 어린이박물관이다. 상설전시관의 대형 돔과 공룡 전시가 인기 있다. 지구 탐험으로 이집트의 파라오, 중국의 진시황제 무덤, 해저 유물 발굴 같은 고고학의 신비를 풀 수 있는 상설전시물들과, 편견과 차별에 대항하여 사람들에게 깊은 감명을 준 세 명의 어린이(안네 프랑크, 루비 브리지스, 라이언 화이트)에 대한 상설전시 등을 볼 수 있다. 미국, 문화, 자연 등 세 가지 주제에 맞는 12만여 점의 전시물들을 볼 수 있다.

https://www.childrensmuseum.org

3) 플리즈 터치 어린이박물관(Please Touch Museum)

놀이를 통한 학습의 기회를 제공하여 어린이의 삶을 풍요롭게 한다는 설립목적에 따라 1976년에 펜실베이니아 주 필라델피아의 자연과학 아카데미(Philadelphia's Academy of Natural Sciences)에서 전시를 시작하면서 설립되었다. 7세 이하 어린이와 가족을 대상으로 하는 상설전시실 8개와 지역사회를 이해하며 역할놀이를 할 수 있는 도시 갤러리, 교통수단 갤러리, 자동차 정비소 갤러리, 물 탐험 전시 등이 있다. 갤러리마다 3세 미만의 영아용 전시물들이 별도로 제공되는 것이 특징이다.

http://www.pleasetouchmuseum.org

4) 보스턴 어린이박물관(Boston Children's Museum)

어린이와 가족에게 세계를 알게 해주고, 기초 기술을 발달시키며, 평생 학습의 즐거움을 유발시키는 발견의 경험을 제공하는 것이 보스턴 어린이박물관의 설립목적이다. 1913년 매사추세츠 주 보스턴에 건립되어 세계에서 두 번째로 오래된 어린이박물관이며, 세계적으로 가장 영향력 있는 어린이박물관 중 하나다. 과학교사협회의 주도로 설립되어 과학에서 점차로 문화, 환경 인식, 건강, 예술로 분야를 확장하였다. 1960년대에 마이클 스폭 관장이 취임하면서 핸즈온 전시를 기획하여 전시방식의 혁신을 꾀하였다. 5만 개 이상의 소장품을 자랑하며 이를 학교로 대여하는 아웃리치(out-reach) 프로그램도 운영하고 있다.

http://www.bostonchildrensmuseum.org

5) 매디슨 어린이박물관(Madison Children's Museum)

발견학습과 창조적 놀이를 통해 어린이와 가족, 지역사회, 세상을 연결한다는 설립목적에 따라 1980년 위스콘신 주 메디슨에 설립되었다. 건강한 공간, 어린이들과 환경을 위해 건강한 미래를 지원한다는 생각에 따라 친환경적으로 설계되었다. 자연에서 영감을 받아 전시와 워크샵이 혼합된 열린 형태의 전시의 구성으로 '지속 가능성'과 '재활용'의 가치가 전시디자인과 전시기획에 자연스럽게 녹아들어있다. 미국의 조상이 된 사람들의 삶터였던 오두막, 과학기술을 활용한 가능성의 도시, 자연 생태 전시, 영유아를 위한 야생전시 등이 있다.

http://www.madisonchildrensmuseum.org

6) 콜 어린이박물관(Kohl Children's Museum)

효과적인 학습자가 될 어린이에게 매력적인 상호작용전시 및 복합적 놀이를 통해 학습 환경을 제공한다는 설립목적에 따라 1985년 일리노이 주 글렌뷰에 설립되었다. 핵심 연령층은 3-6세의 취학 전 어린이이며, 에너지환경리더십(LEED, Leadership in Energy and Environment) 단체에서 친환경 인증(Green Building)을 받은 기관이다. 장애인·어린이 할 것 없이 모든 이에게 접근 가능한 유니버설 디자인이 적용되었다. 한 개 층에 17개의 상설전시실이 설치되어 어린이의 발달 수준에 맞는 지역사회, 도시, 유아원, 동물병원, 차량 정비소 관련 전시들과 물놀이, 협력놀이, 음악가, 미술 탐험 관련 전시물들이 있다. 명화 감상의 이해를 돕는 '어린이를 위한 사갈전'을 기획하여 순회전으로 진행하고 있다.

http://www.kohlchildrensmuseum.org

7) 피츠버그 어린이박물관(Children's Museum of Pittsburgh)

어린이가 즐거움, 창의성, 호기심을 더 발전시킬 수 있도록 전시, 프로그램, 박물관 내·외부에서 즐길 기회를 주고, 가족에게는 여러 자원을 제공하며, 학교·지역사회 같은 단체와 의미 있는 파트너십을 맺는다는 설립목적에 따라 1983년 펜실베이니아 주 피츠버그의 우체국 건물 지하에서 개관했다. 어린이가 좋아할 주제인 다락방, 차고, 물놀이, 유아원 등에 관한 상설 갤러리가 있고, '터프 아트(Tough Art)'라는 프로젝트에 따라 예술가가 만든 창의성 있는 체험식 전시품도 있다.

http://www.pittsburghkids.org

8) 피닉스 어린이박물관(Children's Museum of Phoenix)

어른들과 어린이들의 마음과 상상력의 교차를 설립목적으로, 1998년에 소수의 자원봉사자들이 애리조나 주 피닉스에 설립했다. 10세 이하 어린이들을 대상으로 자연친화적인 박물관을 이루기 위해 노력하고 있다. 애리조나 사막의 생태계에 대한 이해를 돕는 '사막의 즐거움', 공, 마켓, 등산 체험, 국수의 숲, 재질 카페, 바람놀이, 블록 마니아, 야외 신체놀이 같은 상설전시 프로그램들이 있다. 3세 이하 영유아를 위해 각 전시관에 태양조명놀이 공간과 아기를 위한 공간(baby zone)을 설치했다.

http://childrensmuseumofphoenix.org

9) 놀이 국립박물관(The Strong National Museum of Play)

배움, 창조, 발견을 장려하는 놀이·방법을 탐구하면서 문화의 역사를 밝힌다는 설립목적에 따라 1968년 마거릿 우드버리 스트롱이 뉴욕 주 로체스터에 설립했다. 세계 최대의 놀이박물관으로, 소장품으로는 세계에서 가장 종합적인 장난감, 인형, 게임, 전자게임, 도서, 사진, 서류 및 놀이와 관련된 역사적 물건 등이 있다. 장난감 전시실, 미국을 만든 이들의 생활상 전시실, 키즈 마켓, 독서모험실, 교통기관들, 통신센터 등을 전시하고 있다.

http://www.museumofplay.org

10) 미네소타 어린이박물관(Minnesota Children's Museum)

놀이를 통해 어린이의 학습을 촉진한다는 설립목적에 따라 1981년 미네소타 주 세인트폴에 설립되었다. 이 어린이박물관은 2017년 초에 재개관을 목표로 공사 중이라, 타 지역인 로체스터와 몰 오브 아메리카에 팝업 박물관을 만들어 운영 중이다. 일하는 세상, 지구 세상, 작은 우리들 세계, 서식지, 놀라운 방 등의 창의적 전시 프로그램들을 비롯하여 총 9개 종의 순회전시를 진행하고 있으며, '클리포드의 모험'과 놀라운 성, '호기심 조지', 공룡, 액자, '피규어로 가자', 액션 모험, 이야기 나라, '토머스와 친구들' 같은 전시가 있다.

http://www.mcm.org/index.php

02. 미국의 어린이과학관

미국 과학관 중 우수한 어린이전시가 있는 10개 어린이과학관[29]을 「페어런츠」에서 선정하였는데, 선정된 과학관의 공통점은 가족친화적인 실험들과 체험전시 프로그램들이 많다는 점이다. 「페어런츠」가 실시한 여론 조사에 따르면, 미국 내 150개 이상의 과학관(과학센터 포함)의 3분의 1은 6세 이하의 어린이들을 위한 전시실이 있다. 선정된 10개 기관의 어린이과학관들을 간략하게 요약·정리하였다.

1) 코사이(COSI, Center of Science and Industry)

코사이는 '과학산업센터'의 줄임말로, 오하이오 주 콜럼버스에 있는 코사이의 부지에는 300개가 넘는 감동적인 전시물들이 있다. 유아의 경우 키즈스페이스(Kidscape)를 이용할 수 있는데, 여기에는 건강 클리닉, 나무, 집, 발전소 관련 전시물들이 있어 유아들이 탐험하듯이 관람할 수 있다. 매일 6개의 쇼가 스테이션에서 진행되는데, 폭발하는 원자 관찰, 병에 공기를 넣어 전기를 만들어내는 실험 같은 프로그램들이 있다.

https://cosi.org

2) 익스플로라토리움(Exploratorium)

캘리포니아 주 샌프란시스코에 미식축구장 2개 정도 크기로 개방된 큰 공간에 450개 이상의 상호작용 관련 전시 프로그램이 진행되고 있다. 전시품들 중 대부분은 자체 제작된 것으로, 수준이 매우 높다. 성인의 몸을 완전히 감쌀 만큼 커다란 거품을 만들어보는 전시품, 무중력 거울을 들여다보고 비행하는 모습을 만들어보는 전시품, 드라이아이스가 승화되면서 혜성의 작용을 모방하는 실험 등도 해볼 수 있다. 7세 이상이라면 오직 손으로만 체험할 수 있는 '암흑의 촉각 돔'에서 길을 찾아가는 경험도 해볼 수 있다.

https://www.exploratorium.edu

3) 보스턴 과학관(Museum of Science, Boston)

과학에 대한 관심이 없는 어린이도 매사추세츠 주 보스턴에 있는 이 과학관에 있는 35개 이상의 전시품들을 보면 흥미가 생긴다. 병아리·나비 정원, 공룡 발굴, 천문관 쇼, 동물 부화장 등이 있다. 8세 이하는 디스커버리 센터에서 지질학 현장 스테이션을 이용할 수 있고, 자기 키만 한 과학도구상자도 있으며, 정기적으로 점액을 제작하는 실험도 할 수 있다. 어린이가 과학에 흥미를 가질 수 있도록 하버드 대학과 매사추세츠 공대(MIT)의 연구원들과 질의응답 시간도 갖는다. 번개 쇼는 다른 과학센터에서도 격찬하는 우수한 프로그램이다.

http://mos.org

4) 리버티 과학센터(Liberty Science Center)

뉴저지 주 저지시티에 있는 이곳은 어린이를 위한 고층 빌딩 전시가 유명하다. 크레인과 6m짜리 긴 바람 터널, 자신만의 빌딩을 만들 수 있는 소품들, 건설 현장을 보여주는 영상, 몇몇 유명한 대형 빌딩 이미지 등이 있어 어린이들이 건축 현장을 간접체험할 수 있다. 5세 이하의 어린이들을 위한 '자기 탐색 전시장'은 원인과 결과를 보여주는 '매달린 바위'와, 중력과 추진력의 원리를 알 수 있게 해주는 '공 기구', 실로폰 같은 상호작용형 전시품이 있다. 온가족이 함께 하는 주말 과학 워크숍도 열린다.

https://www.lsc.org

5) 세인트루이스 과학센터(St. Louis Science Center)

미주리 주 세인트루이스에 있는 이곳에는 50개 이상의 재미있는 체험전시 프로그램들이 이루어지고 있다. 3~7세 어린이를 위한 발견룸에서는 자석과 기어를 사용하여 옥수수를 갈아보고, 어린이가 자신의 심장 박동을 들을 수 있다. 공, 물 풍선, 호박을 3층 높이에서 떨어뜨리는 실험으로 중력에 대해 알 수 있다.

http://slsc.org

6) 뉴욕 홀 오브 사이언스(New York Hall of Science)

뉴욕 주 플러싱에 있는 이곳에는 어린이들로부터 많은 사랑을 받는 매직스쿨버스(Magic School bus) 전시, 만화경을 만들어보거나 자신의 그림자를 벽에 고정시키는 전시품 등 체험전시가 많다. 4~12월까지 운영하는 야외의 거대한 과학놀이터에는 어린이들이 장애물 등반을 통한 반사체험, 거울통로, 저음소리 접시, 소리에 관한 전시품 등을 만날 수 있으며, 어린이들이 직접 풍차로 그네에 전원을 공급하는 전시품, 레버에 대해 배울 수 있는 대형 시소 등도 있는데, 과학관에서는 전통적인 과학전시품을 이러한 원리들을 혼합하여 완전히 새롭게 제작하였다. 실험튜브로 어린이들이 치즈를 만드는 생화학 실험실도 있다.

http://nyscience.org

7) 캘리포니아 과학센터(California Science Center)

캘리포니아 주 로스앤젤레스에 있는 이곳의 주요 전시장에는 기린 인형의 뇌에 혈액을 공급하는 펌프 전시품처럼 체험하는 전시품이 많다. 8세 미만 어린이들을 위한 발견룸도 있는데, 여기에는 카메라와 건설 영역, 철물점 및 TV 스튜디오가 있다. 5개의 화학 실험실, 계란 폭발과 화산 거품 같은 주말 과학 스펙터클 쇼도 볼 수 있다.

https://californiasciencecenter.org

8) 시포트 발견센터(Sci-Port Discovery Center)

루이지애나 주 슈리브포트에 있는 이 센터에는 많은 쇼와 실험이 진행되는데, 정기적으로 풍선을 사용해서 사탕볼을 만들어보는 초콜릿 과학실험, 어린 동물을 만져볼 수 있는 기회, 온 가족이 직접 작동시켜볼 수 있는 면화 가공 기계 같은 전시품이 있다. 천문관의 상호작용 키오스크(Kiosk)에서는 어린이가 자기가 태어난 날 밤하늘에 뜬 별을 볼 수 있다. 또한 홀로그램으로 가득찬 터널 통과 전시품, 전기와 크롤링(crawing)을 실행할 수 있는 애니메이션 컴퓨터실 등이 있다.

http://sciport.org

9) 프랭클린 과학관(The Franklin)

펜실베이니아 주 필라델피아에 있는 프랭클린 과학관은 '마음을 통과하는 거대한 걷기' 전시를 통해 세계적인 명성을 얻었다. 어린이를 위한 전시장인 '키즈 사이언스(kids Science) : 요소의 섬' 같은 전시시설에서 어린이들은 가족과 함께 대형 패널에서 책을 읽을 수 있다. 소리, 움직임, 지질학에 대해 '동굴 요트'와 '빛의 집'을 체험할 수 있다. 실제 해적의 보물 같은 전시품도 있다.

https://www.fi.edu

10) 메릴랜드 과학센터(Maryland Science Center)

메릴랜드 주 볼티모어에 있는 이 센터에서 8세 미만의 어린이들은 '키즈룸(kidsroom)'에서 동굴을 탐구하고, 물 테이블에서 부력을 실험하고, 지진을 견딜 수 있는 건물을 실험한다. 천문관 쇼에서 '하늘 위 로저스 씨의 이웃'을 볼 수도 있다. 센터 입구에는 6개의 거대한 공룡 골격 화석이 설치되어있다. 공룡 둥지에 앉아 모형알과 함께 사진을 찍기도 한다.

http://www.marylandsciencecenter.org

주석

1) http://krdic.naver.com/detail.nhn?docid=26049300

2) Mary Maher, Collective Vision : Starting and Sustaining a children's museum, Association of Youth Museums Washington, D.C, 1997

3) Joanne Cleaver, Doing Children's Museum, Williamson Publishing Co,1988

4) Lewin-Benham, Children's museum : A Structure for Family Learning, I n Maher(Ed),Collective Vision : Starting and Sustaining a children's museum, Association of Youth Museums Washington, D.C, 1997

5) Joanne Cleaver, Doing Children's Museum, Williamson Publishing Co,1988

6) 김진희, 미래문화경관의 주체, 어린이와 뮤지엄, 뮤지엄과 문화경관의 확장, 2016 한국박물관대회 (사)한국문화공간건축확회 제32회 춘계학술대회

7) Spock, Looking Back on 23 Years, In Maher(Ed), Collective Vision : Starting and Sustaining a children's museum, Association of Youth Museums Washington, D.C, 1997

8) Joanne Cleaver, Doing Children's Museum, Williamson Publishing Co, 1988

9) Lewin-Benham, Children's museum : A Structure for Family Learning, I n Maher(Ed),Collective Vision : Starting and Sustaining a children's museum, Association of Youth Museums Washington, D.C, 1997

10) 김진희, '미래를 준비하는 어린이 문화공간', 「월간 미술」 2016년 5월호, ㈜월간미술, 2016

11) 이경희&이경희, 『아동발달과 양육』 서울 : 형설출판사, 1994

12) 이경희&이경희, 『아동발달과 양육』 서울 : 형설출판사, 1994

13) 김진희, 어린이관, 과학관이해 및 과학해설, 국립중앙과학관, 2016, 2015

14) 이경희, 어린이를 위한 체험식박물관과 학습, 혁신과 헌신:어린이를 위한 체험식박물관, 2006 삼성어린이박물관 특별세미나, 2006

15) Falk&Dierking, 옮긴이 : 노영 외, 박물관교육의 기본, 미진사, 2007

16) https://interlab100.files.wordpress.com/2014/11/context-pic-1.jpg

17) George E, Hein. 안금희외 역, 박물관교육론, 학지사, 2015

18) http://www.gem.org.uk/pubs/news/hein1995.php

19) 교육과학기술부 및 보건복지부, 3-5세 연령별 누리 과정, 교육과학기술부 및 보건복지부, 2013

20) 교육과학기술부 및 보건복지부, 3-5세 연령별 누리 과정, 교육과학기술부 및 보건복지부, 2013

21) http://blog.naver.com/djjung1715?Redirect=Log&logNo=220453563086

22) http://blog.naver.com/djjung1715?Redirect=Log&logNo=220453563086

23) 경기도어린이박물관, 관람객 설문조사 결과보고서, 2014

24) 경기도어린이박물관, '조부모' 기획전시 계획보고서, 2014

25) Studart,D.C, Education or just fun? The perception of children and families in a child-oriented museum exhibition. Jounal of education in museums, 1997

26) Leichter&Spock, Learning from ourselves, In Gibans (Ed), Bridges to understanding children's museum , Case Western Reserve University, 1999

27) 김진희, 경기도어린이박물관 조부모 기획전 연구, 제4회 아시아퍼시픽어린이박물관 컨퍼런스, 2016

28) http://www.parents.com/fun/vacation/us-destinations/the-10-best-childrens-museums

29) http://www.parents.com/fun/vacation/us-destinations/best-science-centers

http://gcm.ggcf.kr/

http://www.cmhouston.org/

http://www.mcm.org/

https://www.childrensmuseum.org/

http://cmany.org/

https://pittsburghkids.org/

http://www.pleasetouchmuseum.org/

http://www.kohlchildrensmuseum.org/

http://www.msichicago.org/

http://www.chicagochildrensmuseum.org/

https://www.nemosciencemuseum.nl/en/

http://kindermuseum.frankfurt.de/english/index.html

http://sichildrensmuseum.org/

http://www.brooklynkids.org/

http://www.aahom.org/

http://nysci.org/

제5장 테마전시

1. 테마전시란

01. 개요

박물관은 여러 종류의 소장품을 다루는 종합박물관과 한 가지 종류의 소장품을 다루는 전문박물관으로 나눌 수 있다. 최근에는 종합박물관보다는 전문박물관이 활성화되고 있으며,[1] 전문박물관 중에서도 테마성이 강한 박물관이 증가하는 추세다.

인물이나 사건을 기리는 기념관, 지방의 특화된 전통이나 특산물 등을 다루는 지역박물관, 기업의 문화와 산업을 다루는 기업박물관처럼 비교적 오래 전부터 익숙한 전문적인 내용의 박물관 외에도 개인의 취향과 소장품을 담은 사립박물관이나 영화, 드라마, 애니메이션, 만화, 게임과 같은 문화콘텐츠를 담는 콘텐츠체험관들은 새로운 바람을 일으키며 이목을 집중시키고 있다.

이종선 전 한국박물관협회 회장은 2008년에 "우리나라 박물관이 발전하기 위해서는 박물관의 테마를 더욱 다양화할 필요가 있다. 현대는 다양화의 시대이고, 박물관 역시 예외는 아니다"[2]라고 주장하기도 했다. 이처럼 과거에는 박물관 소장품으로는 부적합하다고 생각했거나 박물관 테마로는 상상하지 못했던 테마와 소장품 등이 박물관으로 흡수되고 있다.[3] 특히 중소규모 박물관들이 적극적으로 기존의 박물관과 차별화된 다양한 테마와 내용을 다루며 이른바 '테마박물관'을 표방하는 경우가 늘고 있다.[4]

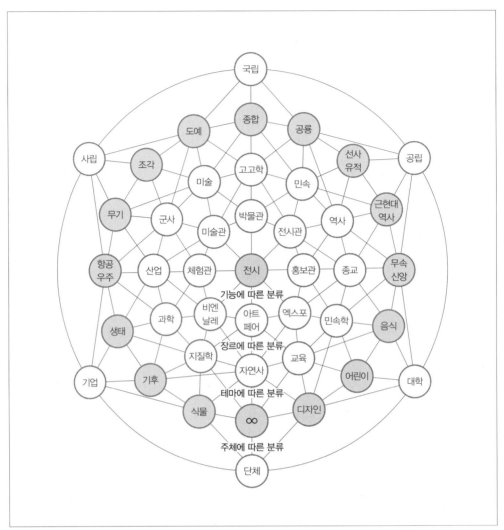

〈그림5-1〉 전시의 다양한 분류

　　전문박물관은 특정 '테마(theme)'를 전제로 설립된다. '테마'란 그리스어의 'tithenal'에서 온 말로, 일관된 것을 뜻한다. 문학에서는 '작품의 중심이 되는 사상'을 말하며[5] 한국말로는 '주제'라고 할 수 있다. 사회기호학자 마크 가디너에 따르면 '테마'란 '전달하고자 하는 의미'이며, 박물관의 관점에서 보면 '박물관의 중심사상으로서 관람객에게 전하고 싶은 메시지'라고 정의할 수 있다.

　　박물관의 테마는 박물관의 모든 환경과 활동을 통해 구현되고, 전시를 통해 관람객에게 전달된다. 그렇게 때문에 전시는 박물관의 테마를 정확하게, 그리고 효과적으로 전달하기 위한 전략과 방법들로 채워진다. 특정 테마를 더욱 부각시키기 위해 전문박물관들은 일반적인 전시연출에 비해 상대적으로 극적인 경향을 띤다. 상징전시나 스토리텔링전시, 체험전시나 인터랙티브전시로 관람객의 참여를 유도하며, 새로운 미디어와 기술을 도입한 전시연출 등으로 관람객들의 관심을 끌고 호기심을 이끌어낸다.

02. 특징

테마전시는 박물관의 정보와 지식들을 단편적으로 전달하기보다는, 테마를 잘 보여주는 환경에서 시간적·공간적 배경에 연관되는 인물·사건·사물의 이야기를 전달함으로써 관람객들이 흥미를 갖고 몰입할 수 있게 한다.

- **테마성**
  테마전시는 하나의 중심적 테마 또는 연속성을 지닌 몇 개의 테마들이 결합된 전시다. 테마를 부각시키는 전시환경을 구현함으로써 관람객들에게 다른 전시공간과는 차별되고 몰입적인 박물관 분위기를 제공한다.

- **서사성**
  테마전시는 관람객에게 테마를 효과적으로 전달하기 위해 서론, 본론, 결론 혹은 기·승·전·결 등의 서사구조로 구성된다. 즉, 스토리텔링을 통해 전시를 짜임새 있게 구성하여 정보와 지식을 연속성 있게 전달한다.

- **통일성**
  박물관을 둘러싼 외부환경이나 건축, 인테리어, 소품에 이르기까지 통일된 이미지를 연출함으로써 관람객에게 일관된 테마를 전달한다. 전시의 테마를 확장하기 위해 테마박물관 내의 모든 시설이나 프로그램을 동일한 의도에 따라 운용한다.

- **일탈성**

  테마전시장은 허구, 가상, 일탈의 공간이 될 수 있다. 관람객들은 현실 세계와는 다른 비일상적인 테마의 환경에서 과거와 미래로의 시간여행, 해저나 우주 등 신세계로의 탐험을 경험할 수 있다.

- **오락성**

  테마전시는 오락적인 요소가 있다. 잘 짜여진 서사구조를 통해 슬픔, 놀라움, 깨달음, 두려움, 반전, 유머 등 다양한 정서들에 교감할 수 있도록 해주는 다양한 인터랙티브 전시를 제공한다.

2. 테마전시의 유형

특정한 테마를 표방하는 전문박물관들은 편의에 따라 설립 주최와 취지, 목표 등을 고려하여 〈표5-1〉과 같이 대략 5개의 유형으로 분류할 수 있다.

〈표5-1〉 특정 테마를 표방하는 전문박물관 유형

박물관의 유형	특성	예시
기업테마박물관	기업의 브랜드, 상품, 기술 등을 테마로 하는 전시공간	포스코 스틸갤러리, 동아일보 신문박물관, 오설록 녹차뮤지엄, SK 티움 등
지역테마박물관	지역의 특색과 특산물 등을 테마로 하는 전시공간	장생포 고래박물관, 태백 석탄박물관, 익산 보석박물관, 진천 종박물관 등
기념관	역사적 사건 및 인물에 관한 자료를 전시하고 추모하는 기관	독립기념관, 안중근기념관, 이한열기념관, 전쟁기념관, 5·18기념관 등
사립테마박물관	개인의 관심과 취향에 따라 수집된 소장품을 테마로 하는 사립박물관	자수박물관, 핸드백박물관, 피규어뮤지엄, 커피박물관, 카메라박물관 등
문화콘텐츠전시관	다양한 문화콘텐츠를 테마로 하는 전시, 홍보, 체험 공간	서울 문화관광홍보관, 한류콘텐츠관, K라이브, 스타에비뉴, MBC방송체험관, 만화박물관, 영화박물관 등

01. 기업테마박물관

한국경영자총협회는 1987년에 "기업박물관은 설립 주체가 기업이며, 그 기업에 관계되는 자료를 전시하고 공개하되 미술관은 제외한다"고 정의하였다.[6] 다시 정리하면, 기업박물관은 기업의 연혁과 가치, 상품 및 브랜드를 홍보하며, 해당 기업과 관련된 다양한 기술과 문화, 비전을 소개하고 관람객들이 체험할 수 있도록 하는 전시관이나 홍보관, 체험관을 말한다.

한국 최초의 기업박물관은 한독약품 창립 10주년 기념사업으로 1964년에 설립된 '한독약사관'이라 할 수 있다.[7] 이 일을 계기로 한국에도 '기업홍보관' 개념이 생겼고, 1980년대 초에는 소규모 쇼룸(Show room)에서 기업 홍보를 위한 행사를 하기도 했다. 초기에는 기업의 생산품을 직접적으로 홍보하는 전시가 주를 이루었다면, 최근에는 기업의 가치와 비전을 제시하는 전시로 바뀌어가고 있다.

이렇듯 기업들은 사회 변화에 부응하여 감성적이고 효과적으로 브랜드 이미지를 전달할 수 있는 차별화된 개념의 커뮤니케이션 공간을 마련하고 있다. 그리고 스페이스 마케팅(Space Marketing), 브랜드스케이프(Brandscape) 같은 개념을 도입하여[8] 다양한 유형의 공간을 연출하고 있다. 최근에는 기업 이미지를 전혀 내세우지 않으면서 어린이들이나 청소년들, 시민들에게 봉사할 수 있는 유익한 테마를 담은 박물관을 설립하여 사회적으로 기여하는 경우도 많아지고 있다.[9]

기업박물관의 테마는 〈표5-2〉에서 확인할 수 있듯이 매우 다양하다. 기업의 주력 산업과 관련된 테마를 담는 기업박물관들은 기업의 차원을 너머 그 분야 전체에 대한 책임감과 자부심, 깊이 있는 연구 성과와 의미 있는 정보를 공공에 제공한다.

출처 : 신문박물관 홈페이지

〈그림5-2〉 신문박물관

출처 : 제주항공우주박물관 홈페이지

〈그림5-3〉 제주항공우주박물관

〈표5-2〉 기업테마박물관의 사례

개관년도	박물관 이름	건립 기업	테마
1987	뮤지엄김치간(구 김치박물관)	풀무원	김치의 다채로운 사연과 가치
1987	농업박물관	농업협동조합중앙회	농경의 역사와 문화
1988	말박물관(구 마사박물관)	한국마사회	말(馬) 관련 문화
1988	철도박물관	철도청	철도의 역사
1990	삼성출판박물관	삼성출판사	출판문화
1991	거제박물관	대우그룹 거제문화재단	거제의 역사와 문화
1992	한국잡지박물관	한국잡지협회	한국의 잡지
1992	화폐박물관	한국조폐공사	국내외 화폐의 역사와 문화
1992	의학박물관	서울대학교병원	서울대학교병원의 역사와 한국 근현대 의료의 역사
1995	한국상업사박물관	신세계	한국 상업의 발달사
1995	한국잠사박물관	대한잠사회	한국 잠사업과 잠사문화
1996	충남전기통신박물관	KT충남본부	전기와 전화의 발달사
1997	한국금융사박물관(구 조흥금융박물관)	조흥은행	대한민국 금융의 역사와 전통
1997	토지주택박물관	한국토지주택공사	우리 민족의 주거건축문화와 토목건축기술
1997	복권박물관	KB국민은행	올바른 복권문화
1997	종이나라박물관	한국노스케스코그㈜	한국의 우수한 종이문화
1998	삼성화재교통박물관(구 삼성교통박물관)	삼성화재	자동차의 역사와 문화
2000	신문박물관	동아일보사	한국 신문의 역사와 미래
2000	철박물관	동국제강 서연문화재단	인류 문명의 발전과 함께 한 철
2001	전기박물관	한국전력공사	전기의 역사와 전력 관련 문화유산
2001	서울 올림픽기념관	국민체육진흥공단	서울올림픽의 영광과 성과
2001	울트라 건축박물관	울트라건설	건축문화와 다양한 건축용 연장
2001	오설록 티뮤지엄	아모레퍼시픽	차(茶)의 역사와 문화
2002	항공우주박물관	한국항공우주산업	항공우주산업과 문화
2003	코리아나 화장박물관	㈜코리아나	우리 옛 여인들의 화장 문화
2003	교과서박물관	대한교과서㈜	한국의 교육문화 발전사
2004	서울 디자인박물관	한샘	디자인의 개발과 역사
2004	은행사박물관	우리은행	은행의 역할과 은행 창립의 역사
2004	포스코역사관	포스코	포스코의 역사와 정신, 기업 문화

02. 지역테마박물관

지역테마박물관은 한 지역의 지리적·역사적·문화적·산업적 특성을 보여주는 작품·유물을 전시하는 공간이다. 많은 지방자치단체에서 주민들의 결속과 자긍심을 높이고 부가가치를 창출하고자 지역의 독특한 테마를 발굴해 지역축제를 열지만, 축제는 한시적 행사라서 장기적으로 지역문화를 축적할 수 있는 지역의 테마박물관 건립에도 힘쓰고 있다. 현재 많은 지역테마박물관은 지역의 정체성을 확립하고 문화유산을 보존하며 지역민의 위락을 위한 복합문화공간으로 거듭나고 있으며,[10] 관광자원으로서의 역할도 하고 있다.

기업들의 박물관 건립이 대개 브랜드 마케팅과 연결되어있다면, 지역테마박물관들은 '장소 마케팅'[11]과 연결되어있다. 쇠락해가는 옛 산업도시들이 다시 도약하기 위해 지역의 테마를 전략적으로 개발하는 과정에서 박물관 등 문화시설을 건립하여 관광지로 재부상하는 사례도 국내외적으로 늘고 있다.

지역의 테마는 다음과 같이 물리적 맥락에서의 테마와 사회·문화적 맥락에서의 테마로 나눌 수 있다. 그래서 지역 테마박물관을 건립할 때는 다음과 같은 점을 반드시 고려해야 한다.

- **개발 가능한 문화자원**

  지역활성화를 위해 활용 가능한 유·무형의 문화자원을 발굴하고 그 가치를 높여 지역의 테마로 활용한다. 다른 지역의 것과 유사한 테마는 상품가치가 없기 때문에 타 지역과 차별화된 테마를 발굴하는 것이 매우 중요하다.

- **문화플랫폼으로서의 역할**

  지역의 테마와 문화유산을 축적하고 성장시킬 수 있는 기반을 마련하기 위해 지역 테마박물관은 수집·보존, 전시, 교육 등의 역할 외에 문화교류와 확산의 플랫폼이 되어야 한다.

〈표5-3〉 지역테마박물관의 테마 유형[12]

물리적 맥락의 테마 유형	사회적·문화적 맥락의 테마 유형
자연지형·생태 / 인공시설 / 유적·유물	지역문화 / 지역산업 / 지역인물 / 역사 / 사건
고성의 공룡화석, 함평의 나비, 고남의 패총, 우포의 늪, 울산의 암각화	전주의 종이, 대구의 의류, 울산의 옹기, 태백의 석탄, 장단의 콩, 남양주의 배

〈그림5-4〉 장생포 고래박물관　　　　〈그림5-5〉 울산 옹기박물관

〈표5-4〉 각 지역의 테마박물관

개관년도	박물관 이름	지역	테마
1992	청주 고인쇄박물관	청주	『직지심체요절』과 금속활자
1997	고려청자박물관 (구 강진 청자박물관)	강진	고려청자의 역사적 의의와 예술적 가치
1997	미륵사지유물전시관	익산	익산 미륵사지
1997	태백 석탄박물관	강원	석탄 산업의 변천사 및 역사적 사건
1999	문경 석탄박물관	문경	석탄의 역할과 역사
2002	고남 패총박물관	태안	패총을 통해서 보는 태안의 역사와 문화
2004	고성 공룡박물관	고성	공룡화석
2005	감귤박물관	제주	제주감귤의 역사와 문화
2005	수도국산 달동네박물관	인천	1960~1970년대 달동네 서민들의 생활
2005	장생포 고래박물관	울산	포경산업 유물과 고래
2005	진천 종박물관	진천	한국의 종과 연관된 문화
2005	파주 장단콩전시관	파주	장단콩의 우수성과 역사, 문화
2006	김천 세계도자기박물관	김천	김천의 도자기와 세계의 도자기
2006	서울 약령시한의약박물관	서울	약령시와 한의학
2009	수원 화성박물관	수원	세계 문화유산 수원화성
2009	옛길박물관	문경	문경새재의 역사와 문화
2013	인삼박물관	풍기	풍기인삼의 역사와 선인들의 지혜
2015	DTC 섬유박물관	대구	한국의 섬유·패션의 역사

- **지역테마박물관의 장기 성장 가능성**

  업무 담당자가 바뀌고, 정책이 바뀌고, 세대가 바뀌어도 지역의 테마가 사라지지 않고 성장해나갈 수 있도록 해야 한다. 한시적인 테마는 지역의 문화유산이라 할 수 없고, 예산을 낭비하는 소비재일 뿐이다.

03. 기념관

기념관은 뜻 깊은 역사적 사실이나 위인을 잊지 않고 기념하고 추모하기 위한 공간이다. 인물, 사건, 장소를 기념하는 공간으로 유형화할 수 있으며,[13] 자료를 수집·전시한다는 측면에서는 박물관과 유사하나, 사건이나 인물을 기념한다는 점에서 차이가 있다.[14]

백범김구기념관 학예팀장 박희명은 2011년에 "기념관이란 현재 세대가 미래 세대에게 전해줄 만한 의미 있는 기억, 즉 역사적 사건 및 인물의 업적에 관한 자료를 수집, 관리, 보존, 조사, 연구, 전시, 교육, 추모하는 기관이다"라고 정의했다.[15]

이처럼 기념관은 전시를 통해 의미 있는 사건과 인물을 기록하고 재현하여 관람객뿐 아니라 후세에게 전달하는 역사적·문화적, 교육적 장소이자 추모의 장소를 너머 한 국가의 위상 및 민족의 정체성과 관련된 정치적·문화적 공간이기도 하다.[16] 기념관의 특징은 다음과 같다.

- **기념성**

  역사에 대한 성찰로서의 기억[17]을 수집·보존·전시하여 사건, 인물, 장소를 영구적으로 기념한다.

- **시대성**

  특정 사건이나 인물을 둘러싼 생활방식이나 종교, 예술 및 의식, 이념 등 사회상과 시대정신을 반영한다.

- **장소성**

  기념관이 위치하는 장소는 대부분 사건이나 인물과 연계된 장소로서, 보존해야 할 가치를 지니는 '기억의 장소'이다.

- **재현성**

  역사적 사실을 왜곡하거나 과장하지 않고 최대한 객관적으로 재현해야 하는 의무가 있다.

- **엄숙성**

  사자(死者)들의 업적과 희생을 기리기 위해 장엄하고 엄숙하게 연출한다.

〈표5-5〉 기념관

개관년도	박물관 이름	지역	테마
1970	안중근의사기념관	서울	안중근 의사의 평화 사랑과 나라 사랑 정신
1994	전쟁기념관	서울	전쟁의 교훈과 호국안보
1998	도산안창호기념관	서울	도산 안창호 선생의 위업을 기리고 후대에 전승
1999	민주항쟁기념관	부산	부산 민주항쟁 기념
2002	백범김구기념관	서울	백범 김구 선생 추모와 유업 계승
2004	거창사건추모공원 내 역사교육관	거창	거창 양민 학살 사건 희생자들을 위로하고 역사 바로잡기
2004	동학농민혁명기념공원	정읍	동학농민군 추모 및 기념
2008	제주 4·3 평화공원	제주	제주 4·3 사건으로 희생된 민간인 추모
2012	손기정기념관	서울	손기정 선수의 업적
2014	다산기념관 (구 다산유물전시관)	강진	다산 정약용의 삶과 업적

〈그림5-6〉 도산안창호기념관

〈그림5-7〉 백범김구기념관

- **교훈성**

  사건의 의미와 인물의 업적 및 희생을 보여줌으로써 교훈과 뜻 깊은 메시지를 전달한다.

- **치유성**

  특정 사건을 회상하고, 상처받은 이들을 애도하고 위로하는 공간 으로서, 화해와 용서가 이루어지도록 고무해 집단적 트라우마(정신적 외상)를 치유하고 회복한다.

이처럼 기념관은 무엇을, 어떻게, 왜 기념하고 기억해야 하는지를 관람객에게 알리기 위해 적극적이고 능동적으로 전시계획을 세우고 전시를 진행한다. 특히 공적 가치가 있는 특정 개인이나 역사적 사건 에 관한 내용을 재현하거나 연출해야 하기 때문에 객관적이고 정확하 게 인물과 사건을 평가하기 위한 고민과 노력이 필요하다. 잘못된 고 증이나 왜곡된 역사는 관련된 사람들에게 상처를 주거나 후대에 치명 적인 오류를 전달할 수 있다.

04. 사립테마박물관

사립테마박물관은 민간이 설립·운영하는 박물관으로, 대부분 개인 수집가의 특정 분야 소장품을 전시하는 문화시설이다. 한국의 사립박 물관은 2000년대 이후 꾸준히 증가하여 2011년에는 등록 박물관의 약 44.5%를 차지하고 있으며,[18] 지금도 지속적으로 늘고 있다.

사립박물관의 수적 증가만큼이나 테마 역시 더욱 다양화되고 대중 적인 것으로 확장되고 있다. 고고, 역사, 예술, 문학 등의 큰 줄기뿐 아 니라 연극, 음악, 음식, 패션, 취미생활 등 일상생활에서 볼 수 있는 모 든 것들이 테마가 되는데,[19] 개인의 '취향'이 반영된 박물관이 관람객 들의 만족도가 더 높은 편이다.

<표5-6> 사립테마박물관

개관년도	박물관 이름	지역	테마
1976	한국자수박물관	서울	규방공예
1997	한국등잔박물관	용인	등잔
2000	강릉 커피박물관	강릉	커피 관련 유물과 각국의 커피 문화
2001	테디베어뮤지엄	제주	테디베어
2002	떡박물관	서울	한국 전통 떡 문화와 부엌 살림
2002	초콜릿박물관	제주	초콜릿의 역사와 품질
2004	한국카메라박물관	과천	카메라의 역사와 유물
2005	조명박물관	양주	다채로운 빛의 문화
2007	다문화박물관	서울	세계 각국의 문화와 특성
2007	옥토끼우주센터	강화	공룡, 우주, 과학
2008	근현대디자인박물관	서울	한국 디자인의 뿌리와 역사
2010	꼭두박물관	서울	꼭두(상여의 부속물)와 한국 전통문화
2010	한국식기박물관	홍성	한국의 식기와 식문화
2014	한국색동박물관	서울	한국 전통 색동 문화
2015	피규어뮤지엄W	서울	피겨 콜렉션 소개

출처 : 근현대디자인박물관 홈페이지)

<그림5-8> 근현대디자인박물관

출처 : 피규어뮤지엄W 홈페이지

<그림5-9> 피규어뮤지엄W

칸트는 취향을 "철학적 사유만큼이나 지혜롭고, 도덕적 판단 못지않게 선하며, 신앙처럼 숭고한 것이다"라고 하였다. 한 사회의 구성원들은 공동의 취향을 통해 공동체에 대한 자발적인 소속감을 갖게 되는데,[20] 사립박물관은 바로 이러한 취향의 공유가 일어나는 곳이다. 취향이 다양화되고 전문화되면서 사립박물관의 테마는 좀 더 개인적이고 이색적인 것으로 진화하고 있다.

최근에 건립되었거나 건립되고 있는 사립박물관들은 장난감박물관, 캐릭터박물관, 밀납박물관, 피규어박물관, 음반박물관, 커피박물관 등 테마의 범주가 상상을 초월할 정도다. 이렇듯 테마박물관은 선택의 폭을 넓히고, 타인의 취향과 새로운 문화를 들여다볼 수 있는 기회를 제공한다는 점에서 문화가 풍성해지는 데 일조하고 있는 것이다.

사립박물관은 상당한 시간적·경제적 노력과 희생을 통해 자신의 개성과 취향에 따라 수집한 소장품을 전시하는 공간이기 때문에 개성이 매우 강하다. 따라서 사립박물관마다 건축 방식, 실내 공간, 전시 방법, 운영 방식도 독특하다. 특히 원소스멀티유즈(one source, multy use)가 활발히 진행되는데, 소장품과 관련된 다양한 문화상품을 개발하고, 이를 적극적으로 수익사업으로 활용하는 박물관이 많다.

05. 문화콘텐츠전시관

오늘날 대한민국은 거대한 문화콘텐츠 생산국이다. 영화, 방송, 공연예술, 음악, 만화, 애니메이션, 캐릭터, 게임, 대중문화, 문화기술(CT)에 이르기까지 다양한 문화콘텐츠를 생산해내면서 문화 강국의 반열에 올랐다.

대한민국이 문화콘텐츠 강국이 될 수 있었던 이유 중 가장 큰 요인은 '한류'였다. 한국의 드라마와 음악이 한류 열풍을 일으키며 전 세계로 확산되면서 대한민국은 콘텐츠 소비국에서 콘텐츠 생산국이 되었고, 한류는 전 세계적으로 거대한 트렌드가 되었다.

이에 국가나 지방자치단체, 기업은 무형의 문화콘텐츠를 유형의 자료와 체험요소로 개발하여 체계화하고, 한국 관람객들뿐 아니라 외국 관광객들의 관심과 방문을 유도하기 위해 직접 콘텐츠를 경험할 수 있는 문화의 장을 마련하고 있다. 이에 따라 지방자치단체들은 드라마 촬영 장소, 영화 오픈 세트 등과 함께 전시관을 마련하여 관광마케팅을 펼치고 있으며, 기업들도 마케팅의 차원에서 한류 스타나 한류

개관년도	전시관 이름	주최	테마
2007	한류체험관 포시즌하우스	서울시	드라마
2009	스타에비뉴	롯데면세점	한류 스타와 엔터테인먼트 체험
2011	대장금파크 (구 용인드라미아)	MBC	드라마 「대장금」의 촬영지
2012	K-Live	케이라이브	K-Pop 스타와 홀로그램
2012	한채미가	한류브랜드 기획위원회	한국 전통문화 체험
2014	드라마 특별전 '별에서 온 그대'	SBS	드라마 「별에서 온 그대」 체험과 오락
2014	SM엔터테인먼트 아티움	SM엔터테인먼트	한류 스타와 한류 콘텐츠
2015	한류체험관	서울 강남구	K-Pop 스타
2016	K-Style Hub 한식문화관	한식재단	한식문화와 체험
계속	뽀로로테마파크	아이코닉스	TV 애니메이션 「뽀롱뽀롱 뽀로로」 관련 체험
2015	브이센터	브이센터	애니메이션 「태권브이」 피규어와 관련 체험
2015	둘리뮤지엄	서울 도봉구	애니메이션 「아기공룡 둘리」 관련 체험

〈그림5-10〉 강남관광센터 – 한류 체험관

〈그림5-11〉 스타에비뉴

콘텐츠를 활용하여 외국 관광객들의 이목을 집중시킬 수 있는 전시체험관을 마련하고 있다. 이외에도 만화, 애니메이션, 게임 등과 관련된 기관이나 기업이 해당 콘텐츠의 진흥을 위해 관련 테마로 전시관을 건립하면서 대한민국은 그야말로 문화 풍년을 맞이하고 있다.

문화콘텐츠전시관의 특징은 다음과 같다.

• **캐릭터와 스토리텔링**

캐릭터가 서사를 이끄는 드라마, 영화, 애니메이션 등의 특성을 그대로 살린 전시를 통해 드라마적 스토리텔링을 경험할 수 있다.

- **오락적 요소**

  장르별 콘텐츠의 특성을 잘 살린 오락적 요소와 유쾌하고 경쾌한 체험이 가능하도록 연출한다.

- **IT와 융합한 쌍방향형 전시**

  콘텐츠와 IT 기술을 융합한 인터랙티브 미디어를 통해 관람객의 흥미와 체험의 질을 높인다.

- **지속적인 콘텐츠 업데이트**

  대중문화에 기반을 둔 콘텐츠는 매우 빠른 주기로 변화한다. 그러므로 콘텐츠의 지속적인 업데이트와 신속한 트렌드 반영이 필요하다.

- **수익형 관광상품 개발**

  콘텐츠를 테마로 한 기획상품, 기념품 가게, 푸드코드 등 다양한 수익형 부대시설을 개발한다. 관광명소의 이점을 살려 입장 수익을 얻을 수 있다.

- **저작권과 초상권 등 콘텐츠 활용에 대한 주의**

  저작권과 초상권에 대한 사전협의와 동의가 반드시 필요하다. 연예인의 초상권은 대개 기획사 또는 연예인이, 드라마의 저작권은 방송국이 갖고 있다. 드라마 속 스타의 이미지를 사용하기 위해서는 여러 주체에게서 동의를 구해야 한다.[21]

3. 다양한 테마전시기술

전시는 전시물과 메시지의 구성 비율에 따라 '사물지향적 전시'와 '개념지향적 전시'로 나뉜다(22페이지 〈그림0-1〉 참조). 사물지향적 전시는 소장품에 초점을 두고 객관적 기준과 분류를 통해 전시하는 것을 말하고, 개념지향적 전시는 소장품을 둘러싼 맥락과 의미 등의 가치 전달에 중점을 두기 때문에 텍스트, 그래픽, 사진 등의 해설매체가 많은 비중을 차지한다.[22] 테마박물관의 전시는 주로 개념지향적 전시인데, 최근에는 소장품이 거의 없거나 아예 없는 개념지향적 전시의 박물관도 늘어나고 있다.

전시는 관람객과 전시대상물 사이에 새로운 소통체계를 구축하여 메시지와 의미를 공유할 수 있도록 하는 중재적 행위로, 한 전시장 안에 동일한 테마의 소장품과 해석매체를 모아서 배치하는 것을 의미한다.[23]

앞서 언급한 것처럼 박물관전시에서 해설과 연출의 비중이 커지면서 단순히 유물을 나열하고 설명하는 대신, 정보와 지식을 해석하고 연출하여 감동을 전달하는 스토리텔러 혹은 메신저의 역할로서 전시의 역할이 확대되고 있다. 테마를 중심으로 한 적극적인 공간 연출과 전시매체의 다양화는 관람객을 적극적으로 유치하고 관람객의 관심과 흥미를 유도하는 데 효과적이다.

테마박물관의 전시공간에서는 독특하고 개성 넘치는 전시방법이 많이 활용되고 있다.

01. 스토리텔링전시

스토리텔링(story-telling)이란 스토리(story)를 텔링(telling)하는 것, 즉 '이야기하기'이다. 구체적으로는 사건과 등장인물, 배경이라는 요소를 시작과 중간과 끝이라는 시간적 흐름에 따라 기술하는 것이다.[24] 스토리텔링은 독자 혹은 청자의 눈높이와 기대 수준 등을 고려하여 하나의 이야기를 여러 버전으로 만들 수 있다. 즉 스토리텔링은 계층, 연령, 시대, 국가를 초월하여 누구나 이야기하고 이해할 수 있는 만국언어(Universal Language)[25]이기 때문에 다양한 계층을 관람객으로 하는 전시에 효과적으로 활용된다.

월트 디즈니 이메지니어링(Walt Disney Imagineering)의 창조적 기술연구개발 부사장인 브란 페런은 "박물관의 역할은 정보를 제공하는 것을 넘어서 경험을 제공하는 것으로 변하고 있다. 그러므로 관람객에게 박물관의 소장품 하나하나의 배경과 상황을 설명하는 것은 중요하며, 이를 위한 가장 효과적인 방법은 스토리텔링이다. 사물에 대한 문맥적인 설명은 관람객들로 하여금 자신이 박물관에서 소중한 경험을 하고 있다는 확신을 줄 수 있다"고 하였다.[26] 박물관 소장품에 대한 관람객의 이해를 돕는 방법으로 스토리텔링의 가능성과 의미 전달의 중요성을 설명한 것이다.

실제로 소설이나 영화, 드라마나 만화처럼 서사구조를 도입하여 전시공간을 구성하면 관람객들의 몰입도와 이해도가 높아진다. 전시에서의 스토리텔링 구조는 〈그림5-12〉와 같이 시모어 채트먼(Seymour Chatman)의 서사구조를 이용하여 정리할 수 있다.[27]

전시스토리텔링의 구조를 보면 전시는 '스토리'와 '담론'으로 구분된다. 스토리는 전시의 명칭, 주제, 메시지 등에 대한 것으로, 전시의 내용에 따라 시간의 흐름으로 전개될 수도 있고, 단편적인 지식이나 정보로 구성될 수도 있다.

또한 소장품이나 가치 있는 작품이 이야기의 주체가 될 수도 있으며, 역사적 인물이 주체가 될 수도 있다. 하지만 스토리의 해석과 가치

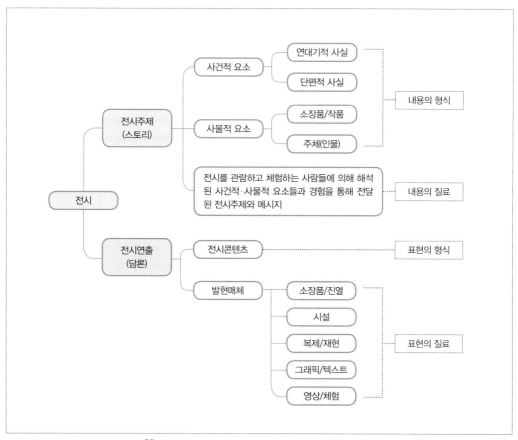

〈그림 5-12〉 전시스토리텔링 구조[28]

판단은 그것을 받아들이는 관람객의 몫이다. 그래서 관람자가 전시의 중요한 요소라고 하는 것이다.

전시의 담론은 전시를 구성하는 형식에 따라 달라지며, 그에 따라 전시스토리를 가장 효과적으로 표현할 수 있는 매체도 달라진다.

독립기념관 광복 66주년 특별기획전 '전쟁의 시대 속 빛과 어둠'[29]의 기획안을 보자. 이 전시는 일제강점기의 아픔과 이를 극복하기 위한 선조들의 희생, 그리고 나라 사랑에 대한 메시지를 테마로 기획되었다.

기획자는 일제강점기를 겪어보지 못한 오늘날의 사람들에게 당시의 이야기를 실감나게 전달하기 위해 관람객 자신이 주인공이 되는 방식, 즉 '나'의 이야기로 사건을 재구성하였다. 관람객이 일인칭 시점으로 전시를 관람하고 실제 프로그램에 참여함으로써 전시스토리에

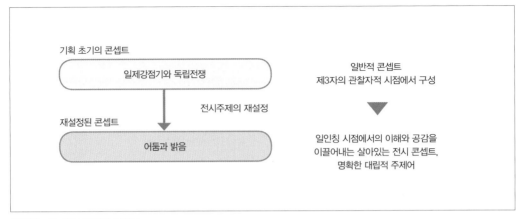

〈그림5-13〉 전시 콘셉트 재구성

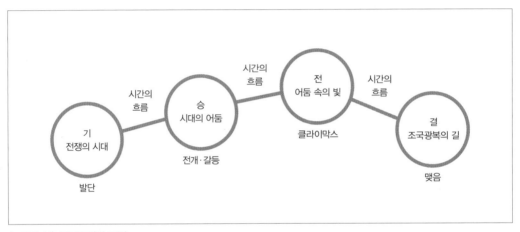

〈그림5-14〉 전시주제의 구성

① '밝음(明)'과 대조를 이루는 '어둠(暗)'을 표현한 공간   ② '어둠(暗)'과 대조를 이루는 '밝음(明)'을 표현한 공간

〈그림5-15〉 조감도와 전시공간

공간	대주제	소주제
도입부	프롤로그	특별기획전을 개최하며
1부	전쟁의 시대(1930~1940년대), 일제의 전쟁 도발	20세기 전쟁의 소용돌이
2부	시대의 어둠, 암(暗)	황국 신민화 정책
		황국 학생 만들기: 황국 신민화 교육
		천황의 병사로 징집되다 : 군대 동원
		전시 동원과 수탈의 횡포 : 일상 동원
3부	어둠 속의 빛, 명(明)	한국인 무장 단체의 조직과 연합
		광복군의 대일전쟁
		조국 광복 운동과 투쟁: 한국에서의 활동
		광복의 순간과 기쁨 : 조국 광복
4부	조국 광복의 길	체험 1. 스테이지 무대(되어보기) 체험 2. 유언비어 만들기(쓰기) 체험 3. 단파방송(말하기·사진 찍기)
결말부	에필로그	되찾은 자유, 평화, 그리고 사랑

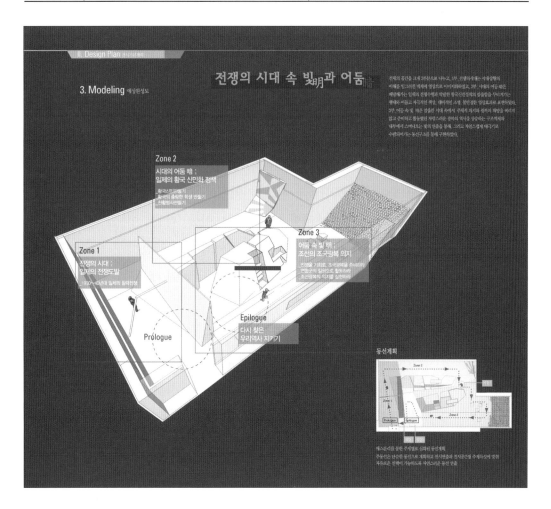

더욱 깊이 공감할 수 있게 한 것이다. 또한 조명과 색채를 통해 일제 강점기의 어둠과 광복의 밝음이 극적인 대조를 이루도록 공간을 연출하였다. 즉, '정보'를 '이야기'로 각색하여 '전시'로 생생하게 관람객들에게 전달한 것이다.

그 다음에 연출한 것은 전시스토리라인이다. 앞쪽에는 사건의 배경이 되는 시공간을 설정하고, 역사적 자료들을 배치하여 관람객 자신이 전쟁의 소용돌이에 빠져든 것 같은 느낌이 들게 한다. 그리고 그 안에서 나라를 되찾기 위해 희생한 사람들을 보여줌으로써 그분들에게 감사하는 마음을 느끼고 광복에 대한 희망을 감지하게 하였다. 이야기의 절정 부분에는 '광복'이라는 사건을 통해 감동을 전하고, 결말 부분에서는 이러한 비극이 되풀이되어서는 안 된다는 다짐과 나라에 대한 사랑, 조상에 대한 감사함을 다시 한 번 느낄 수 있도록 구성하였다.

02. 엔터테인먼트 전시

관람객은 훌륭한 박물관전시를 통하여 매일 반복되는 일상생활에서 벗어나 아름다움과 사고, 기억이라는 새로운 세계를 경험할 수 있다. 심리학자 아브라함 매슬로우는 이를 '박물관이 선사하는 최고의 경험(peak experience)'이라고 하였다. 즉, 박물관은 영혼을 고양시켜 사고와 감각의 폭을 넓히고 상상력을 자극하여 매혹적인 경험을 선사하는 곳이라는 의미다.[30]

박물관에서는 매혹적인 전시공간을 조성하여 최고의 경험을 제공하기 위해 엔터테인먼트적인 요소를 자주 활용한다. 엔터테인먼트의 사전적 의미는 사람을 즐겁게 해주는 행위, 그러니까 공연, 쇼, 손님을 위한 여흥, 환대 등을 통해 새로운 경험을 하게 해준다는 뜻으로, '즐거움을 주는 행위나 즐거움을 주기 위해 창조된 일체의 인위적인 생산물'로 정의할 수 있다.[31] 최근에는 영화, 드라마, 뮤지컬, 연극, 만화, 공연, 쇼 등의 대중적인 문화콘텐츠를 일컫는 말로 쓰이기도 한다. 그래서 다양한 분야의 엔터테인먼트 요소들이 전시에 대한 흥미를 유발시키고, 몰입도를 증가시켜주는 연출방법으로 활용되고 있다.

- **인물과 사건의 배경이 되는 시간과 공간 재현**

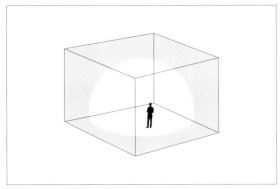

〈그림5-16〉 다카하시 노부히로의 공간 전시

일본의 전시기획자 다카하시 노부히로는 『박물관과 놀이공원(*Museum & Amusement Parks*)』에서 '공간적 전시'라는 방식을 제시했다. 공간적 전시는 관람객을 둘러싼 공간 전체를 특정한 시공간의 배경으로 연출하는 전시 방법이다. 이때 시공간 연출에 '고현학(考現學, Modernology)'이 활용되는데, 고현학이란 가까운 과거나 오늘날의 사회현상, 풍속, 세태 등을 면밀히 조사, 기록, 탐구하는 학문이다. 따라서 실증적이고 철저한 조사와 고증을 통해 전시공간을 재현하는 것이다.

과거에는 인테리어연출, 마감재, 소도구, 특수효과 등을 활용했지만, 최근에는 전시연출에 대규모 자본이 투입되면서 가상현실, 증강현실, IT 기반의 과학기술 등을 활용하여 전시공간을 연출하고 있다.

영월 마차리의 탄광문화촌은 석탄 산업이 활발하던 1960~1970년대 영월을 그대로 재현한 전시공간이다. 가난했지만 꿈을 잃지 않았던 옛 마을의 모습을 담아 추억과 따뜻한 메시지를 전달하고자 하였다. 이 탄광문화촌은 크게 2개의 공간으로 구성된다. 그중 탄광생활관에서는 마을의 모습과 생활을, 그리고 다른 하나인 탄광체험관에서는 탄광 채굴 현장을 재현하여 관람객들이 마치 타임머신을 타고 시간여행을 하듯 전시공간 곳곳에서 당시의 생활상을 경험하게 했다. 탄광체험관에서는 오감각을 통해 탄광과 광부의 작업 및 애환을 느껴보게 했다.

명칭 : 영월 마차 탄광문화촌

테마 : 1935년에 개광한 영월광업소를 중심으로 1960~1970년대 마차리 탄광촌의 모습을 재현

탄광생활관	
공간	대주제
애환과 번영의 거리	배급표 받는 곳/마차상회/이발관 양조장 /선술집/뻥튀기 아저씨
생활상 엿보기	광부 사택/양반 사택/사원 사택 공동변소/공동수도
마차리 공동구역	배급소/복지회관/문화관
마차초등학교	함께 배워봐요/오늘의 수업은
마을 출구	마차리 탄광촌/마차리 버스정류장/ 영월의 과거와 현재 그리고 미래

탄광체험관

갱도 사무실
광부 작업복 체험

작업장 가는 길
굴진/발파
동발 설치

광부의 얼굴
막장 작업장
일일 광부 체험

〈그림5-17〉 탄광문화관 테마와 전시스토리 구성

출처 : 영월마차탄광문화촌 홈페이지

〈그림5-18〉 탄광생활관 연출 사진

● 공연·쇼 형식을 차용한 전시연출

공연적 전시는 전시에 영화나 공연과 같은 장르를 도입한 연출방법으로 무대 세트와 같은 공간을 통해 시대상을 재현하고, 그것을 배경으로 공연 배우 혹은 배우를 대신할 수 있는 특별한 기법으로 스토리를 이끌어가는 방법을 말한다.

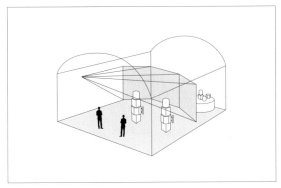

〈그림5-19〉 다카하시 노부히로의 공연적 전시의 개념도

관람객에게 새로운 볼거리로서의 전시를 제공하기 위해 융합적 영상 기술을 이용하기도 하는데,[32] 사운드와 영상, 특수효과, 질감, 후각 등을 적극적으로 이용하여 서라운드형 전시공간을 연출하고, 첨단 미디어시스템들을 복합적으로 활용하는 연출방법을 시도한다. 이처럼 관람객들에게 전시 테마를 좀 더 흥미롭게 전달하기 위한 방략으로서 혹은 다른 전시와의 차별화를 위해 이와 같은 극적이면서도 새로운 방법들이 생겨나고 있다.

2012 여수세계박람회[33]의 주제관 중 하나였던 해양산업기술관은 해양과학과 그와 관련된 산업기술이라는, 방대하고도 어려운 주제를 관람객들을 위해 재미있고 이해하기 쉽게 연출하기 위해 공간 전체를 공연장으로 연출하였다. 공간 규모와 관람시간이 매우 제한적이었기 때문에 일반적인 관람형 전시 방법으로는 방대한 정보와 메시지를 효과적으로 전달할 수 없다는 판단에서였다.

공연연출자가 투입되어 전시의 스토리라인을 뮤지컬 각본과 공연으로 각색하고, 전시연출자는 그에 맞춰 무대를 연출하였으며, 뮤지컬 배우가 스토리텔러 역할을 맡았다. 무대 세트와 조명, 대형 미디어시스템, 3D 맵핑, 음악, 특수효과, 그리고 마술 같은 요소가 융합된 공연에서는 젊은 관람객들의 흥미를 끌기 위해 춤과 랩을 선보이기도 하였다.

전시관람시간은 프리쇼 5분, 메인쇼 15분, 포스트쇼 5분 등 총 25분이었다. 관람이 끝날 때마다 관람객들의 박수갈채가 이어졌는데, 박수는 전시에 대한 관람객들의 긍정적인 반응으로 해석해도 무방하다.

〈그림5-20〉 해양산업기술관 무대 장치와 전시 퍼포먼스

<표5-9> 해양산업기술관의 공연적 전시 개요

시간적 배경	미래의 마린 에이지(Marine Age) (가상의 시간)
공간적 배경	마리노 콤플렉스(Marino Complex) (가상의 공간)
인물	해양과학자
이야기	마리노 콤플렉스의 한 연구실에서 해양과학자가 경험하는 해양산업기술의 신기하고 놀라운 이야기
무대의 특징	대형 스크린, 3D 맵핑, 미디어 파사드, 특수효과, 움직이는 소품들로 이루어진 공연 무대에서 배우가 노래와 춤, 마술 등을 선보이며 스토리텔러 역할도 수행

<표5-10> 공연적 전시를 위한 시나리오

프리존 (PRE ZONE)	자원의 고갈	2022년 지구는 모든 것이 부족해진다. 식량 자원, 에너지 자원 등 지구상의 모든 자원이 사라지고, 마실 물조차 남아있지 않다.
메인존 (MAIN ZONE)	바다가 주는 선물	인류는 해결책을 찾아야만 했다. 여러 가지 자구책과 대안이 등장했다. 그중에서 지구의 70%를 차지하는 바다에서 해결책을 찾아 인류의 위기를 극복할 가능성이 점점 현실화되었다.
	해조류를 통한 해양산업기술의 이해	인류는 해양조류에 대한 새로운 가능성을 알게 되었다. 식량으로만 생각했던 해양조류는 해양기술이 발전하면서 많은 것을 해결할 수 있는 대안이 되었다. 해양조류에서 바이오과학기술로 연료인 에탄올을 생산했다. 친환경 옷감도 생산했다. 더욱 놀라운 것은 과학기술을 접목하여 강철 같은 고강도플라스틱 제조도 가능해졌다는 점이다. 가능성의 한계는 없다.
	미래의 해양	해양조류의 무한한 활용처럼 위기 속에서 인류는 새로운 대안을 찾아냈다. 위기를 새로운 대안으로 극복해낸 인류는 더욱 풍요롭고 깨끗한 삶을 살 수 있을 것이다. 해양조류 콘셉트카가 등장하여 그 가능성을 상징적으로 보여준다.
포스트 존 (POST ZONE)	미래 해양기술의 실체	가상의 이야기는 허구가 아니다. 해양조류 같은 미세조류로 연료나 산업용 원자재, 그리고 지구 환경을 위한 이산화탄소 제거기술의 가능성을 확인했다. 해저의 천연광물과 에너지와 바다의 드넓은 공간을 활용하여 인류의 활동 범위를 넓히려는 시도가 한창 진행 중이다.

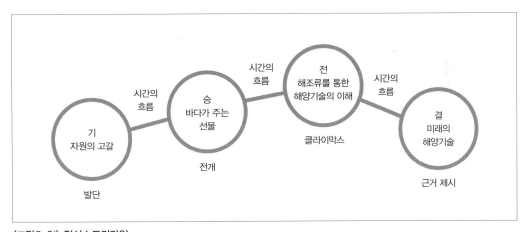

<그림5-21> 전시스토리라인

• 문화콘텐츠에 대한 엔터테인먼트 전시연출

문화콘텐츠를 담는 전시공간이 증가하면서 엔터테인먼트 전시 방법들도 다양하게 진화하고 있다. TV나 스크린, 모바일을 통해 일방적으로 소비되던 드라마, 영화, 애니메이션, 게임 같은 문화콘텐츠들을 전시공간에서 직접 체험해볼 수 있도록 다양한 전시연출과 인터랙티브 전시방법들이 개발되고 있다. 특히 대한민국 문화콘텐츠가 한류열풍을 타고 전 세계로 확산되면서, 한류 콘텐츠와 한류 스타들을 전시, 홍보, 그리고 이런 요소들을 체험할 수 있는 전시공간과 엔터테인먼트 전시연출방법이 다양하게 시도되고 있다.

예를 들어 롯데면세점에서 개발한 한류 체험공간인 '스타에비뉴'를 살펴보자. 스타에비뉴는 기업의 스페이스마케팅의 일종으로, 한류 스타들

명칭 : 스타에비뉴(Star Avenue)

목적 : 한류 스타와 한류 콘텐츠 체험 공간

테마 : 스타에 관한 모든 것(All About Star)

스타에비뉴 전시콘텐츠

① 드라마 의상 체험
드라마 의상 입고 촬영

② 드라마 세트 체험
세트에서 연기 체험

③ 드라마 장면 체험
드라마 속 명장면 체험

④ 스타 쇼케이스
스타들의 소장품 및 애장품 전시

⑤ 스타 포토존
스타의 전신상과 기념 촬영

⑥ 가수 체험
공연 무대 체험

⑦ 대형 인터랙티브 영상
터치반응형 인터랙티브 영상'

⑧ 상징 조형물
소원 성취 인터랙티브 별 형상

⑨ 스타 피규어
스타의 피규어와 사진 찍기

⑩ 인터랙티브 스타 영상
원하는 스타의 댄스 관람

⑪ 스타 별자리
스타와 별자리 운세 보기

⑫ 인터랙티브 핸드프린팅
핸드프린팅을 터치하면 스타의 모습 상영

〈그림 5-22〉 스타에비뉴 전시 콘텐츠

과 한류 콘텐츠를 최첨단 디지털기술과 접목시켜 관람객들이 재미있는 체험을 할 수 있도록 한 엔터테인먼트 전시공간이다. 스타에비뉴는 1998년 서울 잠실에 건립되어 외국 관광객들에게서 좋은 호응을 얻었고, 이후 명동, 코엑스, 경주 세계문화엑스포장, 부산 진구 등 전국에 세워졌다.

스타에비뉴는 한류 콘텐츠와 한류 스타를 테마로 다양한 체험 위주의 전시 방법을 활용하고 있다. 스타와 함께 기념촬영을 할 수 있도록 하는 디지털 포토존, 드라마 속 인물 의상 체험, 주인공이 되어 목소리 더빙해보기, 스타와 함께 타로점 보기, 스타의 얼굴 퍼즐 맞추기 등 직간접적으로 스타와 다양한 추억을 공유할 수 있는 다양한 전시체험시설이 마련되어있다.

03. 디지털기술전시

최근의 전시공간에서 가장 빠르게 변화하고 발전하는 전시 방법은, 바로 영상이나 사운드기술 또는 디지털기술과 이를 기반으로 한 인터랙티브 기술이다. 영상과 사운드기술(이하 AV기술)은 기존의 아날로그적인 방식과 함께 보조 수단으로 사용되었지만, 지금은 주요 전시연출 매체로서 전시의 스토리를 구성하는 총체적 미디어 환경을 구현하여 관람객들로 하여금 전시 테마와 스토리에 집중할 수 있게 해준다.[34]

또한 오디오·비디오(AV)기술을 넘어 디지털기술이 진화하면서 관람객의 행동을 감지하는 센서에 의해 반응하는 단순한 시스템에서부터 가상현실, 증강현실, 융합현실 등 최첨단 디지털기술까지 다양한 인터랙티브 전시시스템들이 전시공간에 활용되고 있다. 이러한 디지털환경은 현실에서는 경험할 수 없는 새로운 공간을 창조해내고, 물리적 공간의 한계를 극복하여 전시공간을 무한대로 확장시켜준다. 이러한 환경에서 관람객은 자신의 행동과 반응에 상호작용하는 멀티미디어 인터페이스를 통해 정보를 얻을 수 있고, 만족감과 흥미를 느끼게 된다.[35]

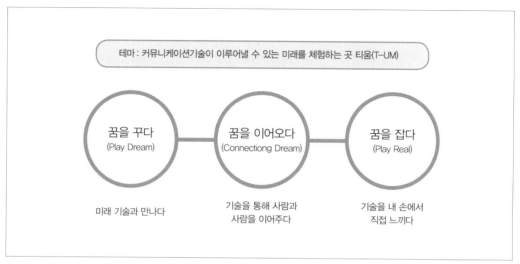

〈그림5-23〉 티움(T-UM) 전시테마

〈그림5-24〉 티움 전시시설

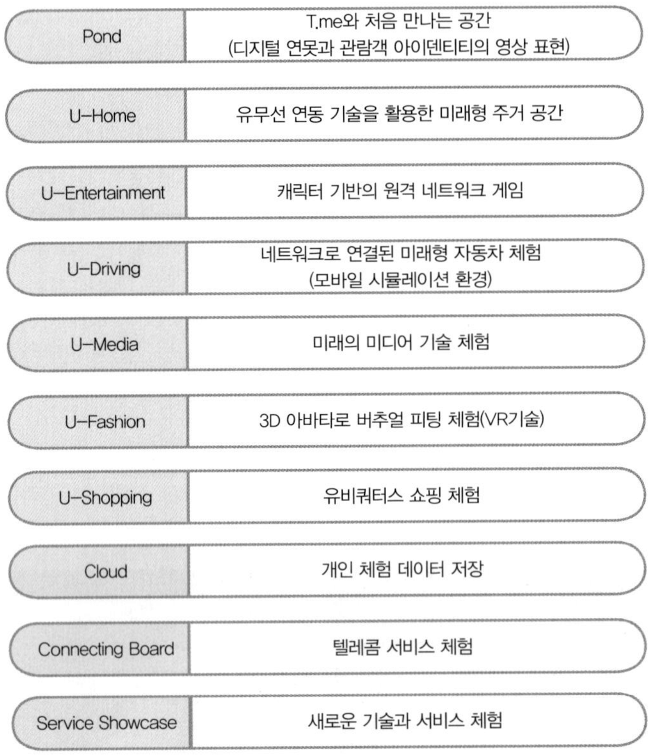

Pond	T.me와 처음 만나는 공간 (디지털 연못과 관람객 아이덴티티의 영상 표현)
U-Home	유무선 연동 기술을 활용한 미래형 주거 공간
U-Entertainment	캐릭터 기반의 원격 네트워크 게임
U-Driving	네트워크로 연결된 미래형 자동차 체험 (모바일 시뮬레이션 환경)
U-Media	미래의 미디어 기술 체험
U-Fashion	3D 아바타로 버추얼 피팅 체험(VR기술)
U-Shopping	유비쿼터스 쇼핑 체험
Cloud	개인 체험 데이터 저장
Connecting Board	텔레콤 서비스 체험
Service Showcase	새로운 기술과 서비스 체험

〈그림5-25〉 티움의 전시시설

한국의 정보통신 기업에서 개발한 전시관인 티움(T-UM)[36]을 살펴보자. 티움은 우리 생활 속의 편리한 정보통신기술과 미래의 정보통신환경을 구현하기 위해 공간 전체를 IT 기술로 유비쿼터스화하였다. 이에 따라 전시실 입구에서 관람객들에게 휴대용 단말기(T.key)를 나누어주고 개인정보를 입력하도록 하여 개인별 맞춤체험이 가능하도록 하였다. 모든 체험 결과는 관람객에게 전송되어 디지털로 축적된다. 관람객들은 이 단말기를 들고 정보통신기술 덕분에 편리해진 일상생활을 직접 체험하고 만끽한다.

이것이 가능한 이유는 위치 기반 서비스(LBS, Location based service)를 적용한 위성항법시스템(GPS)을 통해 관람객의 위치를 추적할 수 있도록 전시공간을 설계하였기 때문이다. 유·무선 네트워크시스템을 통해 관람객의 위치를 파악하고, 그에 따라 각기 다른 콘텐츠에 대한 배경기술 및 체험의 방법에 대한 정보를 받아볼 수 있도록 하는 이런 방법은, 이전까지 한국의 전시공간에서 시도된 바 없던 새로운 체험방식이다.[37]

04. 소셜네트워크와 연계된 전시

정보화시대에 들어서면서 박물관은 물리적 전시공간에 더해 월드와이드 웹(World Wide Web, WWW)이라는 온라인공간으로까지 그 영역을 확대하고 있다. 1995년 12월, 국제박물관협의회는 인터넷 정책 성명을 통해 박물관이 인터넷을 보다 적극적으로 활용해 프로그램과 소장품에 대한 정보를 관람객들에게 제공할 것을 장려하였다. 이를 계기로 1990년대 후반부터 지금까지 거의 모든 박물관들은 온라인박물관을 개관하고 실용화했다.[38]

한국의 박물관들도 2000년대부터 어디가 먼저랄 것도 없이 적극적으로 홈페이지를 개발하였는데, IT 강국답게 현재는 대부분의 박물관들이 홈페이지를 운영하고 있다. 많은 관람객들은 박물관 방문 전후에 홈페이지를 활용하여 다양한 정보를 얻는 등 박물관 이용에 도움을 받고 있다.

박물관 홈페이지는 대개 박물관 소개, 전시실 소개, 소장품 소개, 교육프로그램 안내, 이용 안내 등으로 구성되어있고, 여기에 박물관의 특성에 따라 조금씩 다른 요소들이 들어가거나 빠지기도 한다.

한국의 박물관들은 홈페이지에서 평면도를 활용하여 전시공간을 자세하게 소개하는 경우가 많은 반면, 미국이나 유럽의 박물관들은 전시실 소개보다는 박물관의 소장품 및 연구논문 등을 소개하거나 온라인 샵을 운영하여 기획상품을 적극적으로 홍보하고 직접 판매하는 경우가 많다.

● 홈페이지 메뉴

〈표5-11〉에서 보듯이 홈페이지는 대개 로그인 없이 열람 가능한 영역과, 로그인하여야만 열람 가능한 영역으로 나눌 수 있다.

오늘날의 박물관들은 온라인상에서 끊임없이 대중과의 커뮤니케이션을 시도하고, 다양한 이슈들을 지속적으로 노출시켜 박물관에 대한 흥미를 갖게 한다.

특히 최근에는 홈페이지보다 소셜네트워크(SNS)가 관람객과의 소통에 더 큰 역할을 한다. 소셜네트워크는 궁금증을 실시간으로 해소해 주거나 관람객들의 호응도를 측정할 수 있어서 매우 유용하다. 무엇보다도 비용이 많이 들지 않기 때문에 홍보비가 부족한 중소규모의 박물관에는 매우 좋은 홍보수단이다.

2016년 7월, 트위터코리아와 한국박물관협회는 전략적 업무협약(MOU)을 맺고 '한국뮤지엄위크'의 소셜미디어 공식 채널로 트위터를

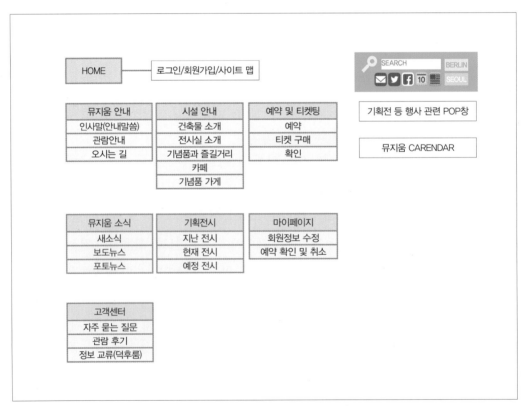

〈그림5-26〉 피규어뮤지엄 구성안 예시

<표5-11> 온라인 박물관 메뉴[39]

회원 가입이 필요 없는 메뉴	박물관 소개	박물관의 일반적인 개요를 소개. 인사말, 박물관의 목표와 기능, 조직, 찾아오는 길, 운영시간 안내 등 일반적인 내용
	전시안내	각 전시실 위치, 전시품의 소개와 관람 방법 등
	사이버전시관	물리적인 박물관의 전경이나 전시를 온라인상에서 체험할 수 있는 메뉴. 데모버전이나 가상현실(VR)을 통해 전시관의 공간을 소개
	사이버교육관	지식에 대한 학습이나 학교 교과 과정 등을 온라인상에서 게임 등의 방식으로 학습하게 하는 사이버 학습시스템
회원 가입이 필요한 메뉴	로그인	회원 가입을 통해 온라인상의 회원이 되는 절차. 온라인상의 다양한 이벤트에 참여할 수 있고, 정보를 받아보는 등 박물관과 긴밀한 관계를 유지할 수 있음
	예약 티켓팅	인터넷으로 박물관 입장권 구매 및 사전 예약. 온라인 마케팅을 위해 입장료 할인 같은 특전 부여

① 홈페이지 타이틀

② 기획전시 소개

③ 전시공간 소개

④ 관람 후기, 보도자료 게시판

⑤ 박물관 위치, 연락처 소개

<그림5-27> 홈페이지 디자인 시안

활용하여 박물관의 콘텐츠를 홍보하기로 했다. 이제 박물관이 소셜네트워크 없이 대중과 커뮤니케이션하는 것은 거의 불가능하다. 많은 관람객들은 자신의 블로그나 인스타그램, 페이스북, 트위터 같은 소셜네트워크로 박물관을 소개하고 평가하며, 다른 사람들도 이를 보고 박물관 방문에 참조한다. 그래서 관람객이 또 다른 마케터가 되는 셈이니, 이에 따른 효과를 높이려면 관람객의 만족도를 먼저 높여야 한다.

05. 관람객의 참여와 경험을 위한 전시

박물관전시는 관람객의 참여정도에 따라 반응하면서 다양한 성과물을 도출한다. 2016년의 제1회 서울뮤지엄페스티벌에서 발간한 『서울 뮤지엄 160 하모니』에서 국립중앙박물관 홍보출판디자인 총괄팀장 박현택은 "박물관은 박물관을 방문하는 사람에 따라 그 의미가 다르게 규정된다. 예술가에게 박물관은 연구가 가능한 곳이며, 젊은 세대에게는 데이트 장소이다. (중략) 다시 말해 박물관은 문화적 원형이 모여있는 곳으로, 사람들의 삶을 향상시키고 풍요롭게 하기 위해서 자료를 수집·분석·해석하는 곳이다"라고 했다.

조지 엘리스 버코는 『큐레이터를 위한 박물관학』에서 "박물관전시는 진열인 동시에 진열된 대상의 의미와 중요성에 대한 전시기획자의 '해석'이 개입된 행위이며, 이를 관람객과 공유하기 위한 것이다"라고 말했다. 즉, 전시는 전시기획자의 '해석'을 통해 "관람객의 '해석'은 무엇인가?"를 논하고, 영향력을 주고받는 과정으로 발전하고 있다.[40]

전시공간에서 관람객들은 다음과 같은 경험을 하게 된다.[41]

① 학습의 경험(Learning Experience)

전시품을 보면서 설명 자료들을 읽는 행위를 통해 정보를 수집하고, 지식을 습득하며, 대상을 이해한다. 그리고 오랫동안 기억에 남을 학습의 효과를 경험한다.

② 미적인 경험(Aesthetic Experience)

전시품을 실제로 감상하는 행위를 통해 사물을 미적인 관점에서 바라보고 미적인 감동을 받는 감각적인 경험을 한다.

③ 기념하는 경험(Celebrative Experience)

인물의 업적을 기리는 경험, 역사적 성취에 공감하는 경험, 역사와 현재, 미래가 하나의 시간으로 연결되어있음을 깨닫는 경험을 통해 인류의 성취에 대한 감동과 존경심을 갖게 된다.

④ 매혹적인 경험(Enchanting Experience)

관람객은 전시의 테마와 소장품을 통해 일상생활에서 경험하는 것과는 다른 지성과 상상력, 기쁨과 환희 등의 매력적인 경험을 하게 된다.

⑤ 레크레이션(Recreation)

전시공간을 관람하거나 프로그램에 참여함으로써, 박물관의 카페에서 차를 마시거나 기획상품을 구경하고 구입하는 활동을 함으로써 기분 전환을 하거나 휴식을 취할 수 있다.

⑥ 교제(Sociability)

사람들을 만나거나 여럿이 함께 참여하는 활동을 통해 친목을 도모하고 취미생활을 공유할 수 있다.

이처럼 관람객들은 기대감을 가지고 전시공간을 방문하여 전시를 통해 다양한 경험을 하기 때문에, 전시는 언제나 관람객을 중심으로 기획되어져야 한다. 미국 워싱턴 D.C.의 국립자연사박물관(National Museum of Natural History)의 프로그램 부장인 로버트 설리번은 박물관 전시를 위한 지표를 다음과 같이 제시했다.[42]

① 항상 관람객을 생각해야 한다

전시는 관람객에게 초점을 맞추어야 한다. 관람객을 명확하게 규명하고 세분화하여 목표를 설정하고 전시물을 보여주어야 한다. 타겟 관람객층을 세분화할수록 목표를 달성하기가 쉬워진다.

② 전시는 말하지 않는다. 보여질 뿐이다

전시는 기본적으로 시각적인 행위다. 즉, 소장품과 이미지가 중심이 되어야만 제대로 된 전시라 할 수 있다. 너무 장황하거나 어려운 전시 해설 방법은 관람객들에게 외면당하기 쉽다.

③ 전시는 생각을 촉진하는 계기가 되어야 한다

하나의 테마에 관하여 모든 것을 다 말할 필요는 없다. 그보다는 관람객들 스스로 의미 있는 무언가를 발견하도록 유도하여야 한다. 전시경험은 학습의 출발점이 되어야지, 종착점이 되어서는 안 된다.

④ 확실한 답을 주기보다는 질문을 던진다

생각의 방향은 일직선이 아니라 돌고 돌아야 한다. 전시가 관람객의 생각을 자극할 수 있는 질문을 던진다면, 관람객들이 스스로 생각을 하게 됨으로써 쌍방향으로 주고받는 생각의 회전이 일어난다. 그 결과 관람객은 더 집중하면서 관람하게 된다.

⑤ 상호반응을 하게 하는 행위나 기대하지 않았던 연관성, 놀라움, 그리고 일종의 유머까지 모두 동원하여야 한다

상호반응이란 무턱대고 버튼을 누르는 단순 행위가 아니다. 관람객의 체험을 위한 모든 장치가 목적을 달성할 수 있도록 전시 내용을 충실히 담고, 관람객이 적극적으로 참여할 수 있도록 다양하고 긍정적인 방법을 찾아내야 한다.

⑥ 관람객의 경험을 극대화할 수 있는 전시공간들과 부대시설들이
　서로 조화를 이루어야 한다

관람객은 박물관을 휴식과 위락의 장으로 여기기도 한다. 따라서 편안하게 휴식하고 사색하고 오락적인 경험을 할 수 있도록 카페나 식당, 기념품 가게, 휴게공간, 전망대, 정원 등의 시설들을 마련하여 전시공간과 연계시켜야 한다.

4. 전시 과정

〈그림5-28〉과 〈그림5-29〉는 전시의 기본적인 업무 과정을 보여준
다. 테마전시에서는 테마 설정·개발을 위한 분석, 기획단계 및 콘셉트
디자인단계가 특히 중요하다.

〈그림5-28〉에서 분석과 기획, 이를 통한 콘셉트 도출, 전시스토리
구성, 디자인 연출안 등의 전개 과정은 다음과 같이 개념화할 수 있다.
즉, 단계별로 폭넓고 깊이 있게 분석하고 취합하여 다음 단계의 방향
을 설정하며, 같은 과정을 여러 번 반복하여 '테마'를 결정하는 것이
다. 테마가 단순하고 명쾌할수록 전시 내용이 명확하며, 전시 프로그
램들의 응용과 파생도 무궁무진해진다.

전시 관련 공사는 모든 공정들이 맞물려서 진행된다. 박물관 규모
에 따라 다르지만 중소규모의 박물관들도 대개 1년 이상의 시간이 공
사에 소요된다. 전시공사는 공간의 미적인 완성도뿐만 아니라 관람객
들과 효과적인 소통을 위한 것임을 염두에 두고 진행해야 하므로 종
합적인 공정 관리가 중요하다. 어느 한 부분이라도 문제가 생기면 다
른 공정에 심각한 영향을 미치게 된다. 꼼꼼하게 검토하고 계획을 세
우지 않으면 진행되었던 공정의 일부를 수정하거나 재시공하는 사태
가 발생하여 시간적·금전적 손해를 볼 뿐만 아니라, 전문가로서의 신
뢰도를 잃을 수 있으니 철저한 계획 아래 끊임없이 사전 검토를 해야
한다.

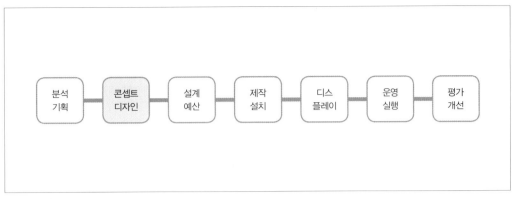

〈그림5-28〉 전시 과정

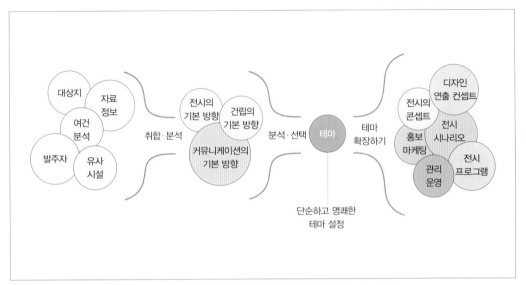

〈그림5-29〉 전시 테마의 도출과 확장과정 개념도

특히 최근의 박물관에는 연출시설, 체험시설, 오디오·비디오시스템, 디지털 장비 등이 많아 사전 점검 때의 시운전(리허설)이 매우 중요하다. 1차로 구성된 하드웨어·소프트웨어 그리고 콘텐츠들이 의도한 대로 구현되는지 꼼꼼하게 점검하여 한층 안정적이고 수준 높은 전시가 되도록 해야 한다.

270~272페이지 〈표5-12〉와 〈표5-13〉을 통해 전시 프로세스와 관련 실무자들, 그리고 전체 공정까지 확인해볼 수 있다.

〈표5-12〉 전시 초기 기획부터 시공 및 개관에 이르는 공정표

공종(WORK)	공정(PROCESS)	기획단계	기본설계(Schematic Design)				
행정	01 입찰	공고	업체 입찰 참여 / 심사 및 선정				
	02 계약						협
기본구상	01 전시연출 기본구상	기본구상					
	02 전시콘텐츠 기획		기본구상	콘셉트 및 스토리 구성	공간 연출나리오	외부 작품 및 작가 섭외	
공간 구축	01 인테리어		기본구상	콘셉트디자인	기본설계 및 상세 디자인	기본설계 및 상세디자인	수 (설
	02 가구·집기		기본구상	콘셉트디자인	설계 및 상세디자인	기본설계 및 상세디자인	
콘텐츠	01 모형 및 재현 연출물		자료 조사 및 기본구상	콘셉트디자인	설계 및 상세디자인	기본설계 및 상세디자인	
	02 작동모형물		기본구상	콘셉트디자인	기본설계 및 상세디자인	기본설계 및 상세디자인	
	03 유물 및 자료 수집 전시		유물 및 자료조사		유물 및 자료수집 및 구입 계획		
	04 사인 및 패널		자료 조사 및 기본구상	콘셉트디자인	디자인 및 원고작업	기본설계도면 및 내역 작성	
	05 영상 및 미디어 콘텐츠		자료 조사 및 기본구상	콘셉트디자인	콘티 작성	콘텐츠 제작 계획 및 내역 작성	
	06 음향 소프트웨어						
장비 HW	01 영상 및 미디어 하드웨어		기본구상	콘셉트디자인	영상 장비구상	장비 계통도 및 내역작성	
	02 음향 하드웨어				음향연출구상	기본설계도면 및 내역작성	
	03 조명					기본설계도면 및 내역작성	
	04 특수효과				특수효과 연출구상	기본설계도면 및 내역작성	
	05 필드 테스트						
운영·홍보·마케팅 프로그램 구축	01 운영 및 마케팅 전략 구축						
	02 MIP 개발		조사·분석 기본계획 수립	개발 방향 디자인콘셉트 구축	네이밍 / 기본 시스템 구축	애플리케이션 시스템 구축	
	03 프로그램 개발 (관람/교육/행사공연)						
	04 브랜드 상품 개발						
	05 출판 사업						
	06 언론홍보매체 프로그램 개발						
	07 온라인매체 프로그램 개발						
관리	01 시설 관리						
	02 인력 관리						
	03 관람객 관리						
관련 제출물		타당성 조사 보고서	기본설계도면, 설계설명서, 내역서				

실시설계 (Developemant Design)		시공(Construcion)				시운전(Rehearsal)	개관(Opening)
보고 ▷							
합 콘텐츠 구현 계획 구축							
설계 및 제도	실시설계도면 및 내역 작업	현장사무실 개설 및 가설공사	경량 공사(벽체, 천정)	도장공사 및 마감공사		리허설에 따른 수정 보완	시설 개관
			목공사	금속/바닥/유리/조명공사			
				전기·배관·배선공사			
설계 및 제도	실시설계도면 및 내역 작업		제작 시뮬레이션	공장 및 현장 제작	현장 설치		
설계 및 제도	실시설계도면 및 내역 작업		제작 시뮬레이션	연출 모형 및 재현 모형	현장 설치		
설계 및 제도	실시설계도면 및 내역 작업		제작 시뮬레이션	작동모형 제작 및 검수	현장 설치		
료 목록 및 디스플레이도면 작성		유물 및 자료 수집 및 구매		유물 및 자료 보존 처리 및 수장	현장 디스플레이		
디자인 및 디자인원고 작성				출력 및 제작	현장 설치		
제작 및 부 계획	내역 작업	구입 및 발주 계획	자료 구입 및 제작 발주(작가)	콘텐츠 제작촬영 애니메이션 영상그래픽 등)	현장 설치		
				장비 반입 및 장비 기술 검토			
설계 및 제도	실시설계도면 및 내역 작업	발주 계획	발주	A/V 배관·배선 작업	현장 설치		
연출 계획	실시설계도면 및 내역 작업		음향연출 시뮬레이션	음향 연출 시스템 및 음원제작	현장 설치		
명연출 계획	실시설계도면 및 내역 작업		조명연출 시뮬레이션	조명연출 시스템 제작	현장 설치		
과 연출 계획	실시설계도면 및 내역 작업		특수효과연출 시뮬레이션	특수효과연출시스템 및 음원 제작	현장 설치		
분석	마케팅 전략 수립	실행 전략 수립					
스템 개발							
및 목록화	프로그램 기본구상	프로그램 테마설정	프로그램 세부 구상	프로그램 운영매뉴얼작성	교구 교재 시설물 개발	시연 평가 보완	실행단계
사 분석	상품개발 기본구상	상품개발 세부계획	BI 구상	상품 디자인 및 설계	마케팅 유통 계획	상품 제작	상품 판매
발굴·조사	출판사업 기본구상	출판아이템 선정		(개관용) 원고 완성	원고 편집 및 디자인	필름출력, 제작인쇄	상품판매
경 분석	홍보 기본구상	시행전략수립	마케팅 대상별 추진	대상별 실행 계획 수립	매체별 홍보물제작	개관 전 홍보 활동	개관 후 홍보 활동
환경 분석	온라인 매체 개발 기본구상	시행전략수립	매체별 추진	매체별 실행 계획 수립	매체별 온라인 콘텐츠 제작	개관 전 온라인 프로그램 활동	활동 계속
		시설 분석 및 체계화		시설 관리 매뉴얼	시설관리시스템 및 인력 구축	시설 관리 시뮬레이션 수정·보완	시설 관리 실행
		인력 운영 시설 분석 및 체계화		인력 운영 매뉴얼 구축	운영 인력 선발	인력교육 및 시뮬레이션/수정·보완	인력 운영 실행
		관람객 분석 및 체계화		관람객 관리 매뉴얼 구축	시스템 구축	관람객 관리시스템 시뮬레이션	실행
사설계도면 내역서, 시방서		준공도서, 준공도면, 준공결과보고서, 정산서				운영매뉴얼	

〈표5-13〉 전시 과정과 관련 실무자

단계		진행	관련 실무자
분석·기획	관련 자료 취합 및 조사·분석	전시 발주자와의 협의 및 인터뷰 대상지 분석 테마 관련 자료·정보 등을 총체적으로 수집·조사·분석 유사시설 벤치마킹	전시기획자
	기획방향 설정	전시공간의 기본적인 방향 전시 커뮤니케이션에 대한 기본 방향 대상 관람자와의 커뮤니케이션 방향	
	결과물	기본구상안 제안서	
콘셉트·디자인	콘셉트 설정	테마를 위한 전시 콘셉트 전시 콘셉트에 따른 스토리 구성안 개발 전시자료, 목표 관람객, 기대 효과 등 방향과 전략	전시기획자 전시디자이너
	디자인 방향	전시공간 콘셉트 디자인 방향 및 연출안 전시콘텐츠 구성 방향 및 연출안	
	결과물	기본계획안 제안서	
설계·예산	콘셉트 개발	전시의 목적, 목표, 정책, 테마 스토리 구성과 전시의 세부 연출 계획 시설별 전시콘텐츠 개발 세부계획 및 프로그램 개발	전시기획자 전시디자이너 전시·설계 전문가 그래픽디자이너 영상 콘텐츠 전문가 공사 업무 전문가
	설계	평면도, 천정도, 입면도 등 설계도면 작성 전시용 시설물 제작도면 및 구현 방식 작성 공간 시뮬레이션, 배치도, 동선 계획 그래픽, 모형, 영상, 콘텐츠, CI 계획	
	실행 계획	예산, 공정, 시공 등 실행 계획 관리, 운영, 홍보 및 관람객 유치 계획 전략 수립	
	결과물	기본설계도, 설계 설명서, 내역서 실시설계도, 설계 설명서, 세부 내역서, 시방서, 공정표	
제작·설치	현장 설계	샵드로잉, 마감재, 공간 색채 계획	공사 업무 전문가 제작자
	제작·설치	공간 인테리어 및 전시연출 공사 전시용 가구 및 집기 제작 및 설치 전시용 그래픽 제작 및 설치 전시콘텐츠 및 연출물 개발 및 시운전	
	결과물	전시공간 준공 및 준공도서	
디스플레이	유물자료	배치 및 연출 레이블 제작 및 배치	학예사 전시디자이너
	결과물	도록 제작	
운영·실행	운영	전시공간 관리·운영 인력 관리·운영, 안전 관리·운영 홈페이지 및 소셜네트워크(SNS) 운영	운영자 홍보전문가 교육전문가
	실행	전시프로그램 및 교육프로그램 실행 홍보 및 마케팅 활동	
	결과물	운영 매뉴얼, 전시·교육프로그램 계획지	
평가·개선	평가	외부 전문가들의 평가 실행 관람객 설문조사 분석	외부 자문단 운영자
	개선	문제점 해결 전시콘텐츠 업그레이드 지속 성장전략 구축	
	결과물	평가 및 개선 결과제안서	

5. 전시 매니지먼트

01. 다양한 프로그램 운영

전시공간이 완성되었다고 해서 모든 것이 끝난 것은 아니다. 이제부터 시작이다. 고정 시설물들에 생명력을 불어넣는 것은 전시와 연계된 다양한 활동과, 그것에 참여하는 관람객이다. 테마박물관은 독특한 테마 덕분에 새로운 전시콘텐츠로의 변화와 확장이 유리한 편이다.

① 교육프로그램

유인력(attracting power)과 지속력(holding power)이 있는 박물관 테마전시를 위해 꼭 필요한 것이 바로 관람객 대상 교육프로그램이다. 교육프로그램은 하나의 테마와 내용을 가지고 관람객의 연령에 따라 직접 소통할 수 있기 때문에 전시의 의도를 효과적으로 전달할 수 있다. 특히 최근의 박물관전시 연계 교육프로그램들은 교육적인 기능보다는 문화 향유의 차원에서 새롭고 즐거운 학습 경험을 제공하는 접근으로 관람객들에게서 호응을 얻고 있다.

지금까지는 어린이 중심의 프로그램이 많았지만, 최근에는 성인을 위한 문화 프로그램이 증가하는 추세다. 특히 성인들이 선호할 만한 이색적인 전시공간들이 늘어나면서 일상에 지친 마음을 박물관에서 달래고 즐거운 시간을 보내기를 원하는 성인들의 방문이 늘어나고 있다.

274페이지 〈그림5-30〉은 동일한 콘텐츠를 연령별로 세분화하여

〈그림5-30〉 피규어뮤지엄의 연령별 프로그램 브로슈어　　　　　　　　(출처: 피규어뮤지엄W 홈페이지)

| 교육프로그램 체험 중인 학생들 | 디지털 교육프로그램 체험 중인 학생들 | 체험 후 학생들의 감상문과 감사 편지 |

〈그림5-31〉 피규어뮤지엄의 교육프로그램 사례　　　　　　　　　　　(출처: 피규어뮤지엄W 홈페이지)

만든 교육프로그램이다. 하지만 국공립박물관이나 기업의 박물관처럼 예산이 확보된 박물관을 제외하고는 이러한 프로그램을 개발하고 운

〈그림5-32〉 서울시 관광명소 인증마크

영하는 것이 쉽지는 않다. 최근 국가나 지방 자치 단체, 기관, 협회 등에서 중소규모의 박물관에 예산과 인력 등을 지원하는 사업들이 늘고 있는데, 이런 지원 사업을 잘 활용하면 관람객들에게 다양한 교육프로그램들을 제공할 수도 있고, 대외적인 홍보 효과도 얻을 수 있다. 〈표5-14〉는 지방자치단체와 협회 등

〈표5-14〉 박물관 지원 프로그램(2015년 기준)

지원 기관	지원 프로그램	지원 내용
한국사립박물관협회	길 위의 인문학	교육프로그램 참여비 지원
	교육 인력 지원 사업	교육 인력 인건비 지원
한국박물관협회	한국 대학생 문화 시민 봉사단	대학생 봉사활동자로 박물관 인력 보충
	'문화가 있는 날' 홍보 지원	'문화가 있는 날' 참여 박물관 홍보물 제작 및 지원
	학예 인력 지원	학예 인력의 인건비 일부 지원
	꿈다락 토요 문화학교	강사비, 교보재 제작비, 운영비 지원
	KB국민은행과 함께하는 박물관 노닐기	창의적 체험교육프로그램 참가비 지원
서울특별시 박물관협의회	교육 및 특별전시회 개최 지원	특별전 및 교육 사업 지원
	학예사 지원 사업	학예사 인건비 부분 지원
서울특별시교육청	서울학생배움터 인증	배움터 인증 및 홍보
서울특별시	문화사업비 지원	교육프로그램 지원
	특화사업비 지원	문화 소외 계층에 대한 관람비 지원
	한류 관광 명소 지정	홍보
	디스커버 서울 패스	서울 관광 벨트화를 위한 서울 패스 판매
	준(準)학예 인력 지원	준학예 인력 인건비 지원
강남구청	관광 명소 지정	온·오프라인 노출 및 홍보 지원
관련 대학	산학 협력 체결	인턴제 실시 및 관련 교수 초빙 강연

에서 실시하고 있는 다양한 지원 사업들을 보여준다.

특히 2013년부터 실시되고 있는 중학교의 자유학기제는 학생들에게 자신의 진로에 대해 고민해보는 좋은 기회를 제공함과 동시에, 박물관 활성화에도 더없이 좋은 기회가 되고 있다. 표면적으로는 관람객들을 많이 확보할 수 있는 가능성이 생겼다는 것이 장점이지만, 궁극적으로는 박물관이 나아가야 할 방향, 즉 많은 사람들에게 다양한 문화를 체험하고 향유할 수 있도록 해주는 기관으로서의 책임과 의무를 수행할 수 있기 때문이다.

② 문화행사 운영

박물관에서는 다양한 행사를 진행한다. 전문가를 초청하여 학술행사를 할 수도 있고, 문화행사를 통해 대중의 참여를 독려하면서 홍보

테마 관련 전문가 초청 프로그램　　　　　기업의 문화행사 개최

〈그림5-33〉 피규어뮤지엄의 문화행사 사례

를 할 수도 있다. 또한 박물관을 타 기관이나 기업, 개인에게 문화행사 공간으로서 대관·대여해 수익을 올리기도 한다. 네덜란드나 독일 등에서는 대중을 위한 행사를 적극적으로 펼치고 있는데, 개관 시간을 연장하여 늦은 밤까지도 관람이 가능하게 하는 '뮤지엄 나이트' 같은 행사가 대표적이다.

이처럼 관람객들이 오락과 휴식, 사교와 교류의 시간을 누릴 수 있도록 다양한 문화행사를 진행하는 박물관이 늘고 있다. 먹고 쇼핑하는 소비의 장소 이외에 문화적인 만족감을 느끼면서 여유로운 시간을 보낼 수 있는 장소로 박물관을 찾는 사람들도 늘어나면서 박물관은 이러한 대중의 요구를 충족시켜주는 새로운 문화공간으로 발돋움하고 있다.

02. 새로운 전시콘텐츠 개발

개인의 취향을 중요시하는 일명 '취향 산업 시대'를 맞아 다양하고 독특한 테마박물관이 늘어나고 있다. 이러한 박물관의 독특한 테마에 대한 사람들의 관심이 커지면서 대중매체들의 인터뷰나 방송 출연 제의도 늘고 있다. 방송사 입장에서 보면 사람들이 좋아하는 인기 테마에 대해 잘 정리되어있고, 전문지식이 총망라된 테마박물관이 프로그

① 방송·대중문화콘텐츠와의 연계

② 남성 잡지를 장식한 박물관 홍보자료

③ 테마를 활용하여 전문가들과 방송콘텐츠를 만드는 박물관

출처: 피규어뮤지엄W 홈페이지

〈그림5-34〉 피규어뮤지엄의 홍보·마케팅 사례

램을 만들기에 매력적인 공간이기 때문이다.

이러한 점을 잘 활용하여 박물관의 테마를 활용해 다양한 방송콘텐츠나 문화콘텐츠를 재생산하고 있는 박물관들이 적지 않다. 이러한 인터뷰나 방송 출연은 해당 박물관을 알리고 홍보할 수 있는 좋은 기회일 뿐만 아니라, 방송콘텐츠 자체를 블로그, 유투브, VOD 서비스 등으로 무한하게 반복할 수 있기 때문에 파급 효과가 매우 크기 때문이다.

03. 저작권 등 법적 리스크 관리

콘텐츠를 표현하고 연출하는 과정에서 반드시 유의해야 할 것이 저작권과 지적재산권이다. 전시연출을 위한 의욕이 앞서 여러 가지 캐릭터 이미지나 사진 이미지, 인물 이미지 등을 무턱대고 사용하다보면 저작권, 초상권, 상표권, 지적 재산권 등 다양한 타인의 권리를 침해하게 된다. 좋은 취지에서 사용하였더라도 엄연히 타인의 권리를 침해하는 것이다. 또한 타 박물관의 권리도 보호할 필요가 있다. 즉, 남의 권리를 보호해주지 않으면 타인에 의해 나의 권리 또한 침해당할 수 있기에 기획단계부터 저작권에 대한 고려와 함께 전문가의 조언을 받는 것이 좋다.

캐릭터나 유명인과 관련된 전시공간들은 미리 초상권, 관련 방송콘텐츠 사용권 등을 확보해야 한다. 또한 유명인이나 스타의 형상을 표현한 것들은 비록 전시권이 있다 해도 실제로 이를 촬영하여 해당 사진을 유포하는 것은 해당 캐릭터의 제작자나 해당 인물의 저작권을 침해하는 행위일 수 있으니 관람객이 사진을 찍을 때 어떻게 대처할 것인지 판단하여 미리 조치하는 것이 바람직하다.

또한 미처 모르고 전시했다고 해도 불법 복제품을 전시한 경우에는 저작권 위반으로 처벌받게 되므로, 법에 저촉되지 않는 원본인지 꼭 확인해야 한다.

04. 시설 및 인력 관리

박물관전시의 관리와 운영을 위해서는 지속적으로 시설·인력·콘텐츠를 〈그림5-35〉와 〈그림5-36〉처럼 관리해주어야 한다.

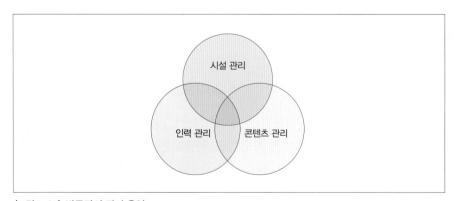

〈그림5-35〉 박물관의 관리 운영

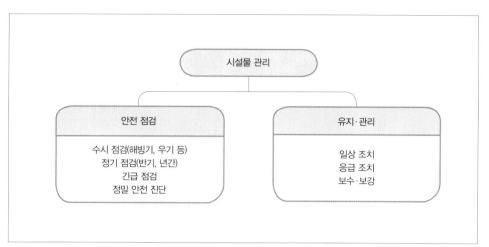

〈그림5-36〉 전시시설물 관리시스템[43]

〈표5-15〉 점검 시기 및 방법[44]

구분	1회당 점검 시기				점검 방법
	매주	매월	매년	필요시	
수시 점검	●				모든 시설 육안 점검
정기 점검		●	●		소방 및 전기 설비 점검
긴급 점검				●	비상사태 예상 등 필요 시
정밀 안전 진단				●	안전 진단 전문기관에 의뢰

① 시설 관리

건축, 인테리어, 설비를 포함한 연출시설은 지속적인 점검과 관리가 필요하다. 시설 관리는 박물관 안전과도 직결되는 문제이기 때문에 소홀히 해서는 안 된다. 특히 소방안전 관리를 위해 박물관협회 등에서 배포하는 안전 관리 매뉴얼, 화재 예방·대책, 비상 시 안전 대책 매뉴얼 등도 숙지하여 안전사고를 방지하고, 사고 발생 시 피해를 최소화해야 한다.

안전 점검은 수시, 정기, 긴급, 정밀 안전 진단 등으로 구분하며, 점검 시기·방법은 〈표5-15〉와 같다.

② 인력 관리

박물관 운영을 위해서는 소장품을 수집·보존, 연구하는 학예연구사, 박물관의 교육프로그램을 담당하는 교육전문가, 전시해설을 담당

〈그림5-37〉 피규어뮤지엄의 도슨트의 설명을 듣는 관람객들　　〈그림5-38〉 예술의 전당 기획전의 18세기 프랑스식 차림의 도슨트

하는 도슨트(docent), 관람객들의 입장 후 동선을 유도하는 안내자, 입장권을 판매하는 매표 관리자 등 다양한 분야의 인력들이 필요하다.

특히 최근에는 도슨트의 비중이 점점 커지고 있는데, 관람객과 직접 소통하는 도슨트의 역량과 개성에 따라 관람객이 별로 흥미를 가지지 않았던 소장품에서 새로운 가치를 발견하고, 전시 스토리와 테마에 대한 질적으로 다른 체험도 할 수 있기 때문이다.

③ 콘텐츠 관리

박물관이 지속적으로 성장하고 사랑받기 위해서는 전시콘텐츠를 꾸준히 연구하고 업그레이드하는 노력이 필요하다. 특히 기술집약적인 미디어나 영상 등이 주를 이루는 전시공간들은 3년에서 5년 정도가 지나면 상대적으로 낡고 시대에 뒤처져 보인다.

이러한 점을 감안해 박물관들은 주기적으로 전시공간을 전면적으로 혹은 부분적으로 리뉴얼한다. 시간과 비용이 들지만 이런 노력 없이는 관람객들에게 정확하고 앞서가는 정보와 지식, 미래에 대한 비전을 제시할 수 없고 다양한 역할을 수행하기도 어렵다.

〈표5-16〉에서 알 수 있듯이, 대중적인 문화를 다루거나 첨단 시스템으로 구성된 전시공간일수록 개보수 주기가 짧다. 업그레이드가 되지 않거나 관리가 되지 않는 박물관들은 대중으로부터 외면당할 수밖에 없다. 박물관이 지속적으로 새로운 문화와 학문, 지식과 정보를 전시할 때 관람객들에게서 꾸준히 사랑을 받을 수 있다.

〈표 5-16〉 전시콘텐츠를 개보수한 박물관

시설	개보수 주기	리뉴얼 방향	주요 사진
신문 박물관	2000년 개관 2012년 리뉴얼 (12년 주기)	관람객과의 쌍방향 소통을 하기 위한 전시공간	
스타 에비뉴	2009년 개장 2016년 재개장 (7년 주기)	콘텐츠 업데이트와 대형 미디어 공간 창출	
티움	2008년 개관 2012년 재개관 2017년 재개관 (4년~5년 주기)	텔레커뮤니케이션과 미디어의 발전을 반영한 지속적인 정보통신 과학기술 소개	2017년 재개관

주석

1) 이보아, 『박물관학개론』, 김영사, 2000

2) 이종선, 「한국박물관의 미래전략」, 2008 한국박물관대회, 2008

3) 이보아, 『박물관학개론』, 김영사, 2000

4) 최고은, 「내러티브 특성에 근거한 테마뮤지엄 디자인에 관한 연구」, 한국과학기술원 석사논문, 2005

5) 김희경, 『과학관 테마파크를 만나다』, 한국외국어대학교출판부, 2012

6) 김시은, 「기업박물관의 전시연출 계획에 관한 연구」, 건국대학교 산업대학원 석사논문, 2008

7) 김시은, 「기업박물관의 전시연출 계획에 관한 연구」, 건국대학교 산업대학원 석사논문, 2008

8) 신혜진, 「기업브랜드 활성화를 위한 전시공간특징에 관한 연구」, 전시디자인 연구 VOL 7, 2008

9) 신혜진, 「기업브랜드 활성화를 위한 전시공간특징에 관한 연구」, 전시디자인 연구 VOL 7, 2008

10) 김춘식, 「에코뮤지엄의 개념을 도입한 지역박물관의 활성화 방안」, 명지대학교 박사학위논문, 2008

11) 박혜경, 「장소마케팅을 위한 지역 상징적 테마와 이미지 표현 기법에 관한 연구」, 디자인학연구 통권 제54호 Vol.16 No.4, 2001

12) 박혜경, 「장소마케팅을 위한 지역 상징적 테마와 이미지 표현 기법에 관한 연구」, 디자인학연구 통권 제54호 Vol.16 No.4, 2001 참조

13) 권순관, 『기념관 전시의 기능과 역할 연구』, 전시디자인 연구 VOL 23, 2014

14) 이수우, 「시모어 채트먼의 서사구조분석을 통한 기념관 전시공간에 관한 연구」 홍익대학교 건축도시대학원, 2015

15) 권순관, 「기념관 전시의 기능과 역할 연구, 전시디자인 연구」 VOL 23, 2014

16) 안경숙, 「역사적 사건의 주제기념관에 있어서 전시공간 기호화에 관한 연구」, 홍익대학교 산업미술대학원, 2015

17) 전진성, 『역사가 기억을 말하다』, 휴머니스트, 2005

18) 양지연, 「사립박물관 비영리법인화 및 발전방안 연구」, 한국미술기획경영연구소, 문화체육관광부, 2011

19) 이종선, 「한국박물관의 미래전략」, 2008한국박물관대회, 2008

20) 전진성, 『박물관의 탄생』, 살림출판사, 2004

21) 채지영, 「한류테마시설 필요성과 구성에 관한 조사 연구」, 한국문화관광연구원, 2015

22) 이보아, 『성공한 박물관 성공한 마케팅』, 역사넷, 2003

23) 조지 엘리스 버코, 양지연 역, 『큐레이터를 위한 박물관학』, 김영사, 2001

24) 최예정·김성룡, 『스토리텔링과 내러티브』, 서울, 글누림, 2005

25) 양유정, 「박물관 성장기반으로서의 스토리텔링 구조 연구」, 중앙대학교 예술대학원 석사논문, 2006

26) 닐 코틀러·필립 코틀러, 한종훈·이혜진 역, 『박물관미술관학』, 박영사, 2005

27) 영화와 소설에 공통되는 서사 이론을 확립한 이론가

28) 양유정, 「박물관 성장기반으로서의 스토리텔링 구조 연구」, 중앙대학교 예술대학원 석사논문, 2006

29) 전시명 : 독립기념관 광복 66주년 특별기획전 '전쟁의 시대 속 빛과 어둠' / 전시장소 : 독립기념관 특별기획전시실1 / 전시기간 : 2011.8.15~12.31 / 전시주최 : 독립기념관 / 전시실행 : (주)케넬아이덴티티

30) 닐 코틀러·필립 코틀러, 한종훈·이혜진 역, 『박물관미술관학』, 박영사, 2005

31) 박장순, 「학문으로서의 엔터테인먼트 그 개념적 접근과 시대구분」, 한국엔터테인먼트학회지

32) 이정화, 「박물관전시의 서사구조 연구」, 전시디자인 연구 VOL 1, 사단법인 대한전시디자인학회, 2004

33) 2012 여수세계박람회는 대한민국에서 개최된 두 번째 인정박람회로, '살아있는 바다, 숨 쉬는 연안(The Living Ocean and Coast)'을 테마로 2012년 5월 12일~8월 12일까지 90일간 개최되었으며, 105개국, 10개 국제기구, 10개 기업, 16개 지방자치단체가 참가했다.

34) 필립 휴즈, 권순관 역, 『전시디자인을 위한 커뮤니케이션』, 대가, 2012

35) 김민수, 「멀티미디어를 활용한 인터랙티브 전시연출 특성에 관한 연구」, 전시디자인 연구 VOL 3, 2006

36) SK텔레콤의 체험전시관, 서울시 중구 SK타워 내 위치. 2008년 개관 후 2010년과 2017년에 지속적으로 리뉴얼했다.

37) 이주형, 「위치기반서비스(LBS)적용 전시관의 콘텐츠 체험방식과 기술특성에 관한 연구」, 한국실내디자인학회논문집 제19권 5호 통권82호

38) Cary Karp, 「ICOM and the internt」, 2000

39) 정기주 외, 『과학관학개론』, 국립중앙박물관, 2010

40) 권순관, 「박물관 100년, 전시디자인 20년-박물관전시디자인의 방향 / 대한민국 우수 전시디자인 Vol 2」, 2014

41) 닐 코틀러·필립 코틀러, 한종훈·이혜진 역, 『박물관미술관학』, 박영사, 2005

42) 닐 코틀러·필립 코틀러, 한종훈·이혜진 역, 『박물관미술관학』, 박영사, 2005

43) 『사립박물관 안전관리 매뉴얼』, 문화체육관광부

44) 『사립박물관 안전관리 매뉴얼』, 문화체육관광부

사진 출처

신문박물관 홈페이지 http://presseum.or.kr/

제주항공우주박물관 홈페이지 https://www.jdc-jam.com/index.jam

영월 마차탄광문화촌 홈페이지 www.tripfavorite.com/poi/vk895963

SK 텔레콤 홈페이지 http://tum.sktelecom.com/

피규어뮤지엄W 홈페이지 http://www.figuremuseumw.com

제6장 산업전시

1. 산업전시란

'무역거래기반조성에 관한 법률 제2조'에 따르면 무역전시 산업은 무역전시장을 건립·운영하거나 무역전시회 등을 개최·운영하고, 이와 관련된 서비스 등을 제공하는 산업이다. 무역전시 산업에서 가장 핵심적인 역할을 하는 전시를 '무역전시' 또는 '산업전시'라고도 하는데, 지금부터는 '산업전시'로 통일하여 설명하고자 한다.

01. 산업전시의 개요

산업전시 또는 산업전시회는 상업적 거래를 위한 마케팅 활동의 일환으로 제품(서비스), 기업의 비전 등 기업의 메시지와 정보를 알리고 기업과 소비자(또는 수요자)가 미팅을 하거나 계약을 하며, 소비자와 협력업체 및 거래처 등의 데이터베이스를 확보하는 등 다양한 일들이 이루어지는 장소이자 기회다.

산업전시의 기본요소는 경제성·기술성·환경성·사회성·교육성·매체성 등을 들 수 있는데, 이중에서도 특히 눈여겨봐야 할 것은 '매체성'이다. 소비자와 관련 업체에 직접 홍보를 할 수도 있고 피드백을 얻을 수도 있다는 점에서 전시회는 그 자체만으로도 하나의 '산업(전시산업발전법[1])'이다.

산업전시는 경제 활동을 위한 산업형 전시와 문화활동 등을 위한 박람회 등 크게 2가지로 나눌 수 있다. 이 장에서는 주로 산업형 전시회에 대해 다룰 것이다.

한국전시산업진흥회(AKEI, Asssociation of Korea Exhibition Industry)는 산업형 전시를 "상품 거래와 홍보 등을 주목적으로 유형 또는 무형의 제품(기술, 서비스)을 가지고 특정 장소(전시장)에서 일정 기간에 참관객(소비자)과 참가업체(판매자) 사이에서 진행되는 일체의 마케팅 활동이다"라고 설명한다.[2] 전시회는 목적에 따라 트레이드 페어, 트레이드 쇼, 인더스트리얼 페어, 메세(Messe, 견본시[見本市]), 무역 전람회 등 다양한 형태의 산업형 전시회로 나뉜다.

트레이드 쇼(Trade Show)는 '진열하다', '보여주다'라는 '쇼(Show)'의 뜻에 맞게 직접적인 거래나 상담, 판매보다는 브랜드의 이름이나 상품의 가치를 전달하는 데 중점을 둔다. 즉, 물건을 보여주고 주문을 받는 전시로, 생산적 요소보다는 소비적 요소가 많은 전시다. 기업 간 거래(B2B)와 기업과 소비자 간 거래(B2C)의 성격을 모두 띠고 있는 복합형 전시로는 모터쇼, 카페쇼, 아트쇼 등이 대표적이다.

트레이드 페어(Trade Fair)의 'Fair'는 프랑스어로 '축제' 또는 '장터'를 뜻하고, 영어로는 '공정' 또는 '공명'이라는 뜻이다. 실질적인 거래나 상담이 주를 이루는 전시로, 일반 관람객보다는 관련 기업들이 많이 찾는다.

'전시회의 나라'라고 불리는 독일에서는 산업전시와 일반 전시회를 뚜렷하게 구별한다. 산업전시는 메세, 일반 전시회는 아우스돌크(Ausstellug)라 하여 세금도 다르게 매긴다. 메세는 대개 정기적으로 일정 기간 동안 열리는데, 다수의 참가업체가 하나 또는 여러 산업 분야에 관련되어있는 제품을 전시한다. 산업용 제품이 많아 주로 관련 산업이나 기업에 종사하는 사람 또는 중개 상인(도매상)이 전시장을 방문한다. 아우스돌크는 일반 소비자에게 제품을 알리고 판매하는 데 중점을 두기 때문에 기업 상황에 따라서 수시로 자유롭게 열린다. 따라서 메세는 '페어'이면서 기업 간 거래를 위한 전시이고, 아우스돌크는 '쇼'이면서 기업과 소비자 간 거래를 위한 전시라고 할 수 있다.

미국에서는 엑스비션(Exhibition), 페어(Fair), 엑스포지션(Exposition)을 거의 같은 의미로 사용하는 데 반해, 영국에서는 뚜렷하게 차이를 둔다. 페어는 거래가 주목적인 산업형 전시회, 엑스비션은 국가적이거나 국제적인 전시회, 엑스포지션은 소비자에게 제품을 판매하기 위한 전시회로 '쇼'의 성격이 강하다.

한국에서는 차이를 뚜렷하게 두지는 않지만, '페어'는 전문성, '쇼'는 제품 소개·홍보에 좀 더 중점을 둔 전시라고 보면 무방하다.

이렇듯 나라나 전시회의 목적·성격에 따라 용어가 다르게 사용되기도 하니, 전시회에 관심이 있거나 방문하려고 한다면 홈페이지 등을 이용하여 전시 내용에 대해 미리 알아보는 것이 좋다.

02. 산업전시의 현황

2015년을 기준으로 한국의 전시산업 현황[3]을 살펴보면, 1년 동안 개최된 산업전시회는 567개이고, 전시회별 평균 참가업체 수는 151개다. 참가업체 1곳이 부스 1개만 설치한다고 가정해도 1년 동안 평균 8만 개 이상의 전시부스가 설치되는 셈이다. 딱히 전시연출을 하지 않고 그저 제품만 나열한 부스가 반이라고 해도 매년 4만 개가 넘는 전시부스가 새롭게 생겨나고 3일만에 사라지는 셈이다.

산업전시를 개최하는 전시시설은 2015년 현재 15개이며, 이들 시설의 총 면적은 27만 5,239m²이다. 지역별로는 수도권에 위치한 코엑스, 킨텍스, 송도컨벤시아, 세텍, aT센터 등 5개 시설의 면적이 16만 8,359m²로 한국 전시시설 총 면적의 약 60%를 차지하고 있다. 전시회 개최 건수 또한 전국 총 567건 중 335건으로 비중이 높다.

가장 많이 전시되는 주제는 ① 임신·출산·육아 관련, ② 전기·전자·정보통신·방송 관련, ③ 농수축산·식음료 관련, ④ 레저·관광·스포츠 관련, ⑤ 웨딩 관련 순이다. 전시기간은 3~4일이 가장 많고, 그 다음이 2일과 5일 순이다.

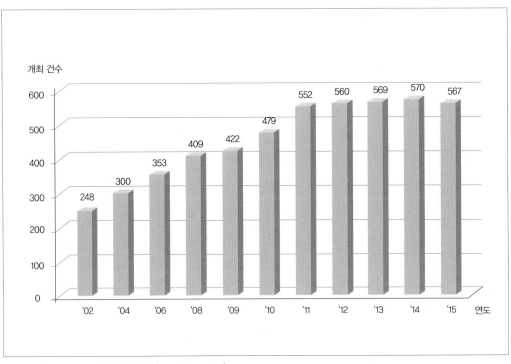

〈그림6-1〉 국내 산업전시 개최 현황(2000년~2014년)

〈표6-1〉 전시 컨벤션 센터 공급 면적 현황

지역	센터 이름	전시장 면적(m²)	회의장 면적	총 공급 면적
수도권	aT센터	7,422m²	1,610m²	9,032m²
	세텍(SETEC)	7,948m²	816m²	8,764m²
	코엑스(COEX)	36,007m²	11,568m²	47,575m²
	킨텍스(KINTEX)	108,566m²	13,303m²	121,869m²
	송도컨벤시아	8,416m²	2,154m²	10,570m²
충청권	대전컨벤션센터(DCC)	2,520m²	4,862m²	7,382m²
	코트렉스(KOTREX, 대전산업전시관)	4,200m²	–	4,200m²
호남권	김대중컨벤션센터(KDJ Center)	12,027m²	4,111m²	16,138m²
	지스코(GSCO)	3,697m²	2,512m²	6,209m²
경북권	엑스코(EXCO)	22,159m²	5,134m²	27,293m²
	구미코(GUMICO)	3,402m²	953m²	4,355m²
	하이코(HICO)	2,273m²	5,137m²	7,410m²
경남권	벡스코(BEXCO)	46,380m²	8,713m²	55,103m²
	세코(CECO)	7,827m²	2,784m²	10,611m²
제주권	제주국제컨벤션센터(ICC Jeju)	2,395m²	7,929m²	10,324m²
총계		275,239m²	71,596m²	346,835m²

(한국산업진흥회 자료)

한국의 산업전시 업계는 지난 10년 동안 전시장 면적의 대대적인 확대, 전시회 개최 및 참가업체 수 증가 등 규모 면에서 지속적인 성장세를 보이고 있다.

03. 산업전시의 역사

산업전시의 역사는 그리 길지 않다. 19세기 후반, 유럽의 '시장(Market)'에서 시작되었다는 설이 가장 유력하다. 이러한 '시장기원설'에 따르면, 당시 짐을 지고 다니며 물건을 팔던 상인들은 임시로 가장 자주 오래 머물던 교통의 요충지에 정착했다. 그리고 그곳의 다른 상인들과 어울려 4일이나 7일 등 정해진 날짜나 축제 때 정기적으로 시장을 열었다. 시장이 열리는 곳은 큰길이나 광장(Platz) 같은 그 지역의 중심지였다. 시장이 점점 규모가 커지면서 사람도 많이 몰렸다.

이러한 마크플라츠(Marktplatz, 시장이 있는 광장)를 중심으로 중세 도시의 골격이 형성되었다거나 도시가 생겼다고도 하는데, 시장이 생기고 도시가 생긴 것인지 도시가 있어서 시장이 번성하게 된 것인지는 정확하게 알 수 없다. 일단 시장에 모여드는 상인과 소비자, 상품의 종류와 수량이 많아지면서 부활절 등 중요한 축제 때 대형 시장인 '메세'가 열리게 되었다는 것이 정설이다.

메세라는 말은 가톨릭 교회의 기념미사(die Kirch-Messe)에서 유래했는데, 상인들은 성당 앞에서 미사에 참석한 사람들을 대상으로 가게를 열고 물건을 팔았다. 미사가 끝난 후의 쇼핑은 꼭 필요한 소비활동이자 즐거운 취미생활이기도 했다.

기록에 남아있는 독일의 가장 오래된 대형 시장은 1157년 프랑크푸르트에서 열렸고, 이후 독일 각지에서 대형 시장이 생겨나면서 14~15세기에 걸쳐 '메세'라는 용어는 완전히 정착하게 되었다. 오늘날의 '메세'는 세계 각국의 상품이 거래되는 국제상품전시회를 가리킨다.

18세기 중엽에는 산업혁명의 영향으로 영국에서 박람회가 열렸으며, 19세기 후반에는 독일에서도 공업제품의 대량 생산 및 유통과 판매 등으로 인해 시장에도 큰 변화가 일어났다. 그러다 보니 기존의 시장 체계로는 감당할 수 없는 것들이 많이 생겨났다. 그래서 1896년에 라이프치히 메세는 상품이 아니라 샘플을 진열하고 상담하는 방식을 선보였고, 이는 대성공을 거두었다. 이러한 메세(die Muster Messe)는 다른 도시들로도 확산되었고, 1904년에는 뮌헨에서 그리고 1907년에는 프랑크푸르트에서 근대적인 메세 또는 대형 시장 조직이 결성되면서 산업전시는 하나의 산업이 되었다.

04. 산업전시의 구성 요소

산업전시의 구성 요소로는 주최자, 관람객, 서비스 사업자, 장식업체, 관람객 등이 있다. 주최자는 시설 또는 전시장(센터) 같은 공간을 임대하여 전시회를 기획하고, 참가업체를 모으고, 전시회를 진행하는 등 전시 전반을 책임지고 관리한다. 참가업체는 제품, 기술, 서비스 등을 알리기 위해 전시회에 참가하는데, 하나의 주제 아래 동일한 전시회에 참가하지만, 참가목적과 목표 등은 모두 다르다. 관람객은 전시회를 방문하는 모든 기업 또는 소비자를 말하며, 장식업체는 부스디자인·설치, 서비스사업자는 비품 임대·청소, 전시물품 운반 등을 수행하여 전시회를 지원한다.

산업전시의 경우 일반적으로 기본계획, 실시 계획, 운영 계획 등 세 단계로 나누어 준비한다. 기본계획 단계에서는 전시를 위한 조직 구성에서부터 전시주제 및 일정, 예산 등과 관련된 것들을 다룬다. 실시 계획 단계에서는 전시장디자인, 홍보, 인원 배치, 제작 등에 대한 것을 다루며, 운영 계획 단계에서는 전시장의 편의성과 쾌적함, 작업 공정과 안전관리 등 부스의 시공에서 철거까지 전반적인 것을 다룬다.

전시회에 참가하는 업체는 ① 전시장 내 제품 및 장식물 반입, 설치, 반출, ② 진행요원 또는 전시도우미, ③ 리허설, ④ 전시회 시 상품 실

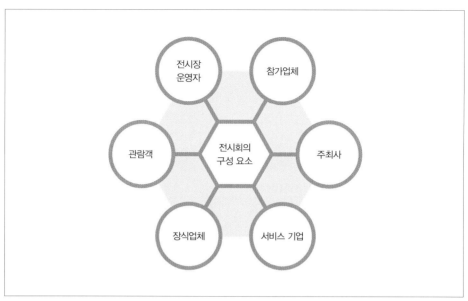

〈그림6-2〉 전시회의 구성 요소

연 및 연출, ⑤ 인력 관리, ⑥ 관람객에 대한 대응(안내, VIP, 매스컴 등), ⑦ 통신·연락시스템, ⑧ 반출·철거 등을 고려한 운영 계획 작성 등을 해야 한다.

각각의 업무를 담당한 사람들이 자신의 업무를 숙지하고 충실하게 수행해주어야 전시가 원활하게 이루어지고, 업체 간에 불화가 생기거나 돌발 사태가 생겼을 때 잘 대처할 수 있다. 그러므로 참가업체와 주최 측 모두 운영 매뉴얼을 마련하는 것이 좋다. 운영 매뉴얼은 가급적 자세하게 만들도록 한다.

2. 산업전시의 종류와 디자인

산업전시의 종류를 살펴보면 ① 기업 대상의 상담형 전시, ② 소비자 대상의 이벤트형 전시, ③ 기업과 소비자라는 복합적인 대상을 위한 복합형 전시, ④ 특정한 기업이 특정한 사람들을 대상으로 개최하는 프라이빗(private)형 전시 등이 있다.

전시회의 규모나 성격 등에 따라 참가업체의 부스 모양과 크기도 달라지는데, 상담 성격이 짙은 정보·기술 관련 전시회의 경우 참가업체는 주로 평균 1~3부스(약 9~27m²)를 사용한다. 전문지식이나 기술을 전달하는 것이 주요 목적이므로 부스가 특별히 눈에 띄어야 할 필요는 없기 때문이다. 기업들 간의 실제 거래를 염두에 두고 상담하는 관람객이 많아 부스가 화려하지 않으며, 부스에는 설명문 위주의 패널이 많다.

반면 게임, 자동차, 완구 관련 전시회는 관람객에게 신제품이나 기업의 이미지를 홍보하기 위해 비일상적인 분위기를 연출한다. 이를 이벤트형 전시⁴라고도 하는데, 관람객이 제품을 직접 체험하거나 활용해볼수 있어야 하므로 부스가 넓고 화려한 편이다.

복합형 전시는 기업과 일반인 관람객 비율이 대개 반반이다. 신제품을 보여주기 위한 목적이 크며, 대표적인 예로는 모터쇼를 들 수 있다. 프라이빗형 전시는 특정 고객을 위한 전시다. 패션 브랜드나 디자이너, 백화점에서 매출을 많이 올려주는 단골 고객을 위한 패션쇼를 연다든가, 페인트 회사에서 새로운 기능과 컬러의 페인트가 출시되었을 때 도매업자와 대리점 등을 대상으로 실시하는 전시를 들 수 있다.

산업전시디자인은 크게 전시장디자인과 부스디자인으로 나눌 수 있다. 전시장디자인은 주최 측이 책임지는 부분으로, 전시장 전체 공간 배분과 고객을 위한 서비스시설 등을 구성한다. 부스디자인은 각 참가업체가 자율적으로 책임지는 부분으로, 주최 측이 설정한 주제와 전제에 따라 할당받은 공간을 디자인하고 연출하는 것이다. 이때 유의할 것은 각 회사가 최대한 개성을 발휘하되 전시회의 주제 및 다른 참가업체들과의 조화도 염두에 두어야 한다는 점이다. 그래야 전시회의 주제도 해치지 않고 업체 간 선의의 경쟁과 상생도 가능하다. 즉, 여러 참가업체가 하나의 전시장을 공동으로 구성하기 위해서는 최소한의 규정과 이해가 필요하므로 주최자는 전시의 규정을 세우고, 참가업체는 그 규정 안에서 개성을 살려 부스를 꾸며야 한다.

산업전시회에 필요한 디자인 업무로는 전시 파빌리온 설치 및 개선, 참가업체의 전시 물품별 구역 설정, 부스 설치, 관람객의 동선 짜기, 게이트 설치, 휴게·식음시설 설치, 사인·티켓 제작, 전시부스 규정 설정 등을 들 수 있다.

01. 전시장디자인

전시장디자인은 주최 측에서 진행한다. 전시장을 디자인할 때 가장 먼저 고려할 것은 전시장의 면적과 참가업체의 수 및 어느 위치에 어떻게 참가업체를 배치할 것이냐 등이다.

업체 배치는 관람객의 동선, 부대시설 및 서비스시설 등과 관련이 있다. 먼저 전시주제를 정하고, 전시장을 여러 개의 소주제에 따라 구획한 후 장애인을 위한 시설 등 필수적으로 설치해야 하는 것들을 제외한 공간이 얼마나 되는지를 살핀다. 그리고 그 공간에 들어가기에 적당한 정도의 업체를 모집한다.

1) 참가업체의 수와 구획하기

일반적으로 전시장의 전시율(전시장에서 부스가 차지하는 면적)은 30~40%가 적당하다. 25% 이하라면 전시장이 텅 비어 보이고, 25~30%는 쾌적하면서 고급스러운 느낌을 줄 수 있다. 40~45%는 조금 북적이는 느낌이 든다. 경우에 따라서는 이것이 장점이 될 수도 있지만, 복잡하고 답답하다고 느끼는 사람도 있으며 매점·휴게시설 등을 배치하기도 어렵다. 45% 이상이 되면 화재 등 긴급상황 발생 시 필요한 통로 확보가 사실상 불가능하다.[5] 이는 법에 저촉되는 것이기도 하기에 참가업체의 공간과 배치를 재조정해야 한다.

전시장에서 참가업체가 가장 신경 쓰는 것은 전시장 내의 위치다. 산업전시는 기업·제품의 '홍보' 또는 '판매'라는 확실한 목표가 있기에 노출이 잘 되는 곳에 대한 선호가 뚜렷하며, 그래서 전시장 내 위치에 따라 어떤 업체는 참가를 포기하기도 한다. 기업들의 참여 정도에 따라 전시 자체가 무산될 수도 있으므로 주최 측은 모든 참가업체가 대체로 수긍할 수 있도록 최대한 합리적으로 부스 위치를 설정한다.

전시장디자인에는 여러 가지가 포함되는데, 가장 중요하고 기본적인 것은 부스의 레이아웃이다. 부스의 레이아웃은 부스의 위치를 정하는 것인데, 커다란 전시장을 여러 개의 덩어리로 쪼개는 것부터 그 여러 덩어리 안에서 또 어느 위치에 어떤 참가업체를 입점시킬 것인가 하는 것까지 포함된다. 어느 공간에 어떤 업체들을 어떤 방식으로 배치할 것인가를 먼저 결정해야 한다. 즉, 먼저 공간을 커다란 덩어리 여러 개로 구획, 그 다음에는 하나의 큰 주제로 한 공간에 모인 여러 기업들을 다시 작은 주제 또는 기업의 성격 등을 고려해 한 구역 안에 모여있게 하면서도 각 참가업체가 적절하게 이웃하거나 떨어져있도록 배치한다. 이는 참가기업의 이해관계가 직접적으로 개입되는 과정일 뿐만 아니라 공간 활용에 대한 노하우가 집약되는 과정이기에 많은 경험이 필요한 일이기도 하다.

부스의 위치를 설정하는 데에는 전시장을 방문한 관람객의 동선도 매우 중요한 기준이 된다. 관람객의 성별, 나이, 주거지 등 특성에 따라 방문하는 시간대와 동선, 관람 태도 등이 달라질 수 있기 때문이다. 예를 들어 유모차를 끌고 온 30대 주부와 사업차 방문한 40대 남성이 전시장에 머무는 시간이 같을 수는 없다. 그러므로 관람객들의 각 특성 등을 고려하여 입구와 출구, 통로 등의 동선을 설정한다.

2) 참가업체의 부스 배치

앞에서도 말했듯이, 산업전시의 목적은 뚜렷하다. 기업 또는 기업의 제품을 알리거나 판매하는 것이다. 관련 제품 또는 유사 제품을 한 구역에 몰거나 가급적 멀리 떨어지게 배치하는 방법이 대표적인데, 이를 판단하는 것도 매우 중요한 전시의 노하우다. 화려한 부스와 단순한 부스의 균형, 부스 크기의 대·소와 형태 등을 고려하여 전시장이 하나의 주제에 따라 조화롭게 보일 수 있게 하는 것도 중요하다. 그래야 참가업체의 불평도 적고 관람객의 만족도도 높아진다.

모든 참가업체는 부스 위치를 매우 중요하게 생각한다. 그러나 모든 업체가 원하는 위치를 임대할 수는 없다. 그래서 먼저 참가 신청을 하는 업체에 원하는 위치를 임대해주는 방식이 가장 흔하다. 참가 신청을 일찍 할수록 원하는 위치에 배정받을 확률이 높으며, 나중에 신청하는 업체는 남은 공간 중에서 골라야 하는 것이다. 극장 등에서 표를 예매하는 것과 비슷하다.

신청 접수 후 추첨하는 방식도 있다. 인기 있는 전시회의 경우 향후 3~4년 동안의 스케줄이 정해져있다. 참가하려는 업체가 많기 때문에 미리 신청을 받은 뒤 추첨한다. 그래야 공평하다. 일반적으로 1, 2, 4, 8, 12, 20 부스 등 임대공간을 미리 정해두고 신청을 받는다. 참가 신청을 받은 주최 측에서는 대략의 레이아웃을 작성한 다음 부스 크기별로 추첨한다. 이 방식에 대해서는 나름 참가업체의 불평은 적은 편이다.

3) 전시장디자인 시 고려 사항

참가업체의 위치 선정이 끝나면 실제로 전시가 열릴 전시장에 대한 작업에 들어간다. 전시장디자인에서 고려해야 하는 첫 번째 요소는

'안전'이다. 주최자와 참가업체는 소방, 주요 피난 통로 및 보조 피난 통로 등 혹시 일어날지 모르는 화재 등 사고에 대비해 여러 장치와 시설을 마련해야 한다. 이때 반드시 지켜야 할 것은 전시장이 위치한 지역의 조례 및 여러 법률이다. 작은 사고라도 발생하지 않는 것이 최상이나, 사고가 발생하더라도 다치는 사람이 없고 전시품의 손상이 적도록 전시장을 디자인한다.

두 번째는 전시품의 반입·반출 시 이용되는 트럭 등의 차량 진입로와 크레인이 머물 장소의 확보다. 차량 진입로 및 크레인이 머물 장소에 전시품 등을 적재하거나 쓰레기 등을 방치하는 일이 종종 있는데, 이럴 경우 만약에 발생할 수 있는 사고에 효과적으로 대처할 수 없다. 그러므로 절대로 이런 일이 없도록 참가업체와 주최 측이 협조를 해야 한다.

세 번째는 쾌적한 환경 조성이다. 같은 전시물이라도 놓여있는 장소와 환경이 쾌적하면 더 좋은 인상을 줄 수 있다. 안내 사인의 위치, 라운지나 매점, 카페 등 관람객을 위한 편의시설을 적절히 확보해야 한다.

네 번째는 참가업체의 부스, 통로 및 모든 부대시설의 '위치'에 대한 것이다. 전시장 내에 관람객의 발이 닿지 않는 곳이 없도록 해야 위치에 대한 참가업체와 관람객의 불만을 줄일 수 있다. 즉, 관람객의 시선과 발길이 골고루 머물도록 '공평'하게 배치해야 한다. 단순히 관람객이 움직이는 데 방해나 장애가 없도록 하는 것이 아니라 신체적·심리적(인간공학적)으로 인간을 분석하고, 관람객이 어떻게 움직이는지, 어떤 때에 편안함을 느끼는지 등을 고려하여 관람객들을 어떤 방향으로 어떻게 이동시킬 것인가를, 그러니까 동선을 의도적으로 구성하는 것이다. 또한 전시장 전체가 어떻게 구성되어있는지 쉽게 파악할 수 있도록 해야 한다. 전시장 안쪽에도 부스가 존재한다는 것을 알 수 있도록 부스를 지그재그로 배치하거나 통로의 폭을 넓히거나 좁게 조절한다. 대중적으로 잘 알려져있거나 현재 주목 받고 있는 참가업체의 부스를 전시장 입구에 두고, 대형 부스 주변에는 소형 부스를 배치하는 등의 노하우도 필요하다.

① 전시장 입구 디자인

② 전시장 내 사인 디자인

③ 전시장 외부 디자인

④ 전시장 내 휴게시설

〈그림6-3〉 전시장디자인

마지막으로는 '통로'이다. 부스의 위치만큼 관람객이 다닐 통로의 폭과 위치도 중요하다. 높고 넓은 대형 부스가 많다면 통로의 폭도 넓어야 한다. 대형 부스에는 참관객이 많이 몰리기 때문이다.

3) 전시장 내 부스디자인

전시장 전체의 배치와 동선을 결정한 뒤에는 전시장 내 부스디자인, 즉 부스 구성에 대해 고민해야 한다. 부스 설치방식은 크게 하모니카형과 스페이스형 등 2가지로 나뉜다.[6]

① 하모니카형 부스

일명 '기본부스'라고 한다. 주최 측에서 일괄적으로 부스장치물(벽체, 바닥, 조명, 안내데스크)을 제공하므로, 참가업체에서 따로 부스장치물을 준비할 필요가 없다. 설치·철거 시간이 짧고 조립 방식도 단조롭다.

세계적으로 표준화된 부스의 크기는 전면 약 3m, 옆면 3m, 높이 2.5m이나, 전시장의 면적이나 전시물의 특성에 따라 조금씩 달라질 수 있다.

구성 방법에 따라 종렬부스와 횡렬부스로 나눌 수 있으며, 참가업체가 자율적으로 결정할 수 있다.

기본부스는 주최 측에서 일괄적으로 임대 형식에 의해 벽체, 바닥, 조명, 안내데스크 등을 제공한다. 참가업체가 직접 설치·철거하지 않아도 되기 때문에 매우 편리하며, 재활용하는 것이라 환경보호 측면에서 장점은 있으나 훼손하면 안 되기 때문에 부스를 자유롭게 연출하기에는 어려움이 있다. 그러므로 부스를 개성 있게 꾸미고 싶다면 그 점을 미리 주최 측에 알려 전시장 내 위치를 배정받는 것이 좋다.

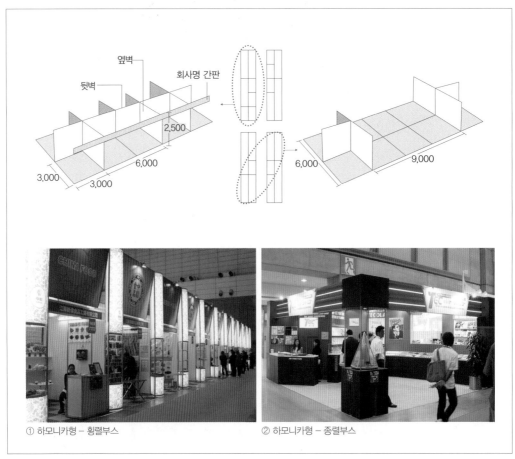

① 하모니카형 – 횡렬부스   ② 하모니카형 – 종렬부스

〈그림6-4〉 하모니카형 부스

② 스페이스형 부스

독립부스라고 하며, 참가업체가 원하는 만큼 자유롭게 공간을 임차해주는 방식이다. 주최 측은 파빌리온(pavilion)의 콘셉트, 관람객·물품의 반입·반출을 위한 동선, 출입구, 비상구, 소화기, 기둥 등의 조건을 고려하여 스페이스형으로 전시장을 디자인한다.

참가업체는 일체의 부속품 없이 공간만 임차하는 것이므로 바닥부터 천장까지, 모든 부분에서 자유롭게 부스를 연출한다. 참가업체는 부스의 시공뿐 아니라 철거 역시도 모두 책임져야 한다. 임대 가능한 최소 규모는 대부분 4~12부스(약 36~100m²)이고, 임대 면적이 넓을수록 전시장 가장 안쪽 벽면 쪽으로 배치된다. 부스 내 장식물 등의 높이는 최대 4.5~6m 정도이다.

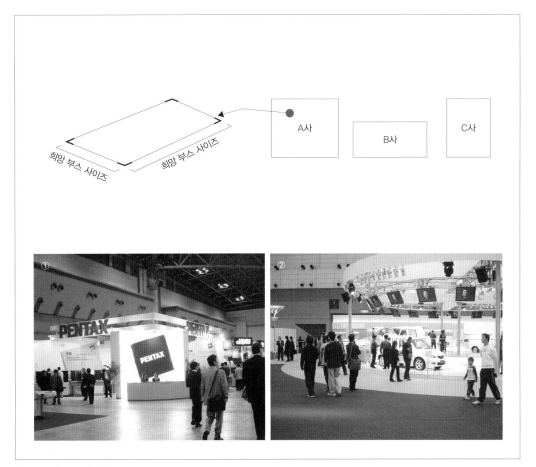

〈그림6-5〉 스페이스형 부스

02. 부스디자인

개별 부스디자인은 해당 참가업체의 몫이다. 규모가 큰 전시회나 부스 연출이 자유로운 스페이스형 구조에는 2층 높이의 구조물 등을 설치하거나, 조명이나 영상 등 다양한 매체를 활용하는 경우가 많다. 배선 설비부터 철거까지, 한정된 조건 안에서 부스를 연출하는 기본 부스보다 고려해야 할 것이 훨씬 많은데, 대체로 다음과 같다.

1) 설치·철거 용이성

전시회는 대개 3~4일 정도의 짧은 기간 동안 열린다. 전시회 전 부스 설치 기간은 2~3일, 철거는 전시회 마지막 일정 후 당일 또는 다음 날 하루 정도가 일반적이다. 부스를 설치할 시간이 2~3일이라고는 하나, 제품을 진열하는 데에도 시간이 필요하기 때문에 실질적으로 부스를 설치할 수 있는 시간은 하루라고 보면 된다.

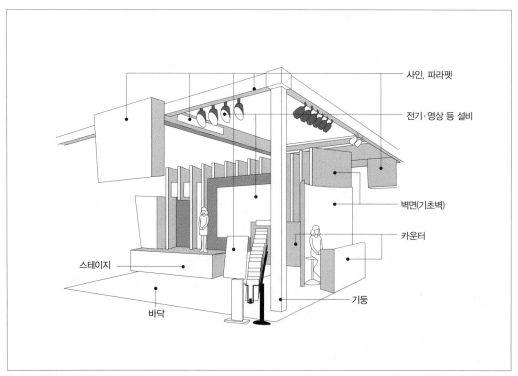

〈그림6-6〉 부스 구성

2) 부스 구성물

① 바닥

전시장은 기본적으로 콘크리트 바닥이다. 아무것도 없는 바닥에 방염소재의 파이텍스(부직포 소재)를 설치하는 경우가 가장 많다. 양면테이프로 쉽게 고정할 수 있는 데다 철거도 쉽고, 가격도 저렴하기 때문이다.

그러나 규모가 큰 부스의 경우 전기·전자 제품 사용이 많은 편이라 전기선을 감추거나 안전하게 설치하기 위해서는 바닥을 높일 필요가 있다. 통로와 부스를 구별하기 위해 바닥을 높이는 경우도 있다. 대개 10cm 정도 올려서 제작한다.

〈그림6-7〉 콘크리트 바닥에 파이텍스를 까는 모습

〈그림6-8〉 바닥을 높이는 과정

② 무대

제품을 설명하거나 제품 시연을 위해서 무대를 설치하기도 한다. 목재로 무대를 만들어 카펫을 까는 것이 일반적이며, 인테리어 시트로 마감하기도 한다.

〈그림6-9〉 무대를 설치한 부스

③ 기둥

구조물이나 천정, 파라펫(Parapet, 가로 형태의 지지대), 사인 등을 지지해주는 기둥은 이러한 것들의 무게를 버틸 수 있어야 하므로 시스템 제품(트러스)이나 철골, 금속파이프를 주로 사용한다. 부스 규모가 작을수록 기둥보다는 목재 패널만으로 벽면을 구성하는 경우가 많다.

〈그림6-10〉 트러스트를 활용한 기둥소재 사례 ①와 목재 패널을 기둥소재로 활용하는 사례 ②

④ **벽면**

벽면은 부스와 부스 사이의 기초 벽면과 부스 내에 설치되는 벽면이 있다. 벽면의 기본 재료는 재사용이 가능한 시스템 제품과 목재가 반반이다. 목재 벽면은 도장을 하거나 종이·시트 등을 부착해 마감한다.

하모니카형 구조의 경우 주최 측에서 제공하는 시스템 제품 그대로 사용하는 업체가 많지만. 목재 등으로 별도의 벽면을 설치하는 경우도 적지 않다. 스페이스형 부스의 경우는 면적이 넓고 자유로운 연출이 가능하기 때문에 벽면을 높여 제품을 전시하거나 브랜드 홍보를 위해 활용하기도 한다.

〈그림6-11〉 시스템으로 벽체를 구성한 사례①와 목재로 벽체를 구성한 사례②

⑤ 전시대 및 카운터

전시대와 카운터는 대개 완제품인 시스템 제품을 사용하거나, 시스템 제품에 상판만 목재로 사용함으로써 변화를 준다. 자동차처럼 디자인이 중요한 제품에는 금속류로 전시대를 만든다. 제품의 전체 모습을 보여주려면 제품의 무게를 견디면서도 회전이 가능해야 하기 때문이다.

목재로 제작하는 경우는 벽면에 어울리도록 디자인한다. 전시대의 폭이나 높이·길이 등의 규격은 대부분 비슷하지만 전체적인 디자인은 다른 느낌이 들도록 만들 수 있다.

〈그림 6-12〉 전시물을 360도로 관람 가능한 전시대①와 일반적인 안내 카운터②

개별집기를 사용하면 부스의 개성을 살리는 데에는 도움이 되지만, 짧은 전시기간 동안에만 사용하고 폐기하는 것인지라 환경을 해치고 비용도 많이 들기 때문에 대개는 시스템 제품 사용을 권장한다.

브랜드 이미지를 새롭게 하고 개성있게 연출하고 싶다면 가공하기 쉬운 목재가 좋다. 유럽이나 미국 등에는 시스템 제품이 다양하게 나와있어 선택의 여지가 많지만. 한국의 경우 시스템 제품이 매우 한정적인 데다, 디자인 등에 따라 시스템 제품 리스 비용보다 목재 제작 비용이 더 저렴한 경우도 있다. 환경면에서는 단점이지만, 같은 값이면 그때그때의 전시주제에 따라 새로 제작하여도 경제적으로 큰 부담이 없으면서 신선한 느낌을 줄 수 있어서 목재집기를 사용하는 경우

〈그림6-13〉 시스템 집기 설치시 부자재①와 벽면에 사용되는 시스템 집기②, 시스템 집기 설치 후의 사례③

가 많다. 전시회의 특징과 개성을 살리면서도 환경에 피해가 적은 재료를 선택하거나 개발하는 일이 시급한 이유다.

⑥ 파라펫 및 사인

가장 먼저 참관객 눈에 띄기 위해 설치하는 것이 파라펫이다. 회사명 등을 넣어 사인보드 역할을 하도록 부스의 가장 중앙, 가장 위쪽에 설치하는 구조물이다. 아크릴, 목재, 철 등 다양한 소재로 다양하게 만들 수 있다. 일관적인 이미지가 필요한 기업의 사인, 전시대, 패널 스탠드 등은 기업에서 자체 제작하여 재활용하는 것이 좋다.

〈그림6-14〉 기업의 사인 역할을 하는 파라펫

⑦ **조명**

산업전시뿐만 아니라 과일 가게, 정육점, 카페에서도 조명은 중요하다. 전시에서는 특히 조명과 전시물·관람객의 위치를 고려해야 한다.

전시장의 조명은 전시장 전체를 밝게 하는 정도면 족하다. 전시 제품에 음영을 주거나 입체감을 돋보이게 하고 싶다면 스포트조명을 사용하게 되는데, 이 때는 그림자가 생기지 않고 빛 번짐이 없는 정도가 적당하다. 아이템의 특성에 따라 조명을 너무 많이 설치하면 전시품이 손상될 우려가 있고, 관람하는 데에도 방해가 된다.

전시의 성격에 따라 조명의 개수나 밝기 정도에 제한을 두기도 하나, 산업전시에서는 그러한 경우는 드물다.

〈그림6-15〉 빛이 번져 글자가 제대로 보이지 않는다

〈그림6-16〉 글자에만 정확하게 조명이 비친다

3. 부스전시의 과정

부스전시의 과정을 간략하게 정리하면 다음과 같다.

(1) 기획 : 기본 전략

(2) 기본설계 : 전시장 내 부스디자인(부스 내 레이아웃)

(3) 각 코너(구역/ 부스 내)의 전시, 연출, 실연(실시)

(4) 부스 운영 계획

(5) 인쇄물 등 제작물의 종류와 내용

(6) 부스 내 인원 계획

(7) 부스 내 이벤트

(8) 예산

(9) 스케줄 관리 등

쉽게 말하자면, 전시 전반에 대한 계획이 전시기획이다. 기획은 세심하고 철저할수록 좋다. 표로 만들면 기획 전체가 명확하게 보이기 때문에 관련 인력들이 공유하기에도 좋고, 한눈에 파악하기도 쉽다.

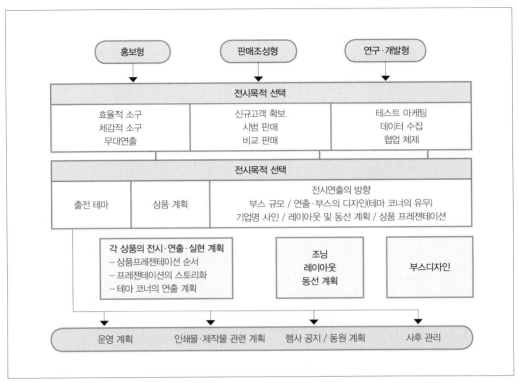

〈그림6-17〉 전시기획의 모델

01. 전시 참가의 목적

참가업체의 부스 구성 및 연출은 전시주제와 내용, 성격 등에 따라 달라지며, 다음과 같이 크게 3가지로 분류할 수 있다.

1) 홍보형

홍보(PR)형은 기업 이미지 고양이나 새로운 이미지 구축을 위해 전시회에 참가하는 경우다. 한정된 기간에 목적을 달성해야 하기에 현재 기업의 위치와 환경에서 새로운 기술이나 제품, 서비스 또는 사업의 콘셉트를 시장에 도입했을 때 기대되는 효과와 기대치를 분석하여 어떤 제품을 어떻게 전시할 것인가를 결정한다.

해당 전시의 콘셉트를 구체화하는 데 꼭 필요한 제품이 아니라면 제외하거나 전시공간을 최소화하는 것이 바람직하며, 비주얼 포인트

〈그림6-18〉 기린맥주의 부스

(Visual Point) 코너를 두는 것도 효과적이다. 비주얼 포인트는 주요 제품 또는 서비스(전시 콘셉트)를 부스 입구의 눈에 띄는 곳에 전시함으로써 관람객들의 관심을 끌기 위한 것인데, 오감을 사용하여 제품을 직접 경험해볼 수 있도록 하면 더욱 좋다.

홍보형 부스는 기업이 원하는 이미지만 집중하여 보여주는 영리한 연출이 필요하다. 일본의 기린맥주는 맥주를 만들면서도 이산화탄소 배출을 감소하는 데 앞서는 등 지구 환경을 위해 노력하는 기업이라는 것을 알리기 위해 폐기되는 맥주 상자로 부스를 꾸며 환경 관련 전시회에 참여하여 좋은 평가를 받았다. 일본의 자동차기업인 도요타는 한국 시장에 자사의 자동차인 렉서스를 판매하면서 '도요타'라는 기업명은 최소화하고 '렉서스'라는 브랜드의 이름을 부각시키는 데 총력을 다했다. 이는 반일 감정을 고려한 마케팅 전략으로, 그 덕에 렉서스가 한국에 오래전에 수입되었는데도 도요타의 제품임을 모르는 사람이 여전히 많은 이유다.

아모레퍼시픽도 차(茶) 브랜드인 '오설록'을 내놓으면서 기업명 대신 브랜드 이름을 최대한 노출시켰다. 아모레퍼시픽은 화장품 기업 이미지가 강해서 전문성이 떨어져 보일 것을 염려해서였다.

〈그림6-19〉 도요타의 렉서스 부스

〈그림6-20〉 아모레퍼시픽의 오설록 부스

2) 판매 조성 효과형(상담형)

① 판매로 연결되는 부스 만들기

판매로 연결되는 부스란 목표 관람객이 명확한 부스다. 일반 관람객보다는 관련자들이 많이 방문하는 전시라는 뜻이다. 그 자리에서 제품을 사고파는 것이 아니라 거래 '계약'을 위주로 하는 전시이기 때문에 관람객 또는 관련 업계 종사자들의 관심과 구매 의욕을 고취하는 것이 더 중요하다.

대개는 기존고객에게 신뢰를 주거나 충성도를 높이기보다는 신규·잠재고객 유치를 위한 성격이 짙다. 하지만 의외로 전시회를 찾는 사람이 다 같은 목적을 가지고 있는 것은 아니다. 별 관심 없이 방문한 사람과 특정 제품에 관심을 갖고 있는 사람, 브랜드에 호기심이 있어서 둘러보러 온 사람, 지금 당장 그 제품이 필요해서 구매하기 위해 온 사람, 당장 필요한 것은 아니지만 2~3년 뒤에 구입할 예정인 사람 등 각양각색이다. 이들 중 어떤 관람객을 목표로 할 것인가를 명확히 하고, 그들을 만족시키기 위한 제품·서비스 등을 어떻게 연출할지 고민해야 한다.

〈그림6-21〉 트럭을 활용한 부스 연출

특히 최근에는 제품의 질적 수준이 평균적으로 다 높아져서 질적인 면에서 뚜렷한 차이를 보이는 경우는 많지 않다. 그래서 브랜드의 이미지라든가, 제품이 놓일 공간에서 다른 제품들과 잘 조화를 이루는지, 어떤 서비스가 제공되는지, 애프터서비스(AS)는 원활한지, 판매원이 믿음을 주는지 등이 구매에 직접적으로 영향을 미친다.

자동차 전시의 경우, 자동차를 당장 구매하려는 사람보다 자동차에 대한 호기심을 갖고서 찾는 고객이 많다. 그러므로 새로운 자동차들을 다양하게 구비하는 것도 좋지만, 작은 트럭을 하나의 가게처럼 연출하는 등 자동차의 새로운 활용법과 자동차 자체에 대한 긍정적인 이미지를 전달함으로써 추후 구매를 기대한다. 물론 자동차 구매를 앞두고 성능을 비교한다거나 자동차를 좀 더 자세히 살피고 싶어하는 사람들을 위해 시험 승차를 할 수 있게 하는 등의 고려도 놓치지 않는다. 이렇듯 자동차처럼 실제로 사용하는 제품들을 전시하는 경우에는 오감을 통해 제품의 사용법이나 성능을 경험하게 하는 것이 일반적이다.

② 호의를 중시하는 부스 만들기

호의를 중시하는 부스는 주로 거래업체를 대상으로 하는 부스라고 봐도 무방하다. 즉, 기존고객의 만족도를 높여 충성도를 유지하고자 하는 것이 전시회 참가의 목적인 것이다. 기존고객을 유지하는 것도 신규 고객 유치만큼이나 중요하기 때문이다. 그래서 기존고객을 환대하기 위한 상담코너와 '일반 VIP'와 '특별 VIP'를 구별하여 상담 코너를 마련한다.

호의를 중시하는 부스는 자동차 같은 고가(高價) 제품을 다루는 기업에서 중요한 고객을 관리하기 위한 수단이다. 이럴 경우의 전시는 일반적인 상황이 아니라 특수한 상황이므로 고객도 성대한 응대를 원하지는 않기 때문에 간단한 티서비스와 담당 영업사원의 즉각적인 응대 정도로 충분하다. 그러나 어떤 기업이든 신규 · 잠재고객 유치는 꾸준히 이루어야 하기 때문에, 기존고객 위주로 부스를 꾸미더라도 일반 관람들을 유치하는 노력도 게을리해서는 안 된다. 기존고객 위

〈그림6-22〉 VIP만 들어갈 수 있도록 입구를 통제하고 있는 부스

주로만 부스를 연출할 경우, 신규·잠재고객은 소외감이나 거리감을 느껴 해당 기업과 그 기업의 제품에 관심을 갖지 않게 된다.

3) 연구·개발형

전시회를 찾는 사람들은 적어도 전시회의 내용에 흥미가 있는 사람들이다. 그러므로 기업은 새로운 제품·서비스를 본격적으로 선보이기 전에 소비자의 반응을 가늠하는 테스트 마케팅의 일환으로 전시를 이용하기도 한다.

이러한 경우에는 부스의 디자인이 화려할 필요가 없기 때문에 부스는 매우 단순하고, 제품·연구의 내용을 알리는 패널 전시가 주가 되는 경우가 많다. 관람객이 자신의 관심사와 목표에 맞춰 제품을 찾아보고 시험해볼 수 있는 공간을 따로 두고, 이들을 대상으로 설문조사도 실시한다.

설문조사 결과를 실제로 제품 출시에 활용할 것이므로, 관람객이 꼼꼼하고 진지하게 설문조사에 임할 수 있도록 설문조사와 관련한 인원을 따로 두는 것이 좋다.

〈그림6-23〉 연구 내용을 알리기 위한 패널 위주의 부스

〈그림6-24〉 설문조사를 위한 부스

02. 부스디자인

참가 목적에 따라 부스를 구체화화는 과정이다. 가장 먼저 할 일은 폐쇄형으로 만들 것인가 개방형으로 만들 것인가를 결정하는 것이다. 제품의 기능·성능을 설명하거나 상담 위주의 부스라면 폐쇄형, 제품의 디자인·출시에 관한 것 등 광고 성격이 짙은 경우라면 개방형이 효과적이다.

또한 어떤 구조의 부스이든 마그넷포인트(magnet point)를 두는 것이 좋다. 마그넷포인트는 전시공간의 구석구석까지 자석처럼 관람객(소

〈그림6-25〉 폐쇄형 부스①와 개방형 부스②

비자)을 끌어들이기 위한 장치다. 예컨대 대형 마트에서는 복도 맨 끝에 할인상품이나 미끼상품을 두는 식으로 소비자가 매장 구석구석을 돌아보고 나갈 수 있도록 공간을 구성한다. 즉, 동선을 최대한 길게 하는 것이 핵심이다.

전시부스에 마그넷포인트를 두는 것은 관람객이 전시장을 한 곳도 놓치지 않고 보고 나갈 수 있도록 하기 위한 것이지만, 부스 전체를

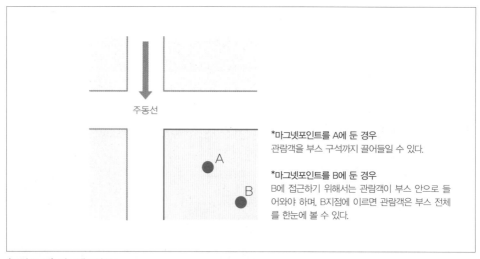

〈그림6-26〉 마그넷포인트

〈그림6-27〉 마그넷포인트를 부스 중앙에 둔 부스

한눈에 볼 수 있게 하여 전시 자체에 대한 관심을 높이기 위한 것이기도 하다.

① 회유형 구조

자동차처럼 전시품 크기가 큰 경우나 코너별로 체험상품을 전시할 경우 전시품을 모든 각도에서 잘 볼 수 있도록 회유형 구조로 부스를 디자인한다. 이렇게 하면 어느 방향에서도 전시품을 잘 볼 수 있고 원하는 제품을 바로 찾을 수 있다는 장점이 있지만, 관람객의 움직임을 제어하기 어렵다는 단점도 있다.

고객이 많을 것으로 예상되면 제품과 제품 사이의 통로를 넓게 만들어서 혼잡을 피하도록 한다. 도쿄 모터쇼를 분석한 한 연구에 따르면 승용차의 경우 전시 면적은 1대당 12.2m²이고, 승용차의 문을 열어두려면 닫았을 때보다 1.7배의 면적이 더 필요하다. 이런 셈법을 적용할 경우 관람객이 승용차를 만지거나 직접 시승할 수 있도록 공간을 확보하고, 전시물을 여유롭게 관람하게 하려면 승용차와 승용차 사이의 통로 면적은 6m 정도가 되어야 한다.[7]

〈그림6-28〉 회유형 구조의 전시부스

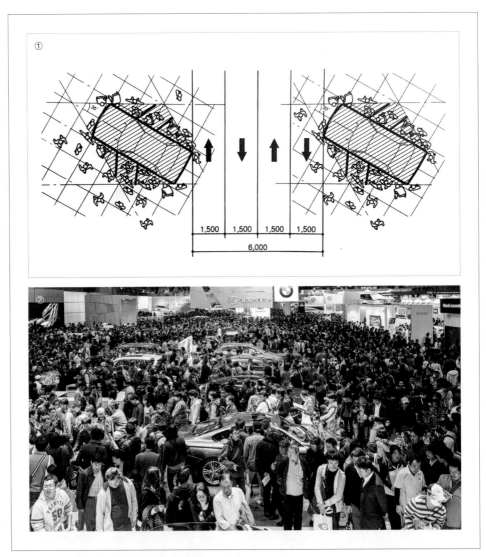

〈그림6-29〉 고객의 혼잡도에 따른 부스 내 통로 계획

② 강제형 구조

제품의 디자인을 원하는 방향에서 보게끔하기 위해 미술관전시처럼 강제동선을 짜는 경우도 있다. 즉, 입구와 출구를 정해 둠으로써 관람객이 일단 전시공간 안으로 들어오면 전시장을 다 돌아야 출구로 나갈 수 있게 하는 것이다.

자칫 놓칠 수 있는 크기가 작은 제품이 많을 경우에 이런 구조로 짜는 경우가 많다. 강제동선에서는 관람객이 한 방향으로 움직이기 때문에 전시장 내부는 질서정연한 편이나, 설명이 필요한 제품을 전시

〈그림6-30〉 통로가 명확하게 구분된 전시부스

〈그림6-31〉 한 방향으로 이동하면서 볼 수 있도록 구성한 전시부스

할 경우에는 적절하지 않다. 보충 설명을 하거나 질문에 대답을 하는 등 예상한 시간보다 설명 시간이 길어질 경우 전시장이나 부스 안에 혼란이 일어날 수 있기 때문이다. 이런 경우에는 설명을 해주거나 체험 가능한 공간을 따로 마련하는 것이 바람직하다.

③ 무대형 구조

부스를 무대공간과 고객공간으로 나누는 구조다. 공간이 명확하게 구분되기 때문에 시선을 집중시키는 효과는 있지만, 무대 뒤쪽이 막

혀있기 때문에 정면과 측면에서만 관람이 가능하다.

통로 쪽에 무대를 설치할 수도 있는데, 이럴 경우 관람객이 부스 안으로 들어오지 않고 무대만 본 채 스쳐 지나갈 수 있다. 그래서 일반적으로 무대는 부스 안쪽에 배치하며, 통로 쪽에는 호기심을 유발할 수 있는 제품을 전시하거나 비주얼 포인트를 둔다.

〈그림6-32〉의 부스가 20~30m²라면 관람객은 30명 전후, 무대 폭은 5~8m가 적당하다. 관람객이 50~100명이라면 부스 공간은 200m² 이상이 되어야 한다.

〈그림6-32〉 무대형 구조의 부스

④ 상담형 구조

상담형 구조의 포인트는 상품의 홍보공간과 상담공간을 어느 정도의 비율로 나눌 것인가이다. 상담형 전시를 하면 대개 참가기업에 관심이 있거나 기존 거래업체인 고객이 방문한다. 이 중 몇 사람은 상담을 하고 다른 사람은 제품을 둘러보는 상황이 많기 때문에 상담공간과 전시공간을 구별한다. 상담공간 안에는 몇 사람이 들어가야 불편하지 않을지 고려하여 공간을 할애하고, 상담 중에도 기업의 제품들을 보거나 문의할 수 있도록 핵심 제품 몇 가지를 전시해둔다.

〈그림6-33〉 상담형 구조의 부스

03. 부스 연출 및 실연

전시는 기업의 제품·서비스를 보여주는 행사다. 부스디자인이 아무리 멋지고 잘 연출되었어도 내용이 부실하면 관람객의 관심을 끌 수 없다. 부스의 연출·실연을 위한 방법은 다음과 같다.

1) 제품 소개

① **내레이션(narration)과 실연 :** 제품 설명(내레이션)만 할 것인지, 실연도 할 것인지 정한다. 실연 여부에 따라 공간의 구성도 달리한다. 실연을 한다면 상시적으로 할 것인지, 일정한 시간에 관람객을 모아서 할 것인지, 보조자료·장치가 필요한지를 고려하여 부스를 디자인한다.

② **패널 :** "제품을 설명할 때 이것만큼은 꼭 알려야 한다"라고 생각하는 단어를 3~4개 고른 다음 2~4개 문장, 200자 정도로 정리한다. 내용을 소리 내어 읽었을 때 5명 중 3명이 모른다면 내용이 어렵다는 뜻이다. 관람객이 패널의 내용을 보는 시간은 몇 초에 불과하므로 타이틀은 크고 짧게 쓰는 것이 좋다. 설명을 짧게 할 수 없다면 쪼개 쓰는 것이 좋다. 타이틀에 사용할 글자의 크기는 10m 떨어진 곳에서도 읽힐 수 있는 정도의 크기, 즉 5~10cm가 적당하다.

③ **연출 :** 환경은 제품을 돋보이게 하면서 참관객의 감성을 움직이기 위한 일종의 연출장치라고 할 수 있다. 기업·브랜드 이미지, 제품의 특색이나 설명, 실연 내용에 따라 부스의 색상, 톤, 장식물, 배치 등을 결정한다. 영상을 활용할 예정이라면 방음시설을 설치하든가, 영상을 볼 수 있는 공간에서는 조명을 조절할 수 있도록 한다.

2) 스토리텔링

관람객의 흥미를 끌지 못하면, 즉 전시가 재미 없으면 관람객은 부스 안으로 들어오지 않거나 들어왔다가도 금방 나간다. 대규모 전시회의 경우 관람객이 한 부스에 머무는 시간은 대개 7~8분이다.[8] 심지어 첫 1분 동안 작은 자극 한 번, 이후 2분 동안 큰 자극 한 번을 주지 않으면 고객은 부스를 떠난다는 조사도 있다.

설명이나 실연을 할 때에는 특히 더 관람객의 관심을 끄는 연출이 중요하다. 그래서 〈그림6-34〉처럼 뮤지컬이나 연극 같은 이야기를 만들거나(스토리텔링), 내레이션이나 음향, 조명 등을 활용하기도 한다.

〈그림6-34〉 스토리텔링 연출 기법
짐이 트럭에서 나와 무사히 목적지로 가게 해줘서 고맙다는 내용의 쇼(연극). '안전하고 쾌적하다'라는 이미지를 전달한다

04. 테마 코너의 연출 계획

테마 코너는 전시에 참가한 업체가 가장 중점을 두는 곳이다. 전시에 참가한 목표를 구체화하는 공간이기 때문이다.

참가업체가 전시에서 선보이려는 것은 신제품일 수도 있고, 어떤 제품을 개발하는 데 사용된 '기술'일 수도 있고, 해당 기업의 '새로운 이미지'일 수도 있다. 그러므로 전시에서 가장 신경을 써서 전략적으로 연출해야 할 필요가 있다.

큰 규모의 부스는 따로 테마 코너를 마련하고, 작은 규모의 부스는 부스 전체를 테마전시의 관점에서 연출한다.

1) 무대연출

무대연출의 구성 요소는 주제, 소구점, 실연, 배우, 영상, 음향, 조명, 무대장식이다. 전시에서는 이러한 요소를 집약하여 보여준다. 부스 안에 독립무대를 만들어 관람객에게 7~15분 동안 쇼를 보여주는데, 별도의 파빌리온을 설치할 수도 있고, 부스 안에 공간이 넉넉하다면 관람객들이 앉아서 보게 할 수도 있다. 무대 뒤에서 실제로 제품을 사용하는 모습을 보여준다든가 무대에 모니터 등을 설치하여 설명할 수도 있다. 〈그림6-35〉부터 〈그림6-37〉까지가 여기에 해당된다.

2) 제품연출

보여주고자 하는 제품이 실질적으로 활용되는 모습보다는, 제품 그 자체를 돋보이게 하는 것이 핵심이다. 제품을 각인시키기 위해서 반복적으로 보여주거나 확대하거나 제품으로 또 다른 오브제를 만들어서 보여주는 방법이다. 〈그림6-38〉부터 〈그림6-41〉까지가 여기에 해당된다.

3) 체험연출

부스에 테마 제품을 체험할 수 있는 공간을 마련한다. 330페이지 〈그림6-42〉가 여기에 해당된다.

〈그림6-35〉 무대에서 연극이나 뮤지컬처럼 쇼를 보여주는 연출

〈그림6-36〉 제품의 활용 방법을 보여주는 연출

〈그림6-37〉 작은 무대에서의 쇼 연출

〈그림6-38〉 제품을 확대하여 연출

〈그림6-39〉 제품을 활용하여 오브제 연출

〈그림6-40〉 제품을 반복적으로 사용하여 연출

〈그림6-41〉 제품의 그림을 반복적으로 사용하여 연출

〈그림6-42〉 체험관으로 부스를 구성한 체험연출

〈그림6-43〉 눈에 띄는 복장이나 유명인을 활용한 인적연출

4) 인적연출

제품 또는 브랜드·기업의 이미지를 극대화하기 위해 댄서, 모델, 유명인 등을 활용하는 방법이다. 눈에 띄는 복장이나 캐릭터를 이용하여 관람객을 부스로 끌어들인다. 〈그림6-43〉이 여기에 해당된다.

05. 부스 운영

1) 안내데스크

안내 기능 외에 부스 전체의 이미지를 만들어주기도 한다. 그러므로 안내데스크는 기업의 얼굴이라고 해도 과언이 아니다. 관람객의 문의에 응대하는 방식이 관람객의 마음속에 그 기업의 이미지를 형성하기 때문이다. 따라서 안내를 하는 직원의 말투나 유니폼도 신중하게 선택해야 한다. 안내데스크 뒤쪽 공간에는 카탈로그와 팸플릿, 기념품, 설문지, 명함, 필기구, 관람객이 맡기거나 잃어버린 물건, 관계자의 귀중품 등을 수납할 수 있도록 한다.

2) 창고

전시장을 구성할 때 소홀하게 여기기 쉬운 공간이다. 전시기간 중 참가업체 직원들의 개인 짐이나 인터넷이 가능한 컴퓨터, 청소도구, 카탈로그 등을 보관하는 장소가 반드시 필요한데, 비싼 전시장 임대료 때문에 전시장 안에 창고를 만드는 데에 소극적인 경우도 적지 않다. 전시장 전체를 구획하다 보면 데드스페이스(dead space, 이용 가치가 없는 공간)가 생기기 마련인데, 이런 공간을 활용하는 것이 좋다.

06. 전시 이미지 통합

기업의 이미지를 통합하는 작업을 가리켜 CI(Corporate Identity)라고

〈그림6-44〉 직원의 유니폼, 인테리어, 전시대, 그래픽 등 일관성이 있도록 EI(Exhibition Identity)를 적용한 전시부스

한다면, 전시에 있어서 이미지 통합은 EI(Exhibition Identity)이다. 로고나 상징(symbol), 색상 등을 인쇄물, 패널, 쇼카드, 쇼핑백, 전시물, 유니폼 등에 적용하여 전시의 주제와 아이덴티티를 일치시키는 것이 좋다.

기업의 간판·그래픽은 작은 것을 여러 개 부착하는 것보다, 크고 강하게 하나를 부착하여 강조하는 것이 좋다. 아울러 스텝의 유니폼·표정도 기업의 이미지를 크게 좌우한다.

4. 전시를 위한 관리

부스를 설치할 때에는 다양한 인력이 관여하여 많은 작업들을 하게 된다. 모든 작업들은 하나하나가 모두 중요하다. 부스의 제작·설치·철거 공정은 다음과 같다.

1) 부스 설치

부스를 설치한다는 것은 벽면과 기둥을 세우고, 제품과 장식물을 설치하며, 연출용 기자재를 반입·설치하고 조정하는 일들을 의미한다. 이러한 과정을 순탄하게 진행하기 위해서는 겹치는 부분이나 발생할 수 있는 난제들을 예상하여 미리 조율해두어야 한다.

장식물 시공에는 골조·목공사 및 전시대·전기·패널 공사 등이 포함된다. 상세한 내용은 다음과 같다.

① **공간 확인**: 현장을 방문해 주 출입구 및 동선을 파악하고, 부스 위치를 한 번 더 확인한다.

② **골조 반입 및 공사**: 미리 제작한 골조 집기들을 반입하여 설치한다. 철골을 사용할 경우에는 크레인이 필요하므로, 크레인 진입로를 확인 후 사용 가능한 시간대나 위치를 미리 확인한다. 그리고 바닥에 앙카볼트를 사용할 수 있는지 등도 미리 확인한 후 진행한다.

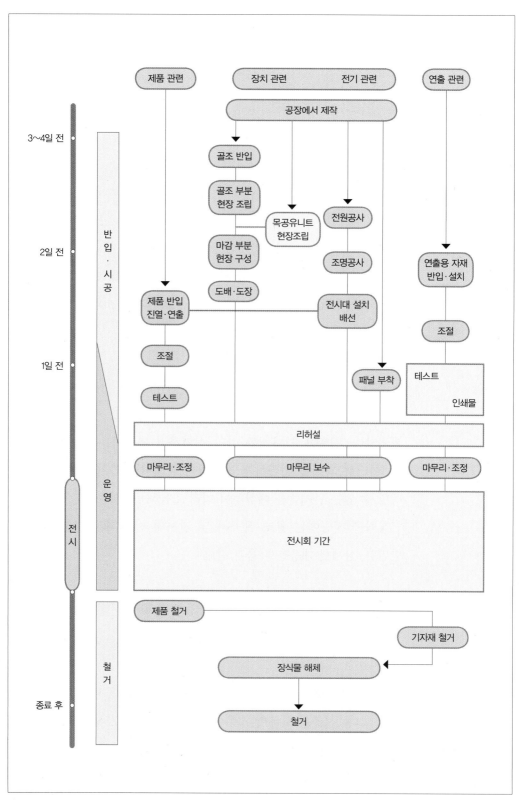

〈그림6-45〉 부스 설치에서 철거까지의 과정

③ **목공사 조립**: 목재 집기도 미리 제작하여 전시장 내에서 조립한다. 전기 사용을 위한 부스 내 간선 공사도 동시에 진행한다.

④ **전기공사**: 주최 측은 각 부스에 전기를 제공하는 시간을 정해두고 있다. 공사 전에 전기 공급 시간을 알아둔다.

⑤ **전시대 반입 및 시공**: 부스의 바닥, 벽, 천정 공사를 마치면 전시대를 반입하여 설치한다.

⑥ **연출 기자재 반입 및 설치**: 벽이나 전시대에 장치 장식을 하고, 영상 및 시연에 필요한 연출 기자재가 있다면 반입하여 설치한다. 공사의 마지막 단계라고 할 수 있다.

⑦ **조명 등을 위한 전기배선**: 전기 콘센트와 조명을 설치한다.

⑧ **패널류 반입 및 설치**: 제품을 설명하는 패널을 설치한다. 패널 설치가 끝나면 제품을 반입하여 설치한다.

⑨ **테스트 실연 및 리허설**: 전시품을 설치했으면 제품 설명, 테스트, 리허설 등을 진행한다.

2) 반입 및 설치

부스 장식물 시공과 제품 반입은 순차적으로 이루어진다. 그러나 대형 공작기계 등은 제품 반입 후에 장식물 공사 후, OA기계 등은 전시대가 설치된 후 반입해야 한다. 연출 기자재 또한 크기나 기능에 따라 공사기간을 달리해야 한다. 인쇄물이나 전시도우미가 사용할 물건도 리허설 전에 반입해야 한다.

3) 진행요원의 사전연수

진행요원은 기업의 기술자나 영업사원, 대리점 직원, 외부 전문인 등을 활용하여 전시 시 전시품·서비스를 설명하는 것이다.

이때 고려해야 할 것은 각 인력을 어떤 식으로 활용할 것인가다. 예를 들어 각 코너에 배치된 전시도우미가 마이크를 사용하여 관람객들에게 일괄적으로 제품을 설명하면, 기술자나 영업사원은 전시도우미의 설명이 끝난 후 관람객 한 명 한명에게 구체적으로 자세하게 설명해준다.

이런 설명과 시연을 위해 진행요원을 대상으로 전시품 또는 기술에 대한 기초지식 교육과 사전연수를 실시한다. 시기는 전시 일주일 전이 좋다. 그래야 내용을 잊어버리지 않고 충분히 숙지할 수 있다.

4) 리허설

리허설은 전시에 관련된 모든 것을 점검하는 과정이다. 제품을 비롯해 제품 설명·실연, 연출용 기자재의 작동까지 전시의 전반에 대한 모든 내용을 미리 점검하여 부족한 것이라든가 제품이나 기자재의 불량은 없는지 등을 파악하고 수정한다. 주목하지 않았던 작은 문제가 좋지 않은 이미지로 이어질 수 있으므로 하나하나 섬세하게 조율해야 한다.

5) 전시 중 전시연출의 운영

미리 전시계획을 짜두었더라도 예상과 다른 상황이 생기기 마련이다. 그래서 그때그때 발 빠른 현장 대응이 필요하다. 특히 테마 코너처럼 시스템화된 코너를 제외하고는 관람객의 반응에 따라 실연 횟수를 늘리거나 팸플릿 배포 등을 현장 상황에 맞춰서 하는 것이 좋다.

다만 기준 없이 관람객의 요구에 따라가거나, 상황에 따라 그때그때 계획을 수정하면 부스 내의 일관성이나 통일성에 문제가 생길 수 있으므로 신중해야 한다. 책임자 한 사람이 전체의 움직임을 파악하면서 각 코너의 실연을 제어하고, 과도하지 않은 범위 내에서 진행하는 것이 좋다.

6) 반출 및 철거

입·반출과 철거에 쓸 수 있는 시간은 많지 않다. 단시간에 해야 하기 때문에 미리 계획을 세워 진행해야 한다.

일반적으로는 전시품 반출, 연출용 기자재 반출, 장식품 철거 순으로 진행하지만, 제품이 장식품 안에 들어있다든가 하면 장식품을 먼저 철거한 후 전시품을 반출하게 된다.

찌그러뜨리거나 부수어 폐기해야 하는 물품도 있다.

철거 후에는 부스가 있던 자리에는 한 점의 쓰레기도 없어야 한다.

5. 산업전시의 전망과 방향

전시회는 그 자체로 하나의 거대한 산업이다. 그러나 그동안 전시산업은 거래 또는 마케팅 수단으로만 인식되어 산업 자체의 성장·육성에 대한 논의나 관심은 크지 않았다.

비교적 근래에 이르러 독일과 미국 등 전시 분야의 선진국뿐만 아니라 한국, 싱가포르, 중국 등도 전시산업을 사회·경제적 파급 효과가 큰 대표적인 지식산업으로 인식하여 지원을 확대하는 추세다. 이에 따라 세계 여러 국가·도시가 전시시설·환경에 대한 투자를 늘리고 각종 국제행사를 유치하는 등 경쟁이 심화되고 있다.

다양한 전시 중에서도 특히 산업(무역)전시는 다양한 제품과 서비스가 거래되는, 경제적 파급효과가 큰 고부가가치 산업이다. 한국 전시회의 수출 창출 효과는 매우 크며, 한국 기업은 전시회 참여를 해외 마케팅의 주요 활동으로 삼고 있다.

그러나 한국이 전시 강국의 반열에 오르기에는 아직도 미비한 점이 많다. 시장 확장에 대한 준비, 전시장의 신·증축 등 인프라와 관련해 법률적·정책적 지원 체계 외에도 전시 관련 인력 등 해결해야 할 숙제가 산적해있다.

전시 관련 인력 중 디자이너에 집중해서 살펴보면, 한국의 전시에서 디자이너의 역할은 아주 미미한 수준이다. 한국의 산업전시는 제품을 잘 알릴 수 있는 디자인이 아닌, 보기에만 근사하고 눈에 띄는 디자인이 주를 이루고 있다는 점과, 전시기간이 특히 '짧다'는 것이 가장 큰 이유다.

그러나 전시의 핵심은 '사람'이다. 제품이 아무리 많고 좋아도 전시장을 방문하는 '사람'이 없다면 전시의 목적을 달성할 수가 없다. 그러므로 전시는 '사람'을 먼저 생각해야 한다. 인간공학과 심리학적 지식을 기반으로 전시장을 디자인해야만 쾌적하고 즐겁고 안전하고 풍성한 전시관람의 경험을 제공할 수 있기 때문이다.

또한 디자이너는 환경을 덜 해치면서도 심미적으로 뛰어난 제품을 개발하는 데 관심을 기울여야 한다. 디자이너는 디자인 업무만 한다고 생각하기 쉽지만, 전시에 사용되는 거의 모든 장치와 설치물은 디자이너의 손을 거친다. 즉, 전시에 사용되는 제품들의 성격·특성 등에 대해 가장 잘 아는 사람이 진정한 디자이너라는 뜻이다.

그러니 전시가 끝나면 대개 즉시 폐기되는 이러한 제품들에 대한 책임을 져야 하는 사람도 디자이너일 수밖에 없다. '환경보호'는 모든 산업 전반에 걸쳐 대두되는 이슈로, 전시에 참여하는 디자이너는 이를 염두에 두고 제품의 라이프사이클을 고려하여 소재를 선택하고 개발해야 한다.

산업전시뿐 아니라 한국의 모든 전시산업에서 나타나는 공통적인 문제를 개선하고 해결하기 위해 합리적이고 과학적인 정책을 마련하고, 관련 인력들도 이에 걸맞은 실력을 갖추기 위해 노력하면서 합당한 대우를 받을 수 있도록 힘을 모아야 한다.

각주

1) 법률 제13861호 전시산업발전법
2) 한국전시산업진흥회(http://www.akei.or.kr/)
3) 한국전시산업진흥회(http://www.akei.or.kr/)
4) 전시회계획의 폐기물어시스먼트의 요건과 평가방법, 김혜련, 학위논문
5) 전시회실무매뉴얼 (일본POP)
6) 전시회계획의 폐기물어시스먼트의 요건과 평가방법, 김혜련, 학위논문
7) 도쿄 모터쇼 회장 계획에 있어서의 소프트컨트롤의 요건과 구조, Terazawa Tsutomu, 학위논문
8) 성공하는 견본시, 전시회 실무 (일본능률협회)

용어 정리

컨벤션(Convention) 다수의 사람들이 특정한 활동을 하거나 협의하기 위해 한 장소에 모이는 회의(metting)와 같은 의미로서, 전시회를 포함하는 좀 더 포괄적인 의미로 쓰인다.

퍼블릭쇼(Public Show) 일반 대중을 상대로 하는 전시회다.

파빌리온(Pavilion) 진열관이다.

조닝(Zoning) 구역 설정이다.

유니트(Unit) 조립식 구조, 즉 일정한 치수에 의해 규격화된 것이다.

파이텍스(pytex) : 파이론텍스(pyrone tex)의 약자다. 폴리에스터 100%의 단섬유를 부직포 형태로 만든 제품이다. 가격이 저렴하여 카펫 대용으로 많이 사용한다.

파라펫(Parapet) 가로 형태의 지지대이다.

트러스(Truss) 직선의 여러 개의 뼈대로서, 구조물을 뜻한다.

네이밍(Naming) 새로운 상품의 브랜드명을 고안하거나 새로운 그룹 등의 명칭을 결정하는 것이다.

제7장 리테일전시

1. 리테일전시란

리테일전시란 특정한 판매공간(Retail space)에서 이윤 창출을 목적으로 하는 전시로, 비주얼 머천다이징(Visual Merchandising)과 디스플레이디자인(Display design) 등 크게 2가지로 나눌 수 있다.

비주얼 머천다이징은 상품 기획부터 판매까지 전 과정을 통해 이루어지는 해당 기업 또는 브랜드를 가시화하는 전략의 일환이다. 디스플레이디자인은 비주얼 머천다이징을 실행하는 디자인의 하위 분야 중 하나로, 상품 위주 디스플레이디자인과 장치 장식 위주 디스플레이디자인으로 세분화된다.

01. 비주얼 머천다이징의 개요

비주얼 머천다이징에서 비주얼은 '시각의', '눈에 보이는', '보기 위한 것'이라는 뜻이고, 머천다이징은 기업 또는 브랜드의 마케팅 목표를 실현하기 위해 특정 상품과 서비스를 어떤 방식으로 어떻게 시장에 내놓을 것인가에 대한 계획을 말한다. 즉, 비주얼 머천다이징은 상품기획을 시각화하는 것이다.

시각화 작업은 기업(브랜드)의 철학과 가치관에 입각하며 독특하고 차별된 아이덴티티(Identity)를 수립하는 전략 단계를 거친 다음, 판매

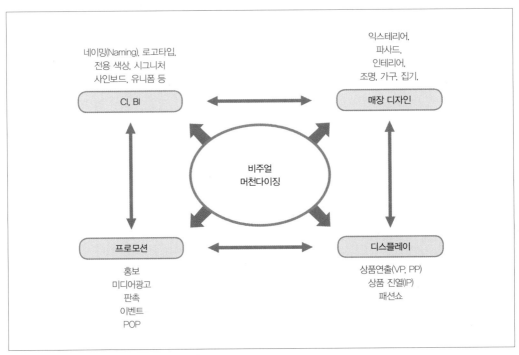

네이밍(Naming), 로고타입,
전용 색상, 시그니처
사인보드, 유니폼 등

CI, BI

익스테리어,
파사드,
인테리어,
조명, 가구, 집기,

매장 디자인

비주얼
머천다이징

프로모션

홍보
미디어광고
판촉
이벤트
POP

디스플레이

상품연출(VP, PP)
상품 진열(IP)
패션쇼

〈그림7-1〉 판매공간의 비주얼 머천다이징 구성 요소

공간을 통해 매장 구성과 상품 제안, 전개를 통해 기업(브랜드)의 이미지를 구체화하는 것이다.

비주얼 머천다이징은 비슷한 디자인과 품질의 상품으로는 경쟁력을 갖기 힘든 판매환경에서 기업(브랜드)이 지향하는 독특한 이미지와 아이덴티티를 판매공간에 그대로 반영하여 매장의 아이덴티티, 즉 SI(Store Identity)를 구축한다. SI에 의해 소비자는 매장에 들어서는 순간부터 나가는 순간까지 일관성 있는 브랜드 이미지를 경험하게 된다. 이는 소비자의 눈길을 자연스럽게 끌어들여 매장의 구석구석까지 소비자의 발길이 닿게 하고 오랫동안 매장에 머물도록 함으로써, 결과적으로 독특하고 재미있는 상품 디스플레이 덕분에 최종적으로 구매가 이루어진다.

비주얼 머천다이징은 1960년대 초반 실적 저조에 맞닥뜨린 미국 백화점들이 새로운 마케팅 기법으로 고안한 것으로, 그중 블루밍 데일즈 백화점이 처음으로 점포 차별화 전략의 일환으로 비주얼 머천다이징을 실시하여 효과를 얻자 다른 백화점들도 따라하면서 이루어졌다. 한국에는 1980년대 후반에 일본 디스플레이 업계를 통하여 백화점 업계가 처음으로 도입했다.

현재는 다양한 유통업체와 패션 브랜드들이 차별화와 고객 유치를 위한 전략으로 비주얼 머천다이징을 활용하면서, 판매환경과 상품 등과 관련된 면에서 다시 살펴볼 수 있다. 판매환경 측면에서는 매장의 기본이 되는 상품, 인테리어, 디스플레이, 판촉, 접객서비스 등 제반 요소들을 시각적으로 구체화하여 매장 이미지를 고객에게 전달하는 전략이며, 상품 측면에서는 고객에게 어떻게 상품을 노출시킬 것인가에 대한 전략이라고 할 수 있다.

02. 비주얼 머천다이징의 디자인 영역

비주얼 머천다이징은 기업 또는 브랜드의 아이덴티티를 가시화하는 브랜딩 시그널이다. 브랜딩 시그널은 상품명 또는 브랜드 네이밍, 전용 색상, 로고 타입, 이미지, 판촉 활동, 포장 디자인, 점포 디자인, 상품 디스플레이, 광고 등 브랜드를 시각적으로 확인할 수 있는 요소들을 모두 포함한다. 브랜딩 시그널을 표현하는 디자인 영역은 그래픽디자인, 인테리어디자인, 디스플레이디자인 등이 있다. 346페이지 〈그림7-2〉는 각각의 디자인 작업 내용 및 다른 영역의 디자인과 상호연관성이 있는 요소들을 보여준다.

비주얼 머천다이징의 궁극적인 목적은 '매출'을 일으키는 것이다. 즉, 브랜드의 아이덴티티가 잘 드러나도록 매장 곳곳을 구성하여 상품에 대한 정보를 전달하고 브랜드의 이미지를 고양하여 소비자에게 구매하고 싶은 마음이 들도록 하는 것이 목적이다.

각각의 디자인 파트의 활동과 상호연관성을 보면, 먼저 브랜드 아이덴티티 프로그램(Brand Identity Program)은 그래픽디자인 파트에서 디자인하고, BIP 기법을 담당하는 파트가 추출한 시그니처를 입체화한 사인보드는 인테리어디자인 파트에서 디자인한다. 또한 매장 구성과

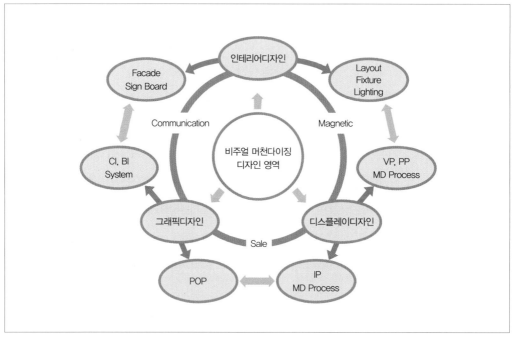

〈그림7-2〉 비주얼 머천다이징의 디자인 영역과 작업

레이아웃, 동선 배치, 상품 집기와 가구 등도 인테리어디자인 파트에서 진행한다.

디스플레이디자인은 인테리어디자인 파트에서 디자인한 집기에 상품을 디스플레이하고, 진열 상품에 상품의 정보를 고지한 POP(Point of Purchase Advertising)를 설치한다. POP 디자인은 그래픽디자인 파트에서 진행한다. 이와 같이 디자인의 3개 영역은 관련성이 깊기에 상호의존적이라고 할 수 있다. 즉, 서로 다른 디자인 영역들이 공통된 비주얼을 가지고 각 영역의 특성을 살림으로써 개성 있고 독창적인 브랜드만의 차별화된 비주얼을 협업을 통해 이루어가는 것이다.

이처럼 브랜드만의 개성과 차별화된 이미지를 시각적으로 일관성 있게 구체화하는 것이 비주얼 머천다이징 작업의 핵심이다.

03. 비주얼 머천다이징과 디스플레이디자인의 관계

비주얼 머천다이징과 밀접하게 관련이 있는 디스플레이디자인은 상품과 서비스를 매개체로 기업과 소비자를 연결하는 매개다. 특히 디스플레이는 '드러내 보이다', '표현하다'라는 동사적 의미와 전시, 연출, 진열, 표시 등의 명사적 의미가 있다는 사실에 주목하자.

리테일전시의 한 영역인 디스플레이디자인은 매장에서 상품 판매를 목적으로 하는 디자인과 판매 촉진을 위해 매장의 분위기를 조성하는 디자인으로 구분할 수 있다. 상품 위주의 디스플레이디자인은 상품을 제시하고 판매를 유도한다는 2가지 전략을 갖고서 구체적으로 상품을 연출·진열하는 것이다. 이에 따라 매장을 VMP 공간(Visual Merchandising Presentation space)인 VP, PP, IP로 구분하여 연출하는데, VP(Visual Presentation)는 매장에서 제일 먼저 소비자의 시선을 끄는 연출 부위로 쇼윈도, 매장 입구나 중심에 위치한 스테이지, 점두 테이블

〈그림7-3〉 매장 내 VMP(VP, PP, IP) 영역

등이다. PP(Point of sales Presentation)는 집기 상단, 벽면 상단, 디스플레이 테이블 상단 등 연출을 위한 공간을 이른다. IP(Item Presentation)는 상품을 진열하는 데 사용되는 모든 집기의 진열 부위를 말한다.

〈표7–1〉 VP, PP, IP의 구분과 특징

	구분	역할	사진	위치	기능
V M P	VP 비주얼 프레젠테이션 (Visual Presentation)	시각적 테마 연출의 종합적인 표현의 장 기업과 매장, 상품의 이미지 를 높임		고객의 시선을 집중시키는 쇼윈도, 디스플레이 스테이지	시각적 표현
	PP 판매용 프레젠테이션의 포인트 (Point of sales Presentation)	분류(Grouping) 된 상품의 판매 포인트 연출		매장 내 고객의 시선이 닿는 부분, 벽면 상 단, 선반 및 집 기류 상단	시각적 표현 및 유도
	IP 아이템 프레젠테이션 (Item Presentation)	상품을 분류·정리하여 보기 쉽고 구매 하기 쉽게 진열		모든 집기류 (행거 및 선반 류, 쇼케이스 등)	판매

04. 비주얼 머천다이징의 목적

1) 기업(브랜드)이나 매장·상품의 이미지를 높인다.

2) 고르기 쉽고 구매가 편리하게 한다.

3) 판매자가 관리하기 쉽고 판매가 용이하게 한다.

4) 감성 마케팅으로 즐겁고 쾌적한 쇼핑 분위기를 제공한다.

5) 매장을 기능적·효율적으로 구성한다.

6) 상품의 가치를 높인다.

7) 새로운 트렌드 정보를 제공한다.

8) 구매 의욕을 높일 수 있는 매장 아이덴티티(SI)를 제공한다.

9) 타 브랜드나 타 매장과의 차별화 전략으로 활용한다.

10) 최종 목표인 판매효율을 극대화한다.

11) 판매환경에 따른 디자인 콘셉트를 구체화시키고 브랜드나 제품의 홍보를 돕는다.

12) 매장의 파사드와 쇼윈도, 매장 내부의 구성 및 동선 배치, 상품 코디네이션, 조명 등 기획에서부터 디자인 과정, 마무리 시공까지 총괄한다.

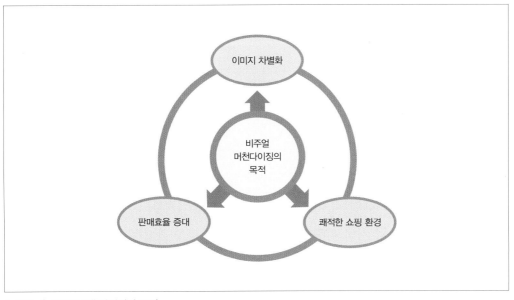

〈그림7-4〉 비주얼 머천다이징의 목적

2. 리테일전시의 종류

비주얼 머천다이징은 크게 '리테일 비주얼 머천다이징(retail visual merchandising)'과 '어패럴 비주얼 머천다이징(apparel visual merchandising)'으로 구분된다.

리테일 비주얼 머천다이징은 백화점, 명품관, 대형 마트, 편의점, 패션 전문 쇼핑몰, 복합상가, 카테고리 킬러(category killer), 전통시장 등 유통 업태의 특성과 콘셉트와 성격에 맞춰 독자적이고도 차별화된 상품 전략과 구색, 판매 방식, 매장 규모와 시설, 접객 서비스, 가격정책 등을 실시하는 것이다.

리테일 비주얼 머천다이징 시 백화점, 명품관, 명품아울렛, 면세점 같은 유통업체들은 VIP 마케팅을 기반으로 최고급 상품과 서비스, 품격 있는 쇼핑환경을 조성하며 소비자에게 '대접받고 있다'는 인상을 주는 VIP 마케팅을, 대형 마트나 편의점, SSM(Super Super Market), 카테고리 킬러 등은 저렴한 가격과 풍부한 상품으로 소비자를 유인해, 소비자가 이를 쉽게 인식하여 편리하고 원활하게 쇼핑할 수 있게 유도하는 매스 마케팅(mass marketing) 전략을 활용한다. 이와 같이 판이한 전략에 따라 비주얼 디자인 작업은 뚜렷하게 구분된다.

어패럴 비주얼 머천다이징은 상품기획부터 판매까지 관여하는 제조업 기업 위주로 브랜드 아이덴티티를 확립해 브랜드만의 독특하고 개성 있는 매장 인테리어와 디스플레이디자인을 함으로써 일관성 있는 디자인 요소들을 전개하여 경쟁력을 갖추는 비주얼 전략이다. 상품의 가치을 높여주는 오브제 연출, 깔끔한 상품 진열, POP 활용 등으로 지역과 장소에 상관없이 어디에서나 동일하고 일관성 있는 디자인으로 소비자에게 소구하는 비주얼 전략이다.

리테일 비주얼 머천다이징을 전개하는 마켓은 상품의 종류와 품격, 가격대, 서비스 방식에 따라서 고품격 감성을 지향하는 업태와 대중적 이성을 지향하는 업태로 구분할 수 있다. 지향하는 업태마다의 리테일 공간은 상품과 소비자와의 최종 접점으로서 업태의 특성에 따라서 비주얼 머천다이징을 전개한다.

01. 고품격 감성 지향 업태별 전시

〈그림7-5〉의 좌표 상단에 포지셔닝된 명품관, 백화점, 면세점, 패션쇼핑몰, 아울렛 등이 고품격 감성 지향 비주얼 머천다이징을 하는 업태다. 이들은 VIP 마케팅을 기반으로 최고급 상품과 서비스, 고품격

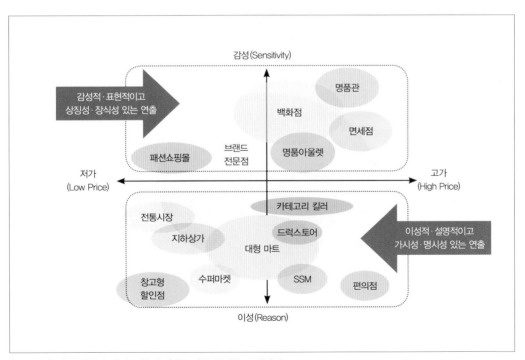

〈그림7-5〉 감성 지향과 이성 지향 맥락에 근거한 업태별 포지셔닝

쇼핑환경을 조성하여 소비자의 감성에 초점을 맞춘 비주얼 머천다이징 전략을 펼친다. 상징성을 강조한 브랜딩 시그널을 활용하여 장식적인 요소를 가미한 감성적인 비주얼로 표현하기도 한다. 인적 서비스는 고객과의 휴먼 터치 서비스 방식을 취하고 있으며, 다품종 소량 상품들로 구색을 갖추어 고품격 전시를 한다는 공통점이 있다.

〈그림7-6〉 백화점 식품매장의 사례와 층별 VP 사례

인터넷의 보급과 발전으로 온라인 쇼핑몰이 증가하면서 매장에서 상품을 보고 실제 구매는 온라인 쇼핑몰에서 하는 쇼루밍(Showrooming) 족들이 늘고 있다. 그래서 이와 같은 쇼핑 패턴에 맞춰 전시적인 상품 연출을 하는 추세로 변화하고 있다. 특히 백화점처럼 다양한 상품군으로 구색을 갖춰 판매하는 업태는 소비자의 라이프스타일에 초점을 맞추어 다양한 유형의 매장을 조성하는 경향이 있다.

기존의 백화점 의류매장은 브랜드 위주로 공간이 구성되어 개별 패션브랜드가 각각 개성 있는 비주얼 머천다이징을 펼치는 것이 특징이었다. 하지만 최근에는 백화점 자체 머천다이징을 강화하여 브랜드 구분 없이 유사한 디자인과 스타일들을 모아 판매하는 편집매장을 갖추어 소비자가 쇼핑을 자유롭게 할 수 있도록 조성하여 백화점마다 개성 있는 비주얼 머천다이징을 펼치고 있다. 예를 들면, 식품매장은 고급 식자재와 식품을 구비하고, 전문 음식점의 맛과 분위기를 압도하는 인테리어까지 조성해서 일반 식품점과 차별화하고 있다. 주생활 매장은 소비자가 일상에서 사용하는 물건의 용도를 그대로 재현한 인테리어로 소비자에게 라이프스타일을 제안하는 매장으로 조성되고 있다. 이와 같이 비주얼 머천다이징을 통해 백화점만이 가질 수 있는 장점을 살리고 있다.

쇼핑, 놀이, 공연, 외식 등의 여가활동을 한꺼번에 즐기기 위해 쇼핑몰에 몰리는 몰링(Malling)족도 늘어나면서, 이러한 추세를 반영한 고품격 감성 지향 업태로서 복합쇼핑몰이 등장했다. 복합쇼핑몰은 쇼핑은 물론 문화활동과 여가활동까지 원스톱으로 할 수 있도록 해주는 등 편안하고 품격 있는 분위기와 편리한 시설로 집객 효과를 높인 매장이다.

고품격 감성 지향 업태의 비주얼 머천다이징은 고급스러운 공간 환경과 더불어 다양한 활동을 할 수 있는 최신 시설을 갖추어 재미와 감동을 추구하는 것이 특징이다.

02. 대중적 이성 지향 업태별 전시

대중적 이성 지향 업태의 비주얼 머천다이징을 하는 업태는 351페이지 〈그림7-5〉의 좌표에서 하단에 포지셔닝한 대형 마트, 창고형 할인점, 편의점, SSM, 슈퍼마켓, 카테고리 킬러, 드럭스토어 등이다.

〈그림7-7〉 대형 마트의 식품매장

대중적 이성 지향 업태들의 머천다이징의 공통점은 저렴한 가격 정책에 따른 풍부한 상품 구색과 소비자들이 직접 상품을 구매하는 셀프 셀렉션(Self Selection) 구매 방식이다. 이러한 업태의 매장에서 소비자들이 판매원의 도움 없이 쉽게 상품을 인식하고 신속하게 쇼핑을 할 수 있도록 하려면 주목성과 명시성이 강한 강렬한 색상과 문구의 POP를 많이 활용해야 한다.

셀프 서비스 판매 방식을 운영하는 업태들이 가장 중요하게 생각하고 활용하는 POP는 상품의 정보뿐만 아니라 매장에서의 행사·판촉에 관한 내용을 전달하는 현수막, 배너, 포스터, 쇼카드 같은 시각적인 메시지 매체다. POP는 이렇듯 구매를 유도하면서 판매를 촉진시켜주는 인스토어 머천다이징(In Store Merchandising) 기능을 담당한다.

03. 감성과 이성을 절충한 업태별 전시

고품격 감성 지향과 대중적 이성 지향을 절묘하게 구성한 업태는, 주로 실생활에 관한 상품을 취급하는 매장들이다. 이러한 매장들로는 상품의 사용 방법을 재현함으로써 상품의 특징을 쉽게 이해하고 실생활에 바로 적용할 수 있도록 라이프스타일을 제안하는 전시매장이 해당된다.

상품의 특징과 용도를 보여주는 방법으로는 모델하우스처럼 공간을 조성하는 방법 등이 있다. 그리고 실제로 상품을 파는 매장은 공간의 효율성을 고려한 레이아웃으로 구성하고, 상품을 편리하게 선택할 수 있도록 상품을 배치·정돈하여 진열한다.

비주얼 머천다이징은 감성에 이끌려 상품에 관심을 갖게 되고 이성을 통해 합리적인 판단을 하게 되는 소비자들의 쇼핑 과정을 고려해서 적절하게 절충한 매장 구성과 상품 전개를 하는 것이다.

〈그림7-8〉 가구 전시장과 가구 진열매장

3. 리테일전시의 과정

리테일전시의 과정은 기획·디자인·실행단계로 나누어진다. 이 중 기획단계는 신규 또는 리뉴얼 오픈 프로젝트와 상시적인 연간 시즌 또는 행사 프로젝트에 따라 과정이 다르고, 디자인단계와 실행단계는 동일한 방식으로 진행된다.

01. 기획

시장 조사, 정보 수집, 산업 동향 파악, 경쟁사 시장 분석, 트렌드 자료 수집 등 콘셉트 선정을 위한 자료 수집·분석 후 관련 부서들과 협의하여 비주얼 머천다이징 전략을 수립하는 업무를 진행한다.

신규 브랜드를 출시하거나 기존 브랜드를 리뉴얼하는 프로젝트 같은 경우는 그래픽디자인, 인테리어디자인, 디스플레이디자인 파트의 협업으로 매장 구성부터 오픈 테마 디스플레이까지 전 과정을 다룬다.

상시적인 판매주기에 따른 프로젝트를 위해서는 연간 영업 스케줄에 맞춰 판매 촉진을 위한 시즌 또는 장·단기 행사에 해당하는 비주얼 머천다이징 전략을 세운다.

02. 디자인단계

해당 프로젝트의 콘셉트를 구체화하는 작업으로는 이미지맵 작업, 아이디어 전개 작업, 디테일도면 작업, 컴퓨터 시안 작업, 견적 산출 작업 등이 있다.

컴퓨터그래픽용 프로그램을 활용하여 도면과 시안을 완성하기 때문에 컴퓨터 활용기술이 필요하다.

시안의 완성도도 중요하나 '예산'이라는 가장 현실적인 전제 안에서 디자인 효과를 극대화할 수 있는 재료와 소재를 찾고 선택해야 한다.

① **이미지맵:** 테마에서 연상되는 다양한 이미지와 시각적 자료를 모아서 모티프를 끌어내는 단계다. 아이디어를 찾기 위해 자연부터 인공적 사물, 라이프스타일 등에 관한 다양한 사진이나 그림 자료를 모아서 모티프를 찾는다. 브랜드나 매장의 비주얼 머천다이징 전략기획서를 바탕으로 시즌 테마를 도출했다면, 다양한 이미지를 활용하여 구체화하는 작업에 들어간다. 이미지맵의 종류는 테마 이미지맵, 재료 이미지맵, 브랜드 이미지맵, 타깃 이미지맵 등이 있다.

② **아이디어 전개:** 이미지맵을 통해 추출된 모티프를 가지고 수많은 스케치를 통해 구체적인 디자인을 이끌어내는 과정이다. 이 단계에서는 정확한 스케일보다는 스토리를 구성하여 디자인의 원리를 적용해서 여러 가지 시안을 자유롭게 드로잉한다. 또한 디스플레이가 실현될 공간의 특성과 구조를 고려해서 스케치를 한다. 아이디어가 어느 정도 정리되면 해당 오브제에 사용될 재료도 정하고, 실제 시장 조사도 해서 아이디어가 실제로 만들어질지를 검토한다. 오브제들 중에는 실제 물건도 있지만 모방·변형을 하는 경우도 있으므로 재료에 대한 검토가 중요하고, 실제 제작할 때 비용도 적당해야 하므로 미리 조사를 통해 아이디어를 구체화한다.

〈표7-2〉 시즌 테마 도출을 위한 기본요소와 내용

요소	내용	주제어
상품	시즌별 적정 시기에 팔리는 MD의 차별화 포인트를 확인한다.	전략 상품 인기 상품
시즌	시즌감 표현은 매장이나 브랜드에 생동감과 변화를 줄 뿐만 아니라 상품의 판매적기를 제시하므로 상품의 시즌감을 표현하는 것은 중요하다.	신년, 봄, 여름, 가을, 겨울, 크리스마스
트렌드	트렌드를 파악하여 브랜드나 매장의 콘셉트와 부합하는 테마를 참고한다.	인테리어 트렌드 패션 트렌드
판촉, 이벤트	브랜드나 매장의 영업 전략, 판촉 행사 등을 파악하여 테마에 반영한다.	기프트 시즌 웨딩 시즌 세일 시즌
시사성 사회행사	시사성 있는 주제나 각종 사회 행사를 주제 테마도 선정하면 공감대 형성에 도움이 되며, 주목률도 높일 수 있다.	월드컵 노란 리본 리사이클링
컬러	시즌감과 테마를 표현하는 가장 쉬운 방법이다.	유행 컬러 색의 상징 색의 온도, 색의 심리 배색법
브랜드	브랜드나 매장의 정신과 운영 방향을 반영한다.	STP(Segmentation-세분화, Targeting-타겟 선정, Positioning-위치 전략) 브랜드 아이덴티티 매장 아이덴티티

③ **디테일 시안:** 아이디어 시안을 실제 디스플레이를 할 공간에 정확한 스케일도면 작업을 통해 구체화하는 디자인 작업이다. 도면작업에서 나온 시안을 공간감 있게 표현할 수 있도록 컴퓨터그래픽 프로그램을 활용한다. 컴퓨터그래픽 프로그램으로 일러스트레이션과 포토샵을 기본으로 사용하면서, 3D 프로그램을 활용하여 입체적이고 실현 가능한 시안을 완성한다. 시안은 설치 이후까지 예상할 수 있도록 그래픽으로 만들기도 하지만, 실제로 공간에 설치할 오브제 제작을 위해 디테일하게 제작도면으로 만든다.

③ **견적 산출:** 제작과 설치를 위해서 시안을 현실화하는 작업으로, 필요한 재료비와 제작비, 소품비, 인건비 등을 산출하는 과정이다. 해당 재료에 대한 사전 조사를 통해 표현 가능한 재료 선택과 디자인을 적용할 수 있는 오브제의 사이즈 조정이 필요하고, 시안을 의도에 맞게 제작·설치할 수 있어야 한다. 관련 재료와 물품등의 판매처를 많이 알아두면 좋다.

④ **프레젠테이션 작업:** 기획안과 완성된 시안을 확정하기 위해 그동안 과정을 시각화하여 설득력 있는 시안을 만든다. 프레젠테이션 작업에는 자료 정리와 제작, 발표자의 진행 등의 과정이 포함된다. 자료를 정리하고 내용을 구성할 때에는 회사의 상사 또는 클라이언트에게 전달하고 싶은 디자인 콘셉트를 '콘셉트화', '간결화', '시각화'하여 확실하면서도 쉽게 메시지를 구현한다. 프레젠테이션 이후 토의 시간을 거쳐 문제점을 찾고 수정·보완작업을 한다.

03. 실행

실행은 기획단계에서 확정된 시안에 따라 제작물들을 제작하기 위해 수립한 예산에 적합한 예상가를 산출하고, 제작업체에 사양을 설명한 다음 견적을 받아 업체를 선정하는 단계, 오브제를 제작하고 감리하는 과정과 실제 공간에 설치하는 제작단계, 테마에 부합하는 상품을 선정하고 현장에서 코디네이션하는 연출단계로 구성된다.

① **업체 선정:** 시안을 제작하기 위해 예산에 적합한 견적을 산출하고 예상가를 수립한다. 3~4곳의 제작업체에 사양 설명을 하고 견적을 받아 비교·검토한다. 예상가에 근접하거나 합리적인 견적을 제출한 업체를 선정한다.

② **제작물 감리:** 제작업체와 긴밀하게 협의하면서 오브제 제작을 감리하고 일부 소품들을 제작하는 과정이다. 우선 공장에서 제작해야 할 것과 매장 설치 현장에서 작업해야 할 것을 미리 구분해서 공사 기간과 일정, 작업 순서를 잡는다. 오브제가 시안과 똑같이 제작될 수 있도록 디자이너들은 세밀한 도면을 전달하고 정확하게 설명한다.

제작기간 동안에 수시로 공장을 방문하여 중간 과정을 체크하고, 작업 과정에서 예상하지 못한 문제가 발생하면 작업자와 상의하여 해결한다. 감리를 하면서 디자인 의도대로 제작이 안 될 때는 과감히 교체하거나 대체할 수 있는 융통성과 결단력을 발휘해야 한다. 또한 제작자들과의 협력을 위해 상대방을 존중하는 태도도 필요하다.

③ **연출:** 디스플레이디자인의 최종 단계다. 우선 디스플레이 공간에 인테리어 마감 공사를 진행한다. 일반적으로 매장 영업에 지장을 주지 않는 시간대인 폐점 뒤부터 다음 날 개점 때까지 공사가 진행되므로 효율적인 일정에 따라 공사가 신속하게 진행되도록 한다.

쇼윈도 공사 기간에는 현수막을 설치하여 공사 진행을 알린다. 쇼윈도에서 최종적으로 상품을 연출하는 행위 자체도 디스플레이 효과가 있기 때문에 오픈 후에도 연출 작업은 진행된다. 공사 전에 미리 연출할 상품과 연출도구, 소도구를 선정하고 상품과 코디네이션할 소품을 제작하거나 구입한다.

마네킹이나 바디 같은 연출도구는 디자인 시안이 결정된 이후 관련 회사에 발주하여 디자인 시안에 부합되도록 스타일링하고, 공사 당일에 매장에서 인도받는다. 인테리어 마감 공사 다음으로 테마 오브제와 연출도구를 해당 공간에 각각 배치하고 디자인 의도에 맞게 구도를 잡는다.

무엇보다 연출 작업의 핵심은 오브제와 조화를 이루는 데 중점을 두는 것이고, 연출물들의 통일감·안정감 있는 배치와 조화를 고려한다. 연출물의 배치와 상품 코디네이션을 마치고 나서 최종적으로 하이라이트 조명을 투사한다.

매장의 상황에 따라 상품에 대한 정보나 테마를 전달할 수 있도록 전체 기획의도에 맞게 POP를 설치한다. 연출 작업은 매장의 현장에서 폐점 이후 야간에 장시간 작업하는 경우가 많으므로 디자이너의 체력과 순발력, 끈기가 요구된다.

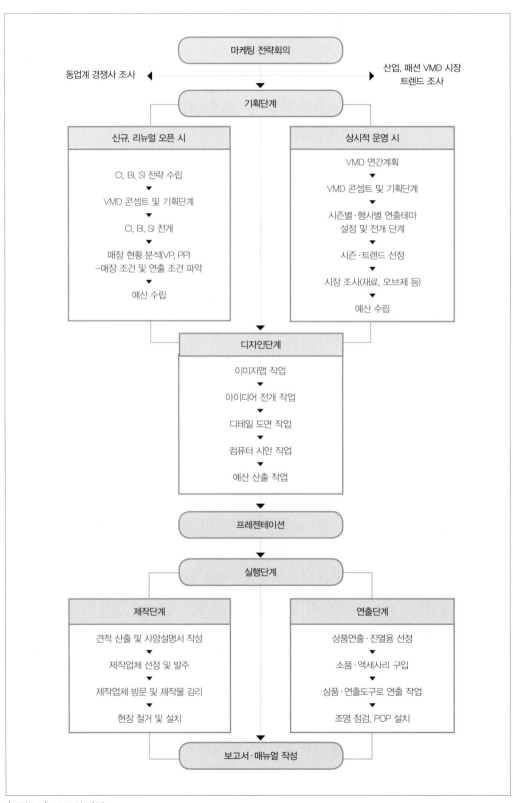

〈그림7-9〉 VMD의 과정

04. 브랜드 오픈 또는 리뉴얼 전시프로젝트 사례

〈그림7-10〉 브랜드 정보 수집과 아이덴티티 콘셉트

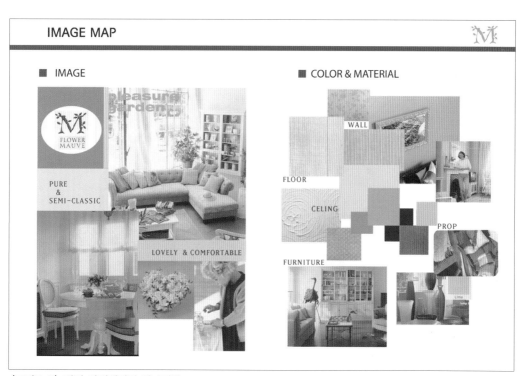

〈그림7-11〉 매장 아이덴티티 이미지맵

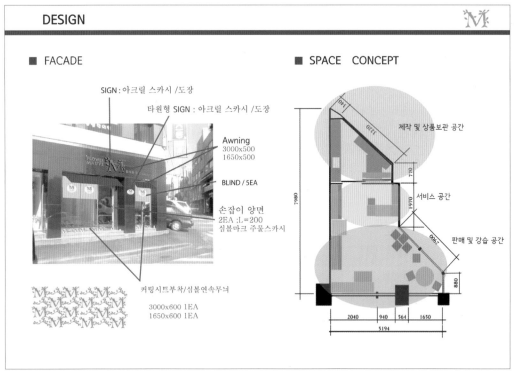

〈그림7-12〉 매장 파사드와 인테리어 콘셉트

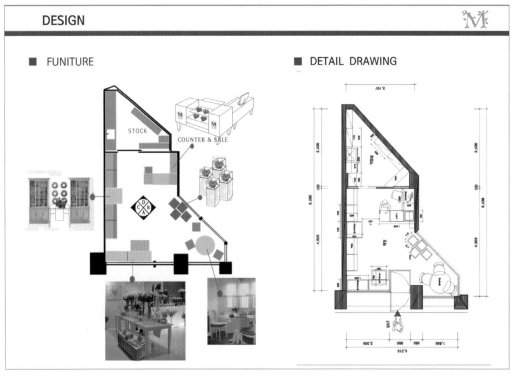

〈그림 7-13〉 매장 인테리어 집기 배치와 실시 도면 디테일 드로잉

■ 기존 시설 철거　　　　■ 목공 & 도배시공　　　　■ 바닥시공 & 가구세팅

■ 배선 연결 &조명 세팅　　■ 가구 마감재시공　　　　■ 유리면 시트 부착

〈그림7-14〉 매장 인테리어 공사 과정

■ FACADE　　　　　　　　　　■ INTERIOR

〈그림 7-15〉 브랜드 매장 파사드와 인테리어 완성

〈그림7-16〉 브랜드 매장 내 상품 디스플레이 완성

05. 연간 영업 행사에 따른 테마전시 사례 — 대형 마트

〈그림7-17〉 바캉스 행사 테마 콘셉트

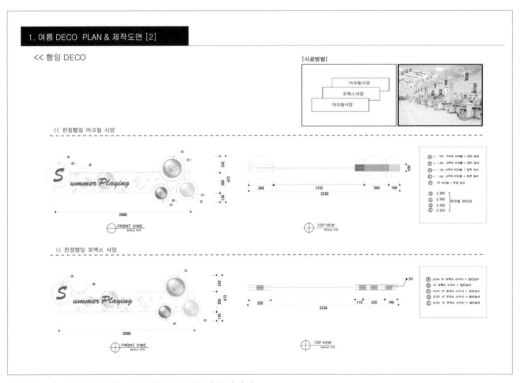

〈그림7-18〉 행잉 오브제 상세 제작도면 및 사양설명서

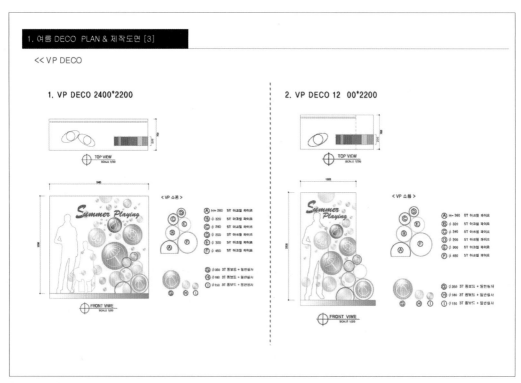

〈그림7-19〉 VP 오브제 상세 제작도면 및 사양설명서

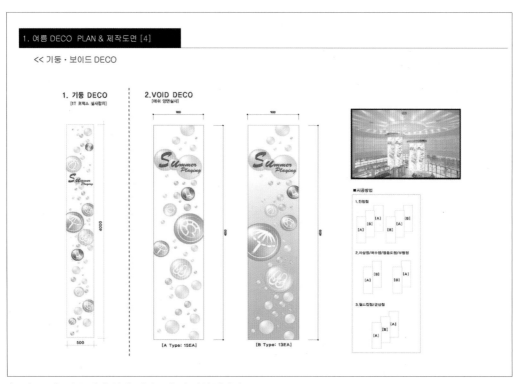

〈그림7-20〉 기둥 배너 상세 제작도면 및 사양설명서

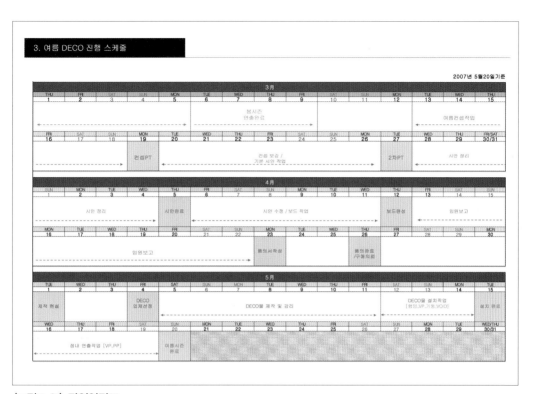

〈그림7-21〉 작업일정표

〈그림-22〉 전시 부위별 완성 결과 1

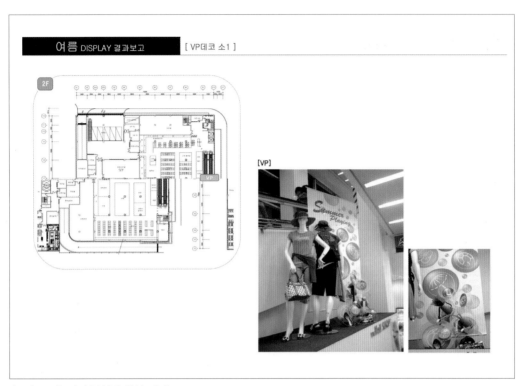

〈그림7-23〉 전시 부위별 완성 결과 2

〈그림7-24〉 전시 부위별 완성 결과 3

〈그림7-25〉 전시 부위별 완성 결과 4

06. 연간 시즌에 따른 테마전시 사례 – 백화점

〈그림7-26〉 가을 시즌 테마 콘셉트와 이미지맵

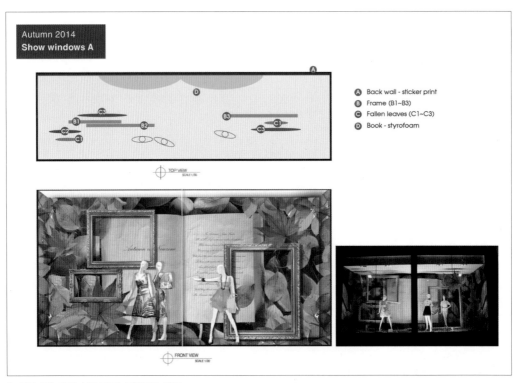

〈그림7-27〉 가을 시즌 테마 쇼윈도의 시안

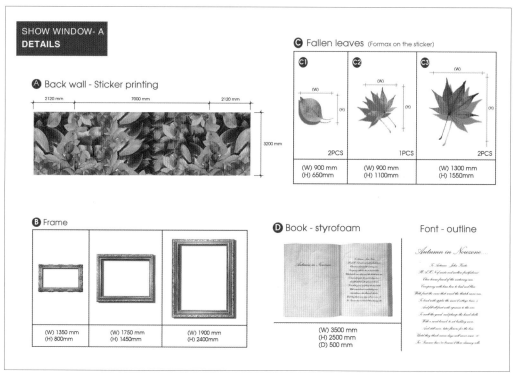

〈그림7-28〉 가을 시즌 테마 쇼윈도 시안 오브제 제작사양도

〈그림7-29〉 가을 시즌 테마 쇼윈도 실제 모습

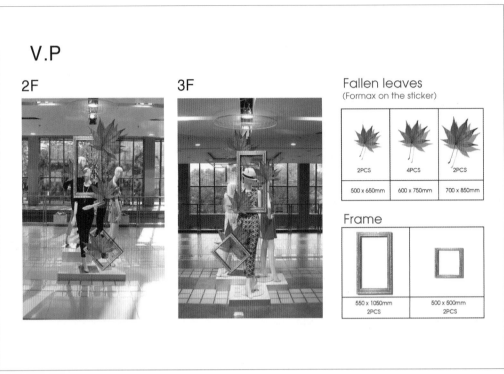

〈그림7-30〉 가을 시즌 테마 VP 시안과 오브제 제작사양도

〈그림7-31〉 가을시즌 테마 VP 실제 모습

4. 리테일전시기술의 다양성

리테일전시기술은 아날로그 방식과 디지털 방식으로 구분할 수 있다. 아날로그 방식은 인공조형물과 연출도구, 조명 등을 활용한 전시이고, 디지털 방식은 디지털 미디어와 증강현실 기술을 활용해서 전시하는 것이다.

01. 인공조형물을 활용한 전시

오브제에 사용되는 조형물은 대부분 인공적인 것들이다. 그래서 자연물을 직접 사용하고자 하는 부분을 위해 구상물 또는 추상적인 대체물을 자연물과 유사하게 제작한다. 이는 디스플레이에서 프로젝트의 테마와 콘셉트를 구체화하는 데 가장 많이 활용하는 전시방식이다. 인공조형물의 종류는 실물모방형 오브제, 실물축소형 오브제, 실물확대형 오브제, 추상형 오브제 등이 있다.

① 실물모방형 오브제는 진짜로 착각할 만큼 실제 사물과 똑같이 만든 오브제로, 전시기간이 긴 경우 많이 활용한다. 주로 자연물(식물, 동물)이나 음식물을 모형으로 만드는데, 식품매장에서 생동감 있게 식탁을 연출하기 위해 채소나 과일, 빵, 음식 등을 오브제로 활용하는 경우가 많다.

〈그림7-32〉 실물모방형 오브제

〈그림7-33〉 실물축소형 오브제

〈그림7-34〉 실물확대형 오브제

〈그림7-35〉 추상형 오브제

② 실물축소형 오브제는 실제 사물의 크기를 작게 만든 것이다. 주로 소형 쇼윈도에 설치하며, 상품을 부각·강조하는 데 유용하다.

③ 실물확대형 오브제는 실제 사물보다 크게 만든 오브제다. 대형 쇼윈도나 VP에 설치하며, 과장된 표현으로 상품을 강조하고 임팩트를 강하게 하여 테마를 드러내는 데 활용한다.

④ 추상형 오브제는 실제 사물의 형태와 재료, 크기, 컬러 등을 추상적인 형태로 바꾸거나 변형을 주어 메타포의 의미를 부여한다.

02. 일상적인 소품을 활용한 전시

① 관련 상품형 소품은 주요 상품의 용도를 정확히 전달하기 위해 활용하는 상품이다.

② 천연소재형 소품은 생물(生物) 소품을 말한다. 꽃이나 채소, 과일 등 계절감이나 신선함을 느끼게 연출할 때 활용한다.

〈그림7-36〉 관련 상품형 소품

〈그림7-37〉 천연소재형 소품

〈그림7-38〉 인테리어 소품

③ 인테리어 소품은 상품의 이미지나 관련된 분위기를 연출할 때 활용하는 가구, 조명기구, 액자 등 인테리어 용품이다.

03. 마네킹 및 바디를 활용한 전시

마네킹은 의류 같은 상품의 대표적인 연출도구로, '침묵의 판매원 (Silent sales person)'이라고도 불린다. 현재 사용하고 있는 마네킹은 유리섬유강화 플라스틱인 FRP(Fiber Reinforced Plastic)를 소재로 한다. FRP는 성형성·내식성이 있고, 가벼우며 강도가 높아 마네킹의 다양한 포즈를 만드는 데 아주 유용하다.

마네킹은 연출 콘셉트에 따라 메이크업과 피부색으로 다양한 이미지와 스타일을 재현할 수 있어서 패션 관련 상품을 표현하는 데 적합한 연출도구다. 주로 쇼윈도와 VP에 설치하며, 테마와 상품의 타입에 적합한 마네킹 모델을 선정하여 메이크업과 바디페인팅, 헤어스타일 등으로 변화를 주어 드라마틱하게 연출한다.

바디는 전신에서 머리만 없는 형태로, 마네킹만큼 많이 사용하는 의류상품을 연출하기 위한 도구다. 삼발이 받침대나 폴대형이라 높낮이 조절이 가능하다. 전신 마네킹에 비해 구성연출이 쉬울 뿐 아니라, 협소한 공간에서도 상품연출에 좋다. 바디의 종류는 몸통바디와 피노키오바디가 있는데, 특히 피노키오바디는 관절을 자유롭게 움직일 수 있는 팔을 부착하여 다양한 포즈로 상품연출이 가능하다.

04. 캐릭터를 활용한 전시

브랜드 캐릭터(Brand Character)는 브랜드가 자체의 아이덴티티 전략의 일환으로 활용하는 캐릭터 자체를 지칭하는 것으로, 자체 캐릭터를 조형물이나 그래픽물로 활용해서 브랜드의 아이덴티티를 확고하

〈그림7-39〉 마네킹 전시

〈그림7-40〉 바디 전시

〈그림7-41〉 캐릭터 활용 전시

〈그림7-42〉 광고 이미지 활용 전시

게 전달하는 전시유형이다. 브랜드 이미지와 아이덴티티를 전달하기
에 효과적이므로 소비자의 호감을 이끌거나 트렌드 정서에 맞는 브랜
드 이미지를 알리는 데도 효과적이다.

05. 그래픽물을 활용한 전시

그래픽물을 활용한 전시는 설치공간의 폭이 좁거나 부피가 큰 조형
물을 설치하기 어려운 경우에 그래픽물이나 광고 이미지를 설치해서
시각적인 메시지를 전달하는 전시유형이다.

광고 이미지를 쇼윈도의 배경으로 처리한다든가 블라인드 또는 배
너 형태의 사진물을 쇼윈도에 설치한다. 이 경우에는 광고 사진 속 상
품과 일치하는 상품을 볼 수 있다.

광고 사진 속 모델을 통해 상품의 이미지를 굳히고 신뢰감도 주기
때문에 일관된 비주얼 머천다이징이 가능하다.

06. 조명을 활용한 전시

조명은 많은 오브제와 소품을 사용하지 않고도 빛의 성질을 이용하여 극적인 효과를 볼 수 있는 좋은 연출도구다. 조도, 색의 온도, 점멸 방법 등을 활용하여 색다른 분위기를 연출한다. 공간의 구분에 따라 조도의 차이를 두어 매장의 분위기를 조성하기도 한다.

조도가 잘 구성된 매장은 소비자의 동선을 구석구석까지 회유하게 할 수 있다. 전시공간인 VP와 PP의 조도는 보통 1,300~2,000lux로, 매장 내 전반적인 조명의 조도인 750~1,000lux보다 훨씬 높기 때문에 조도 차이만으로도 효과를 볼 수 있다. 또한 연출 부위와 특정 상품에 소비자의 시선을 끌어들이는 방법으로 할로겐 스폿 라이트로 활용하여 전체 매장과 디스플레이 부분의 조도 차이를 강하게 줄 수 있다.

조명을 장식적인 오브제로 활용할 수도 있다. 점멸 방법을 달리하거나, 다양한 색상의 조명으로 활기차거나 차분하게 매장 분위기를 연출한다.

조명의 색온도는 상품의 콘셉트에 따라 다르게 한다. 색온도 2,500~4,000K은 고급 의류, 고급 인테리어용품, 주방용품 등에 적합하고 4,500~1만 2,000K은 스포츠웨어, 캐주얼웨어, 가전제품, 아웃도어용품 등에 적합하다.

〈그림7-43〉 조명을 활용한 전시

07. 무빙을 활용한 전시

　무빙(Moving)은 기계장치를 이용해서 회전운동이나 상하·좌우의 반복적인 운동 기법을 활용하여 디스플레이하는 방법이다. 정지된 조형물이 전시된 정적인 쇼윈도에서 동적 움직임을 가미하는 것은 고객의 시선을 사로잡고 호기심을 불러일으키는 데 크게 효과적이다. 조형물이 움직이거나 점멸조명을 활용하는 무빙전시가 대표적이다.

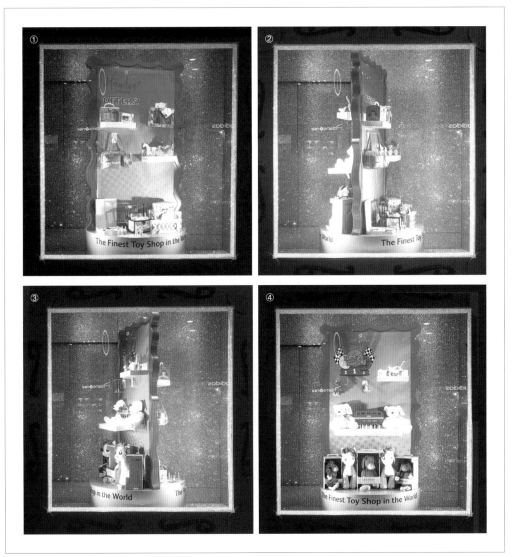

〈그림7-44〉 무빙을 활용한 전시

08. 디지털 영상을 활용한 전시

디지털 영상(Digital video)은 영상녹화시스템의 하나로, 평면적인 쇼윈도 공간에 영상기술을 사용하여 스토리를 전개하는 방법이다. 테마에 해당하는 그래픽 요소들을 반복적으로 디스플레이하는 방식이어서 무빙을 활용한 전시처럼 소비자의 시선을 집중시키는 효과가 있다. 정지된 조형물이나 그래픽물보다 메시지 전달력이 훨씬 높다.

09. 증강현실을 활용한 전시

증강현실(Augemented Reality)은 가상 사물이나 정보를 합성해 원래의 환경에 존재하는 사물처럼 보이도록 하는 컴퓨터그래픽 기법이다. 3차원 영상으로 된 입체사진 홀로그램은 대표적인 증강현실 기법이다.

매장 외부, 즉 건물의 외벽이나 쇼윈도의 유리면 등에 홀로그램을 활용하여 상품의 특징과 메시지를 나타내면 광고매체들이나 전시물들을 통한 전시보다 훨씬 입체적이고 뚜렷한 광고효과를 얻을 수 있다.

하지만 홀로그램은 공간 규모에 상관없이 벽이나 유리면을 통해서도 표현할 수 있으나, 자연광이 비치는 공간에서의 효과는 저하된다. 그래서 주로 어두운 공간에서 활용하는 것이 효과적이다.

제작·장비 비용이 많이 소요되지만, 기존의 그래픽물이나 마네킹, 바디 같은 아날로그형 오브제 설치에 따른 비용보다는 훨씬 관리·유지·운영비가 절감되는 장점이 있다.

이 외에 상품에 스마트폰 카메라를 갖다대면 설명이 나오는 방식도 증강현실을 활용한 서비스라고 할 수 있다.

〈그림7-45〉 디지털 영상을 활용한 전시

〈그림7-46〉 증강현실을 활용한 전시

5. 리테일전시의 관리

01. 브랜드 이미지 관리

"소비자들이 구매하는 것은 상품이 아니라 상품으로 대표되는 브랜드의 이미지다"라고 주장하는 학자들이 많다. 이는 소비자들이 물건을 구매하면서 자신이 구매한 상품의 브랜드가 표방하는 아이덴티티 또는 이미지를 자신과 동일화시키기 때문이다. 즉, 그 브랜드가 자신의 지위와 라이프스타일을 대변한다고 생각하는 것이다. 그래서 브랜드의 아이덴티티와 이미지를 정립하는 일은 매우 중요하며, 브랜드의 이미지를 지속적으로 유지하는 일 또한 이미지 정립만큼이나 중요하다.

브랜드의 이미지는 매장의 파사드에서부터 브랜드의 콘셉트, 전반적인 상품에 대한 정보를 보여주는 VP에 해당하는 쇼윈도, 매장의 주요 스테이지, 공공 서비스시설 등 모든 것을 통해 표현된다.

특히 파사드는 매장과 소비자의 커뮤니케이션이 최초로 이루어지는 곳으로, 기업(브랜드)의 이미지를 소비자에게 각인시켜준다. 따라서 간판에서부터 출입구 주변, 쇼윈도, 각종 POP 등과 함께 일관성 있게 브랜드의 메시지를 전달하게끔 만들어야 한다.

〈표7-3〉 매장 관리 점검 리스트의 예시

유형 구분	작성 항목의 예시
외관 (파사드)	1. 깨끗한가? (입구 주변, 외벽, 문, 기둥 등)
	2. 간판의 상태는 양호한가? (파손, 변색, 청결 상태)
	3. 매장의 아이덴티티가 잘 드러나는가?
	4. 어느 방향에서도 간판이 잘 보이는가?
	5. 주위의 다른 매장과의 경쟁 요소와 시각적인 차별점이 보이는가?
	6. 현수막, 포스터 등 외부 광고는 적절히 활용되는가?
	7. 매장 이미지와 건물 외형, 건물 인테리어, 색채 등이 잘 맞는가?
쇼윈도	1. 쇼윈도 상품이 계절감과 맞는가?
	2. 연출 구성은 좋은가? (높낮이, 상품 그루핑, 소품 위치 등)
	3. 마네킹 등 진열기구의 상태는 양호한가?
	4. 조명의 위치, 비추는 방향, 색온도 등이 조건을 충족하는가?
	5. 유리와 바닥은 깨끗한가?
	6. 매장 안쪽을 적당히 보여주는가?
	7. 통행인의 시선을 끌 만한가?
집기	1. 집기는 깨끗한가? (특히 유리, 구석 부분)
	2. 집기가 노후, 파손, 불결하지 않는가?
	3. 사용이 편리한가? (예 : 선반의 높낮이 조절)
	4. 상품에 맞게 집기를 활용하고 있는가?
	5. 상품 진열의 효율을 생각하여 배치가 되었는가?
	6. 하단부에 불필요한 적재물은 없는가?
	7. 빈 채로 방치된 집기는 없는가?
소도구	1. 상품과 점포의 이미지에 손상을 주지는 않는가?
	2. 크기와 수량은 적절한가?
	3. 지금의 시즌과 어울리는가?
	4. 너무 오래 방치해두지는 않았는가?
	5. 재료, 색채는 상품과 어울리며 통일되었는가?
	6. 상품을 돋보이게 하는가?
	7. 불필요한 개인용품은 없는가?
POP	1. 화제성·시즌성이 있는가?
	2. 쉽게 읽을 수 있는가?
	3. 디자인은 좋은가? (글씨체, 색채, 규격 등)
	4. 수량, 크기는 적절한가?
	5. 상품명, 소재, 가격 등이 명확한가?
	6. 내용이 상품과 행사의 상황에 맞는가?
	7. 부착 및 활용 위치는 적절한가?

02. 매장 관리

매장은 브랜드의 아이덴티티가 나타나고, 상품을 고객에게 직접 제안하고, 서비스를 통해서 판매가 이루어지는 중요한 고객 접점이다. 매장 관리는 크게 시설 관리와 상품 관리, 서비스 관리로 구분한다.

첫 번째, 시설 관리는 매장 환경을 잘 유지하도록 건물 내·외부의 시설물과 가구, 집기, 조명 등의 상태를 관리하고, 비상시에 대비한 설치물이나 시즌 오브제를 단기간 유지·보수하는 일을 말한다. 비주얼 머천다이저나 매장 관리담당자가 수시로 상태를 점검하고, 보수·보완 작업은 회사 내 시설팀이나 외부 협력업체에 의뢰한다.

두 번째, 상품 관리는 판매 가능성을 높이기 위해 최상의 상태로 고객에게 상품을 보여주는 작업을 말한다. 브랜드의 메시지를 새롭고 참신하게 전달할 수 있도록 VP와 PP에 놓여있는 상품은 단기간마다 주기적으로 교체해주어야 한다. 전문 상품 디스플레이 디자이너 또는 코디네이션 연출가는 매장 규모와 특성에 따라 특정 공간을 맡아서 연출한다. 규모가 큰 기업(브랜드)의 경우 한정된 비주얼 머천다이징 전문 인원만으로 전체 매장의 상품관리를 하기가 어렵기 때문에 본사에서 만든 매뉴얼을 통해 매장의 판매 담당 사원이나 외부 협력업체에서 상품 관리를 담당하도록 한다. 따라서 영업행사와 입고 상품에 맞춰 매뉴얼을 제작하여 매장이나 외부 협력업체에 보내어 매장별로 일관된 비주얼 머천다이징이 표현되도록 해야 한다.

〈표7-4〉 매뉴얼의 기본 항목 사례

유형	활용
매장 매뉴얼	자사의 주요 비주얼 머천다이징 전략과 매장 아이덴티티 매장에서의 브랜드 아이덴티티 구현 요소
연출 매뉴얼	내부 연출 규정 안내 자사의 주력 상품과 소품의 코디네이션 및 연출법 마네킹이나 집기를 활용한 연출 표현
상품 진열 매뉴얼	내부 상품 진열 규정 안내 브랜드·매장의 콘셉트를 살리는 상품 진열 방법 제시
ISP 매뉴얼	내부 ISP 규정 안내 자사의 프로모션 전략에 따른 ISP 도구 활용 제시

〈그림7-47〉 판매원 교육 관리

세 번째, 서비스 관리는 유형 서비스와 무형 서비스로 구분된다. 유형 서비스는 매장 환경에 관한 서비스다. 여기에는 서비스시설 부위의 관리인 동시에 상품과 판매 정보를 담은 POP에 대한 관리도 해당된다. POP는 현수막, 배너, 쇼카드, 포스터 등 고객 접점에서 이루어지는 광고·홍보 매체다. 행사나 적절한 시즌에 정확한 정보와 메시지를 전달하는 것이 POP의 역할이므로 중요한 관리 대상인 것이다. 매장 파사드와 매장 내 판매·서비스시설에 제대로 설치되었는지, 해당 기간을 잘 준수하고 있는지를 관리한다.

무형 서비스는 판매원들의 고객 응대와 상품 정보 전달, 상품 진열·관리 등과 관련이 있다. 따라서 판매원 교육을 통해 서비스 매너와 불만 처리 역량을 심어준다.

〈표7-5〉 비주얼 머천다이징 협력업체의 업무 구분

업무 구분	업체 종류		주요 업무
기획 업무	기획 전문 회사	기획 제작 시공 회사	시즌 콘셉트 제안 시즌 테마 디자인
제작 업무	제작 및 시공 회사		신규 매장 인테리어 시공 시즌 오브제 제작 및 현장 시공
매장 상품 진열 및 연출 관리	코디네이터 라운딩 회사		주기적인 매장 순회 점검 및 관리

03. 판매원 교육 관리

판매원 교육 관리는 브랜드 콘셉트와 상품의 기획의도, 매장 분위기 유지 등 브랜드의 아이덴티티가 잘 전달되고 유지될 수 있도록 매장 관계자들을 교육하는 것이다.

매장관리자들은 상품을 판매하고 매장을 관리하는 업무 외에도 상품 관리, 고객 응대 등 여러 업무를 담당하고 있다. 이와 같은 업무 중에서도 비주얼 머천다이징의 교육은 브랜드 이미지를 유지할 수 있도록 비주얼 머천다이징의 개념부터 해당 시즌의 콘셉트와 매장 연출, 상품 진열, 시설물 정리·정돈에 관한 내용 등으로 구성한다.

교육 과정은 기업(브랜드) 본사에서 기본적인 가이드라인이 제시된 비주얼 머천다이징 매뉴얼을 지급하고, 전문적인 비주얼 머천다이징 용어부터 매뉴얼을 통해 매장에서 그대로 시연할 수 있도록 설명과 실연을 통해 진행한다. 특히 상품의 연출과 진열에 관한 교육 과정에서는 매장 구성에 맞춘 상품의 배치와 디스플레이의 기본 원리까지 습득하도록 한다. 또한 기업(브랜드)의 머천다이징에 따른 해당 시즌이나 영업 행사 기간에 판매할 상품의 연출과 진열 방법을 제시하여 매장에서 바로 적용할 수 있도록 교육을 실시한다.

04. 협력업체 관리

비주얼 머천다이징 업무에서 서비스의 품질을 유지하기 위해 원활한 관계를 유지하고 협력해야 한다.

그런데 협력업체의 규모와 구성원, 업무숙련도, 애프터서비스 방식 등이 질적으로 다를 수 있다. 무엇보다도 비주얼 머천다이징 업무는 결과적으로 완성도가 높아야 하기 때문에 전문적이고 순발력이 높은 업체를 선정하는 것이 중요하다. 아울러 일을 순조롭게 진행하기 위해서는 협력업체의 조직 구성원들과 긴밀하게 협력할 수 있는 태도가 필요하다.

협력업체는 디자인 기획 전문업체, 제작 전문업체, 기획과 제작을 동시에 수행할 수 있는 업체, 매장 관리와 코디네이션을 위주로 하는 라운딩 업체 등으로 구분한다.

6. 리테일전시의 전망과 방향

경기 위축과 유통업태 간의 혹은 동종·이종업체 간의 치열한 경쟁, 다양한 유통채널의 등장, 영리해지는 소비자들에 둘러싸인 환경 속에서 비주얼 머천다이징은 매출 증대를 위한 아주 중요하고 긴요한 전략이다. 또한 시장이 철저하게 유통지향적이 되고, 상품보다 매장 위주로 재편되는 오늘날의 현실에서 기업(브랜드)의 아이텐티티와 방향, 철학 등을 구체적으로 매장에 녹이는 전략적 비주얼 머천다이징이 부상하고 있다.

리테일 유통업태나 어패럴 기업들의 머천다이징은 소비자의 경험을 중심으로 매장에서 얻어지는 데이터와 소셜네트워크(SNS)를 통한 소비자들의 피드백과 의견을 종합해서 매장의 콘셉트를 도출하고 있다. 특히 대다수의 기업(브랜드)이 온라인과 오프라인 매장을 함께 갖추고 있는 상황이며, 여러 유형의 매장을 통해 소비자와의 접점에서의 경험을 끌어내고 있다.

오프라인 매장으로는 매장의 규모와 공간의 구성, 상품의 구색 등 특성에 따라 플래그십스토어, 팝업스토어, 콘셉트스토어, 멀티스토어, 편집샵 등이 있다. 최근에는 고객과의 다양한 접점에서 기업(브랜드)의 이미지를 최대한 노출하고, 소비자의 경험을 극대화한다는 점에서 비주얼 머천다이징을 위한 획기적인 전략이 요구되고 있다.

온라인 매장은 인터넷을 통해 다양한 플랫폼으로 소비자를 유인하고 있기 때문에 공간에 대한 실재감을 느끼게 해주고 기업(브랜드)과의 응집도를 높일 수 있는 디지털 공간을 형성하는 데 초점을 맞춘 비주얼 머천다이징 전략이 필요하다.

세상은 빠르게 변화하고 있다. 그래서 비주얼 머천다이징의 관계자들은 기업(브랜드)의 아이덴티티를 수립하고, 이미지를 고취시키며, 판매자와 소비자를 연결해주는 플랫폼 공간을 상정하여 급변하는 환경에 맞추어가야 한다.

앞으로도 비주얼 머천다이징은 기업(브랜드)의 궁극적인 목적인 매출 증대와 이익 창출에 중점을 두고 기업(브랜드)과 고객이 지속적인 유대감을 갖게 해주는 시스템으로 계속 발전해야 할 것이며, 새롭고 혁신적인 전략과 참신한 디자인으로 유통환경을 주도해야 할 것이다.

참고문헌

강희수, 『비주얼 머천다이징 & 디스플레이디자인』 2012, 살림출판사

강희수, 『NCS 학습모듈 패션 상품 디스플레이』, 2016, 산업인력공단

김진우, 『경험디자인』, 2014, 안그라픽스

이주영, 『NCS 학습모듈 비주얼 머천다이징 콘셉트 설정』, 2016, 산업인력공단

송기은, 『NCS 학습모듈 패션매장 유지』, 2016, 산업인력공단

송길영, 『여기에 당신의 욕망이 보인다』, 2012, 쌤앤파커스

장규순 외 5인 공저, 『디자인 코디네이터 자격증을 위한 기본서』, 가리온, 2010, (사)디스플레이협회출판부

저자 소개

이 책의 저자들은 각자의 분야에서 10년, 많게는 30년의 경력을 가진 전시전문가들이다. 이들은 업무 이외에도 대학에서 후학을 양성하고, 관련 학회를 통해 다양한 연구 활동을 펼치며 대한민국 전시전문가로서 열정과 자부심을 가지고 여전히 전시업계의 최전선에서 활발한 활동을 하고 있다.

강희수 대한민국 최초 비주얼 머천다이징 옴니채널을 실현한 디스플레이 전문가
한양대학교 대학원 커뮤니케이션 디자인과 박사 과정 수료
『비주얼 머천다이징 & 디스플레이디자인』,『리테일 스토어 디스플레이』,『진열과 POP』등 저자
현 용인송담대학교 유통플랫폼과 교수, ㈜한국비주얼 머천다이징협회 부회장, 소상공인시장진흥공단 컨설팅 전문가

김진희 대한민국 최초 어린이박물관 개관 멤버 학예사
이화여자대학교 유아교육학과 학사·석사·박사 과정 및 미술교육학석사 과정 수료
유아교육학을 전공한 20여 년 경력의 어린이박물관 종사자로서 삼성미술관 리움 어린이개관전 기획 등을 담당
2012년 경기도지사 표창
경기도 어린이박물관 제2대 관장 역임

김혜련 대한민국 최초 무역전시디자인 박사

일본 타쿠쇼쿠 대학 대학원 공학연구과 박사

일본 노무라공예사 및 마이스재팬 한국사무소장으로 근무하면서

한일 간 전시 교두보로 활동

일본전시학회 논문상 수상

『과학관학개론』 공저(「과학관 전시연출」 파트 집필)

현 ㈜가보샵 대표, 계원예술대학교 전시디자인과 겸임 교수

공주대학교 대학원 과학관학과 객원교수

양유정   기획·건립·운영의 전 과정을 통한 전시콘텐츠 크리에이터

중앙대학교 예술대학원 박물관미술관학과 석사

기업전시관, 홍보관, 테마박물관, 세계박람회 등 전시 총괄

중앙대학교 대학원 및 성신여자대학교 등에서 강의

『대한민국 우수전시디자인』 연속 출간

2012 여수세계박람회 국토해양부 표창장, 중앙대학교 예술대학원

공로상, 방송위원회 표창장, 이상화기념사업회 표창장 등 수상

피규어뮤지엄W 초대관장 역임

현 파라다이스시티 FCDT

윤선영   대한민국 최초 국공립박물관전시디자이너(국립민속박물관 학예연구사)

서울대학교 미술대학 디자인학부 박사

전 국립민속박물관 학예연구사

『공간디자인의 언어』 공동 저자

현 인천가톨릭대학교 조형예술대학 환경디자인학과 교수

기현정   홍익대학교 미술교육학 석사

전 문화체육관광부 연구원

환경부 장관표창 및 올해의 환경인상 수상

현 환경부 국립생물자원관 전시팀장

이현숙   국립중앙박물관 최초 여성 전시디자이너

서울대학교 환경조경학과 석사 수료

전 국립민속박물관 디자이너(연구원)

현 국립중앙박물관 디자이너(전문경력관)

김용주   국립현대미술관 최초 공간전문 전시디자이너

미국 피바디에섹스박물관(Peobody Essex Museum) 한국인 최초 전시디자이너

홍익대학교 공간디자인 석사·박사 과정

계원예술대학교 전시디자인과 겸임교수

홍익대학교, 중앙대학교, 건국대학교 등에서 강의

국립민속박물관의 전시디자이너

레드닷 디자인 어워드(Reddot Design Award) 2016, 2013, 2012, 아이에프 디자인 어워드(IF Design Award) 2017, 2013, 독일 프리미엄 디자인 어워드(German Design Council Premium Prize) 2015, 2014, 일본 굿 디자인 어워드(Good Design Award_JAPAN) 2014 수상

현 국립현대미술관 전시운영디자인 기획관

전시 A to Z
A to Z of the Exhibition

2021년 3월 10일 1판 2쇄

지은이 강희수, 김진희, 김혜련, 양유정, 윤선영, 기현정, 이현숙, 김용주
펴낸이 김철종
인쇄제작 정민문화사

펴낸곳 (주)한언
출판등록 1983년 9월 30일 제1 - 128호
주소 서울시 종로구 삼일대로 453(경운동) 2층
전화번호 02)701 - 6911 **팩스번호** 02)701 - 4449
전자우편 haneon@haneon.com **홈페이지** www.haneon.com

ISBN 978-89-5596-799-9 13610

이 도서의 국립중앙도서관 출판예정도서목록(CIP)은 서지정보유통지원시스템
홈페이지(http://seoji.nl.go.kr)와 국가자료공동목록시스템(http://www.nl.go.kr/kolisnet)에서
이용하실 수 있습니다.(CIP제어번호: CIP2017013148)

한언의 사명선언문

Since 3rd day of January, 1998

Our Mission – 우리는 새로운 지식을 창출, 전파하여 전 인류가 이를 공유케 함으로써 인류 문화의 발전과 행복에 이바지한다.

– 우리는 끊임없이 학습하는 조직으로서 자신과 조직의 발전을 위해 쉼 없이 노력하며, 궁극적으로는 세계적 콘텐츠 그룹을 지향한다.

– 우리는 정신적·물질적으로 최고 수준의 복지를 실현하기 위해 노력 하며, 명실공히 초일류 사원들의 집합체로서 부끄럼 없이 행동한다.

Our Vision   한언은 콘텐츠 기업의 선도적 성공 모델이 된다.

> 저희 한언인들은 위와 같은 사명을 항상 가슴속에 간직하고
> 좋은 책을 만들기 위해 최선을 다하고 있습니다.
> 독자 여러분의 아낌없는 충고와 격려를 부탁 드립니다.
> • 한언 가족 •

HanEon's Mission statement

Our Mission – We create and broadcast new knowledge for the advancement and happiness of the whole human race.

– We do our best to improve ourselves and the organization, with the ultimate goal of striving to be the best content group in the world.

– We try to realize the highest quality of welfare system in both mental and physical ways and we behave in a manner that reflects our mission as proud members of HanEon Community.

Our Vision   HanEon will be the leading Success Model of the content group.